Helen Keller
The Story of My Life

헬렌 켈러 자서전

나의 인생 | 서간집

Helen Keller
The Story of My Life

헬렌 켈러 지음 — 윤문자 옮김

헬렌 켈러 자서전
나의 인생 | 서간집

예문당

차례

나의 인생 The Story of My Life

출생 —— 009
장난꾸러기 —— 014
빛을 향하여 —— 022
설리번 선생님 —— 027
마음의 눈을 뜨고 —— 031
말을 아는 열쇠 —— 034
학업 —— 039
크리스마스 —— 046
보스턴 여행 —— 048
여름방학 —— 053
산장의 추억 —— 055
보스턴의 겨울 —— 059

나도 말할 수 있다 —— 062
오해 —— 067
세계박람회 견학 —— 074
라틴어 공부 —— 079
학문의 길잡이 —— 081
대학 입학 예비시험 —— 085
좁은 문 —— 091
래드클리프 대학 입학 —— 096
내 인생의 책들 —— 104
자연에서 받은 즐거운 인상 —— 118
영원한 생명 —— 130

서간집 Helen Keller's Letter

연보 —— 270
후기 —— 274

제1부
나의 인생

세상은 고난으로 가득하지만,
고난의 극복으로도 가득하다.

01
출생

　이렇듯 내 생애에 대해 글을 쓰려고 하니 문득 일종의 두려움 같은 것이 느껴진다. 금빛 안개처럼 나의 어린 나날을 에워싸고 있는 장막을 열어젖히려는 지금, 이를테면 어떤 미신적인 망설임이 생긴다. 자서전을 쓴다는 것은 워낙 어려운 일이어서 어린 시절의 인상을 제대로 가려내려고 해도 과거와 현재를 연결하는 세월 가운데 사실과 환상을 잘 분간할 수 없다. 지금 떠올리는 것으로 어렸을 때의 경험을 채색하기 쉽기 때문이다.
　돌이켜보면 나의 생애에서 맨 처음 몇 해 동안은 특별히 머릿속에 떠오르는 몇 가지를 빼고는 모두 암흑의 그늘에 숨어 있었다. 그뿐만 아니라 유년 시절의 환희나 비애 대부분은 이제 그 힘을 잃고, 어렸을 적 교육을 받으며 생긴 중요한 일도 대체로 여러 가지 큰 발견의 감격 속에 잊히고 말았다. 따라서 나는 이야기를 장황하게 늘어놓지 않고, 가장 중요하고 흥미 있었다고 기억하는 에피소드만 대충 써 나가려고 한다.
　나는 1880년 6월 27일, 앨라배마 주 북방의 터스컴비아라는 작은 도시에서 태어났다. 아버지 아서 H. 켈러(Arthur H. Keller)는 메릴랜드로 이주해 온 스위스인 캐스퍼 켈러(Caspar Keller)의 손자이며, 선조 중 한 사람은 취리히 시에서 맹아 학교 최초의 선생님이었고, 이 방면으로 저술 활동도 했다고 한다. 이것은 실로 이상한 인연이다. 하기야 조상 가운데 노예 출신이 없는 사람도 없고, 왕이 아니었던 사람도 없기는 하지만….

 나의 할아버지, 즉 캐스퍼 켈러의 아들은 앨라배마에서 상당히 넓은 땅을 손에 넣었고, 그 후 이곳에 정착했다. 할아버지는 해마다 한 번씩 터스컴비아에서 필라델피아 농장으로 필요한 물건을 사러 말을 타고 왕래했는데, 그때마다 편지를 써서 우리에게 보내주었다. 할아버지가 여행지에서 써 보낸 편지들은 모두 숙모님이 보관하고 있는데, 여기에는 여행하면서 일어난 일들이 상세하게 적혀 있다.

 할머니는 라파예트(프랑스 장군, 정치가로 미국 혁명군을 도왔다-역주) 장군의 부관이었던 알렉산더 무어의 딸로서 버지니아 주의 초대 식민지 총독이었던 알렉산더 스포츠우드의 손녀이기도 하며, 로버트 E. 리(남방 연맹군 장군-역주) 장군과는 육촌지간이다.

 아버지는 남방 연맹군의 대위였고, 어머니인 케이트 애덤스 켈러(Kate Adams Keller)는 아버지의 후처로 아버지보다 훨씬 어리다. 어머니의 조부이신 벤저민 애덤스는 수산나 E. 굿휴라는 여자와 결혼하여 오랫동안 매사추세츠 주의 뉴베리에 살고 있었는데, 아들인 찰스 애덤스를 뉴베리포트에서 낳은 후 아칸소 주의 헬레나로 이주했다. 찰스는 남북전쟁이 시작되자 남군에 투신하여 여단장으로 승진했다. 외할머니 루시 헬렌 에버렛은 에드워드 에버렛과 에드워드 에버렛 헤일 박사와 한 집안이었으며, 남북전쟁이 끝난 후 테네시 주의 멤피스로 이사하여 살았다.

 나에게서 눈과 귀를 앗아간 그 병에 걸리기까지, 나는 네모난 큰방과 하인이 쓰는 조그마한 방이 전부인 작은 집에서 살았다. 남부에서는 안채 부근에 작은 별채를 지어두고 필요할 때마다 사용하는 것이 하나의 관습이었는데, 아버지는 남북전쟁 후 그러한 집을 짓고 어머니와 결혼한 뒤로 그 집에 살기 시작했다. 집은 온통 포도 넝쿨과 장미와 인동(忍冬) 등으로 덮여 있었으므로 정원에서 보면 마치 숲속에 있는 산장처럼 보였다. 작은 현관은 노란 장미와 청미래덩굴의 막으로 가려져 보이지 않고, 새와 벌이 자주 찾아오곤 했다.

조부모가 살았던 '켈러의 집'은 자디잔 장미꽃으로 덮인 건물에서 몇 발짝 떨어져 있었으며, 흔히 '푸른 넝쿨 집'이라고 불렸다. 집 주변을 아름다운 영국 등나무가 에워싸고 있었기 때문이다. 이 집에 달린 고풍스러운 정원은 나의 어린 시절 낙원과도 같았다.

나는 설리번 선생님이 오시기 전까지 네모꼴의 단락한 회양목으로 된 울타리를 더듬어가면서 냄새에 의지하여 가장 먼저 제비꽃과 백합꽃을 찾아내기도 하고, 짜증을 부린 다음 마음을 진정시키기 위해 뜨거운 양 볼을 싸늘한 나무 잎사귀나 푸성귀에 파묻으러 자주 이곳을 찾았다. 그 꽃밭에서 나 자신을 잊어버리고 여기저기 거닐다가 갑자기 한 그루의 아름다운 포도나무를 만나고, 그 잎사귀며 꽃 모양으로 보아 뜰 한구석에 다 쓰러져가는 정자를 덮고 있는 포도 넝쿨임을 알게 되었을 때의 기쁨은 이루 말로 다 표현할 수 없을 정도다.

여기에도 땅 위를 뒤덮는 클레마티스꽃이며, 재스민꽃 또는 흔히 볼 수 있는 나비백합들이 있었는데 - 이 꽃은 향기가 매우 좋고, 꽃잎이 나비 모양으로 되어 있어 나비백합이라 부른다. - 그래도 나는 역시 장미꽃을 제일 좋아했다. 북부 지방의 어느 온실에 가 보아도 남부의 우리 집 장미보다 더 마음에 드는 꽃은 없었다. 장미는 그 줄기가 현관에 축 늘어져 이 지상의 어떤 냄새와도 섞이지 않고 주변에 싱그러운 향기를 뿜는다. 아침 일찍, 이슬에 함빡 젖은 부드럽고 순결한 그 모습은 마치 신의 정원에 핀 수선화를 연상케 한다.

내 생애의 초기는 그야말로 단순하여 다른 어린이들과 다를 것이 없었다. 여느 가정의 아이와 마찬가지로 '왔다, 보았다, 이겼다'라고 했을 뿐이다(시저가 폰투스 왕 파르나케스 2세를 격파하고 했던 말-역주). 내 이름을 지을 때 한 차례 떠들썩하기는 했다. 첫 자식은 경솔히 이름을 붙여서는 안 되기 때문이다. 아버지는 평소에 존경하던 '밀드레드 캠벨'이라는 선조의 이름을 제의했으나 어머니가 외조모의 처녀 때 이름인 '헬렌 에버렛'이라고 하는 것이 좋겠다고 말했고, 아버지는 나를 교회로 데리고 가느라 한바탕 북새를 떠는 바람에 그 문제에 대해서는 도중에 까맣게 잊어버렸다. 처음부터 탐탁하게 여기지 않던 이름이라 그랬는지도 모르지만, 목사님이 내 이름을 물었을 때 아버지는 할머니의 이름을 따르기로 한 줄 알고 '헬렌 애덤스'라고 대답했다고 한다.

나는 기저귀를 차고 있을 때부터 고집이 세서 남이 하는 일은 무엇이든 반드시 흉내 내려고 했다. 생후 여섯 달밖에 안 되었는데 벌써 '안녕(How d'ye)'이라는 말을 할 수 있었고, 하루는 '차, 차(Tea)'라고 분명히 발음하여 사람들을 놀라게 했다. 병에 걸린 후 어렸을 때 배운 다른 말은 다 잊었지만 하나만큼은 기억했다. 그것은 바로 '워터(Water)'이다. 누구나 알아들을 만큼 '워, 워(wah-wah)'하고 말했다. 이와 같은 발음을 하지 않게 된 것은 이 말을 글씨로 표현할 수 있게 된 후의 일이다.

나는 만으로 한 살이 되었을 때부터 걸어 다녔다고 한다. 어느 날 어머니가 나를 목욕탕에서 꺼내어 무릎 위에 올려놓았는데, 별안간 햇빛이 담뿍 들어찬 마루 위에서 춤추는 나무 잎사귀의 그림자를 잡으려고 어머니의 무릎 위에서 미끄러지듯 떨어져 걸었다고 한다. 하지만 결국 넘어져 버려서 어머니 팔에 매달려 울음을 터뜨렸다.

이와 같은 행복한 나날들은 오래 지속되지 않았다. 울새와 흉내지빠귀의 음악이 요란했던 짧은 봄이 지나가고, 과일과 장미꽃이 풍성한 여름과 금빛 가을이 나의 생애에 잊을 수 없는 여러 가지 풍족한 광채와 음향의 선물을 남기고 재빨리 지나간 후, 추억조차 몸서리나는 2월의 음산한 어느 날, 나는 시각과 청각을 동시에 빼앗기고 갓난아이의 세계로 후퇴하고 말았다.

위와 뇌에 심한 충혈이 오는 병에 걸린 나는 의사조차 절망적이라고 말했다. 그러던 어느 날 이른 아침, 뜻밖에도 열이 내리고 평상시와 다름없는 하루가 시작되었다. 집안 모두가 기뻐서 어쩔 줄 몰라 했다. 그러나 그때는 아무도, 심지어 의사도 내가 다시는 듣지도 보지도 못하게 될 것이라고는 생각하지 못했다.

나는 이 병에 대해 분명하지는 않지만 어느 정도 당시 상황을 기억하고 있다. 특히 내가 깨어났을 때 신음하는 것을 위로하려고 애쓰던 어머니의 사랑, 괴로운 반수(半睡) 상태에서 깨어나 열에 들뜬 눈으로 일찍이 그토록 좋아하던 빛에서 등을 돌려 돌아눕던 일들을 어렴풋이 기억하고 있다. 이런 희미한 기억을 제외하고는(과연 그런 것을 기억이라고 할 수 있을지 모르겠지만) 모든 것을 사나운 꿈결처럼 잊어버리고 말았다. 나는 점점 나를 에워싼 침묵과 암흑에 길들고 그녀(나의 선생님)가 눈앞에 나타나 내 영혼을 해방해 줄 때까지는 예전의 세계가 지금의 그것과는 다르다는 사실을 잊고 있었다.

그러나 나는 생애의 첫 19개월 동안 마음속에 새겨진 넓고 푸른 벌판과 빛이 충만한 하늘과 나무와 꽃에 대한 인상은 그 후 나를 에워싼 암흑조차도 완전히 씻어버릴 수는 없었다. 일찍이 내가 목격한 그날들은 내 것이며, 그날들이 보여준 것도 내 것이므로.

02
장난꾸러기

　　나는 병을 앓았던 첫 몇 달 동안 일어난 일에 대해서는 지금도 전혀 기억하지 못한다. 다만 언제나 어머니의 무릎 위에 앉아 있던 일이나, 어머니가 집안일을 하실 때 그 옷자락에 매달려 다닌 일 등은 머리에 남아 있다. 그렇게 손으로 온갖 물건을 만지고, 모든 운동을 관찰하여 많은 것을 알아내는 법을 배우게 되었다. 이윽고 나는 의사를 남에게 전할 필요를 느끼게 되어 간단한 시늉을 하기 시작했다. 고개를 옆으로 도리질하면 '노(No)'를 표시하고, 끄덕이면 '예스(Yes)', 끄는 것은 '오라'는 뜻이며, 내미는 것은 '가라'는 뜻이었다. 빵을 먹고 싶을 때는 빵을 썰어 버터를 바르는 시늉을 하고, 아이스크림을 먹고 싶으면 어머니에게 아이스크림을 만드는 기계를 돌리는 시늉을 해 보이고, 춥다는 것을 나타낼 때는 부르르 떨어 보였다. 게다가 어머니 쪽에서도 나에게 많은 것을 알리는 데 성공하셔서, 어머니가 나더러 무엇을 가져왔으면 할 때 바로 알아차리고 곧 2층이나 필요한 곳으로 뛰어가곤 했다. 그러므로 오랜 어둠 속에 묻혀 있는 나로서는 밝고 바람직한 모든 것이 어머니의 사랑에서 우러난 지혜의 선물이다.

　　그렇게 나는 주위에서 일어나는 일은 거의 다 알아차릴 수 있었다. 내가 다섯 살이 되던 해에는 세탁소에서 가져온 세탁물을 접어서 정돈할 줄 알게 되었으며, 내 물건과 남의 물건을 분간할 수 있었다. 그리고 어머니나 아주머니가 옷을 차려입고 외출을 준비하면 곧바로 눈치채고 함께 데려가 달라고 졸랐다. 손님이 오면 으레 부름을 받았으며, 그들이 돌아갈 때는 곧잘 손을 흔들며 전송했다. 아마도 손을 흔드는 행위가 무엇을 의미하는지 미미하게나마 알고 있었던 것 같다.

하루는 몇몇 점잖은 사람들이 어머니를 찾아왔는데, 현관문이 닫히는 소리와 그 밖의 와자지껄하는 소리를 느끼고는 손님이 오신 것을 알아챘다. 그래서 서둘러 이층으로 뛰어 올라가 여느 사람들과 마찬가지로 거울 앞에 서서 머리에 기름을 바르고 얼굴에 분칠을 한 다음, 기다란 베일을 쓰고 어깨까지 내려오도록 판으로 누르고는 가느다란 허리에 버슬(스커트 뒷자락을 부풀려 엉덩이를 강조하는 19세기 복식)을 졸라매어 치마 끝에 늘어지게 했다. 그때는 손님 앞에 나서려면 으레 이렇게 해야 한다고 생각했던 모양이다. 이만큼 치장하고 난 후에는 손님 접대를 돕기 위해 급히 아래층으로 내려갔다.

내가 보통 사람과는 다르다는 것을 알기 시작한 게 언제부터인지는 기억하지 못하지만, 선생님이 오시기 이전인 것만은 확실하다. 나는 어머니나 내 친구들이 나처럼 손짓하지 않고 입으로 이야기한다는 것을 알아차렸다. 가끔은 이야기를 주고받는 두 사람 사이에 서서 그들의 입술을 만져보기도 했다. 그러나 무슨 이야기를 하는지 전혀 알 수 없어서 입술을 움직여 보기도 하며 미친 사람처럼 몸부림을 치기도 했지만 아무런 소용이 없었다. 이것은 때로는 무척 민망하여 홧김에 발버둥을 치기도 하고, 고래고래 고함을 지르다가는 끝내 울음을 터뜨리고 말았다.

그래도 잘못을 저질렀을 때는 스스로 그것이 잘못이라는 사실은 알고 있었던 것으로 기억한다. 유모인 엘라를 걷어차 아프게 하고는 화가 가라앉으면 금세 후회에 가까운 심정으로 돌아가곤 했으니까. 그렇다고 해서 내 뜻대로 되지 않았을 경우에 짜증을 내지 않은 적은 한 번도 없었다.

그 무렵, 친구라고는 요리사의 딸인 마사 워싱턴이라는 흑인 소녀와 예전에는 훌륭한 사냥개였던 벨이라는 늙은 세터 한 마리뿐이었다. 마사는 내 신호를 곧잘 알아차리곤 해서 의사표시에 전혀 애를 먹지 않았다. 나는 이 아이를 부하처럼 부리는 것을 무척 즐거워했고, 마사 쪽에서도 나와 충돌하는 모험을 하는 대신 얌전히 내 고약한 비위를 맞춰주었다.

나는 몸이 건강하고, 민첩하고, 물불을 가리지 않으며, 우물쭈물하는 것이 싫어서 싸움이 벌어지더라도 자기주장을 관철하지 않고서는 견뎌 하지 못했다. 나와 마사는 밀가루로 인형을 만들고, 아이스크림 만드는 일을 거들기도 하며, 커피를 갈고, 케이크를 서로 먹겠다고 다투는가 하면, 부엌 층계에 모여드는 닭과 칠면조에게 모이를 주기도 하면서 하루 대부분을 보냈다. 닭이나 칠면조들은 대체로 길이 잘 들어서 내 손에서 모이를 쪼아 먹기도 하고 만져도 가만히 있었다. 하루는 커다란 칠면조가 내 손에서 토마토를 빼앗아 달아나는 일이 있었다. 이 칠면조가 성공을 거둔 데서 암시를 받은 우리는 요리사가 방금 구운 과자를 몰래 꺼내어 장작더미 근처에서 깨끗이 먹어 치웠다. 나중에 배탈이 나서 혼났지만, 아마 칠면조도 거의 비슷한 벌을 받지 않았을까 싶다.

뿔닭은 사람 눈에 띄지 않는 곳에 둥지를 곧잘 감춰 두는데, 키가 큰 잡초 사이를 비집고 뿔닭의 알을 찾아내는 것이 나에게는 커다란 즐거움이었다. 그러나 알을 찾으러 가려고 해도 마사에게 입으로 말할 수 없었으므로 두 손바닥을 땅 위에 합쳐 보였다. 마사는 그 행동이 잡초 속에 있는 둥그런 새알을 의미한다는 것을 금방 알아차렸다. 용케 둥지를 찾아내면 크게 손짓하여 마사에게 알을 떨어뜨려서는 안 된다고 주의를 주고, 그녀가 가져가지 못하게 했다.

옥수수를 넣어둔 헛간, 말들을 매어둔 외양간, 아침·저녁으로 우유를 짜는 뜰은 마사와 나에게 큰 흥미를 주는 놀이터였다. 우유를 짜는 사람들은 일을 하는 동안 나에게 소를 만져보게 했는데, 이런 호기심 때문에 나는 몇 번이나 꼬리에 얻어맞곤 했다.

크리스마스 준비는 언제나 즐거웠다. 나는 물론 그것이 무슨 일인지 알지 못했지만, 집안에 풍기는 맛 좋은 냄새나 마사와 나를 달래기 위해 때때로 손에 쥐여주는 맛있는 음식은 무척 반가웠다. 우리가 일에 방해가 된 모양이지만, 그런 것 따위는 아랑곳하지 않고 마구 까불어대며 양념 같은 것을 갈거나 건포도를 하나둘 주워서 입에 넣기도 하며, 숟가락에 붙은 것을 핥아 먹기도 했다. 밤에 잘 때는 나도 남들처럼 침대에 양말을 매달았지만, 이 의식을 특별히 재미있다고는 생각하지 않았다. 호기심에 못 이겨 날이 밝기도 전에 잠에서 깨어 선물을 찾거나 했던 기억은 없다.

사실 마사 워싱턴도 나 못지않은 장난꾸러기였다. 어느 해 몹시 더운 7월의 오후, 두 장난꾸러기는 베란다의 층계에 앉아 있었다. 한 아이의 머리는 흑단처럼 새까맣고, 그 곱슬곱슬한 머리는 구두끈으로 대충 여러 다발로 묶어 마치 병따개가 여럿 달린 것 같았으며, 다른 아이는 긴 금발의 곱슬머리를 한 백인 소녀였다. 하나는 여섯 살, 다른 하나는 두세 살 위로 보이며 나이가 어린 아이는 시각장애인이었다. 이 아이는 물론 '나'이며, 검은 머리의 아이는 마사 워싱턴이다.

우리는 열심히 종이 인형을 만들다가도 시들해지면 구두끈을 싹둑싹둑 잘라버리기도 하고, 손에 닿는 대로 인동의 잎사귀를 모조리 잘라버린 다음, 마사의 그 병따개와 같은 머리에 눈을 돌렸다. 처음에는 마사가 거절했으나 나중에는 내가 하는 대로 잠자코 있었다. 이윽고 보복을 하는 것이 마땅하다고 생각한 마사는 가위로 내 곱슬머리를 한 다발 싹둑 잘라내었다. 때마침 어머니의 눈에 띄었으니 망정이지 그렇지 않았다면 내 머리는 모조리 깎이고 말았을 것이다.

　나의 또 다른 친구인 늙은 개 벨은 게을러 빠져서 나와 함께 뛰어다니는 것보다 따뜻한 화롯가에서 잠자기를 더 좋아했다. 나는 벨에게 손짓으로 의사를 표시하는 방법을 열심히 가르쳐 주려고 했으나 원체 머리가 둔한 데다 관심도 그다지 보이지 않았으므로 뜻을 이루지 못했다. 내가 아무리 애를 써도 그런 것은 아랑곳하지 않는다는 듯 불쑥 일어나 후다닥 몸을 털고 새를 잡을 때처럼 온몸을 빳빳이 긴장시켰다. 나로서는 벨이 왜 그런 동작을 하는지 알 수 없었으나 내 뜻대로 움직여주지 않는다는 것만은 분명해 보여서 은근히 화가 치밀어 올라 결국 벨에 대한 교육은 일방적인 권투 시합에 그쳤다. 이럴 때면 벨은 흔히 벌떡 일어나 몸을 쭉 뻗고, 나를 멸시하는 듯이 한두 차례 콧소리를 내고는 난로의 반대편으로 가서 다시 벌렁 자빠졌다. 일이 이쯤 되면 나도 정이 떨어져 마사를 찾아 나섰다. 이와 같이 어린 시절에 일어난 많은 일들은 단편적이지만 내 머릿속에 분명히 아로새겨져 소리가 들리지 않고, 살아가는 목적을 잃고, 낯을 모르는 나의 생활 감정을 한결 북돋아 주었다.

　어느 날, 앞치마에 물을 쏟아 방 안에서 말리고 있을 때였다. 생각처럼 빨리 마르지 않아 얼른 말리려는 마음에 화로로 바싹 붙어 서 있는데 갑자기 불길이 살아나 순식간에 나를 에워싸 버렸다. 깜짝 놀라 부르짖는 비명을 들은 늙은 유모 비니가 뛰어와 내 머리 위로 담요를 뒤집어씌웠다. 나는 숨이 막힐 것만 같았으나 덕분에 불이 꺼지고, 두 손과 머리카락 외에는 크게 화상을 입지 않았다.

　그 무렵, 나는 열쇠를 사용하는 방법을 기어이 알아내고야 말았다. 어느 날 나는 어머니를 식품 저장실에 가두고 잠가 버렸다. 공교롭게도 하인들은 먼 곳에 떨어져 있었으므로 어머니는 그곳에 3시간 동안이나 갇혀 있을 수

밖에 없었다. 어머니가 계속 문을 두들기는 동안 나는 현관 계단에 앉아 있었다. 이처럼 심한 장난기 때문에 부모님들은 나에게 빨리 교육을 시작할 필요를 절실히 느꼈던 것 같다. 그럴 법도 한 것이 설리번 선생님이 왔을 때도 나는 재빨리 기회를 노려 선생님을 방 안에 가두어놓을 정도였으니까. 어느 날 나는 어머니가 전하라는 물건을 들고 설리번 선생님의 방에 가서 선생님에게 드리고는 문을 꼭 닫고 자물쇠를 잠근 뒤 열쇠는 복도에 놓인 옷장 아래 감춰 두었다. 아무리 열쇠를 달라고 해도 내가 끝내 입을 열지 않아서, 아버지는 사다리를 놓고 창문으로 설리번 선생님을 끌어내야만 했다. 나는 이런 장난이 얼마나 재미있었는지 모른다. 내가 열쇠를 꺼낸 것은 그 후로 몇 달이 지난 뒤였다.

  내가 다섯 살 되었을 때, 우리는 포도 넝쿨에 뒤덮인 조그마한 집에서 큰 새집으로 이사했다. 가족은 부모님과 배다른 두 오빠와 나였으며, 나중에 여동생 밀드레드가 끼게 되었다. 아버지에 대한 최초의 기억은 높다랗게 쌓인 신문지 사이를 지나 그분 곁으로 갔던 때이다. 당시 아버지는 홀로 앉아 한 장의 종이를 앞에 펴놓고 있었다. 나는 영문을 몰라 아버지의 흉내도 내어 보고, 의문을 푸는 데 도움이 되지 않을까 하여 아버지의 안경을 집어 써 보기도 했다. 그러나 몇 해가 지나서까지도 이 의문점을 풀 수가 없었다. 훨씬 시간이 지나서야 그 많은 종이가 신문이라는 사실과 아버지가 신문을 편집하고 계셨다는 것을 알게 되었다.

  아버지는 매우 인자하고 너그러운 분으로 가정을 소중히 여겨서 사냥을 하는 계절 이외에는 좀처럼 집을 비우는 일이 없었다. 아버지는 사냥의 명수로, 사격으로도 유명했다. 그래서 가족 다음으로 총을 소중하게 생각했다. 또 손님을 유달리 좋아하여 하나의 결점으로까지 생각될 정도로 지나친 구석이 있었다. 오죽하면 손님을 데리고 집으로 돌아오지 않는 날이 거의 없을 정도였다. 아버지의 독특한 자랑거리였던 넓은 정원은 그 고장에서 제일 좋은 수박과 딸기를 재배했다고 한다. 아버지는 나를 위해 언제나 맨 처음에 익은 포도와 딸기를 따오고는 하셨다. 나는 아버지를 따라 나무와 넝쿨 사이를 걸어갈 때의 부드러운 손길과 좋아하는 것은 무엇이든지 기꺼이 가져다 주던 그 사랑을 지금도 잊을 수 없다.

아버지는 뛰어난 이야기꾼이기도 해서, 내가 말을 배우게 되면서부터 제일 재미있는 이야기를 내 손에 써주고는 했다. 내게 똑같은 이야기를 반복해서 해주는 것이 아버지의 둘도 없는 즐거움이었다. 이런 아버지가 돌아가셨다는 소식을 받은 것은 1896년, 북부 지방에서 막바지에 접어든 아름다운 여름 한때를 즐기고 있을 무렵이었다. 아버지는 병석에 눕게 된 지 며칠 되지도 않아 고통 속에 세상을 떠나셨다. 이것은 내가 세상에서 처음으로 당한 슬픔으로, 나로서는 죽음에 대한 최초의 경험이기도 하다.

어머니에 대해서는 무엇부터 써야 할지 얼른 생각이 떠오르지 않는다. 어머니는 내 마음에 너무 접근해 있었으므로 어머니에 관해 이야기한다는 것은 나로서는 점잖지 못한 일처럼 생각될 정도다.

나는 동생을 오랫동안 무슨 침범자나 되는 것처럼 생각하고 있었다. 어머니의 사랑을 독점할 수 없게 되었다는 것을 알고는 질투로 마음이 가득 찼으며, 언제나 내가 앉아 있던 어머니의 무릎 위를 차지하고 앉아서 어머니의 관심과 시간을 모조리 앗아가는 존재로 생각되었다. 그러던 어느 날 나를 괴롭힐 뿐만 아니라 모욕까지 준다고 생각되는 일이 발생했다.

그 무렵 나는 몹시 아끼는 '낸시'라는 인형을 갖고 있었다. 낸시는 가엾게도 평소 나의 짜증과 애정을 폭발시키는 희생물이 되어 매우 험하게 다뤄지고 있었다. 나는 소리를 내고 울기도 하며 눈을 떴다 감았다 하는 좋은 인형을 여럿 가지고 있었지만, 이 낸시만큼 아낀 것은 없었다. 낸시를 요람에 태우고 흔들면서 한 시간 이상 놀기도 했을 정도다. 그만큼 나는 이 인형과 요람을 애지중지하고 있었다. 그런데 하루는 동생이 이 요람 속에서 잠을 자고 있는 것을 발견했고, 허락조차 받지 않은 주제넘은 행동에 화가 치민 나는 요람을 그만 뒤엎어 버리고 말았다. 다행히 버릇없는 꼬마가 바닥에 떨어지는 것을 어머니가 덥석 받아 안았기에 망정이지 그렇지 않았다면 그 애는 죽어 버렸을지도 모른다.

사람이 귀와 눈을 빼앗기고 이중의 고독한 골짜기에 들어가게 되면, 부드러운 말씨나 행위나 교제에서 우러나는 애정을 거의 모르게 된다. 그러나 나중에 내가 한 인간으로서 철이 나면서부터는 밀드레드와도 서로 깊이 사랑하는 사이가 되어 설사 그 애가 나의 지화법(指話法)을 이해하지 못하고, 나도 그 애의 유치한 수다를 이해하지 못하더라도 둘이서 손을 맞잡고 어디든 마음 내키는 대로 놀러 다녔다.

03
빛을 향하여

그러는 동안 나는 내 의사를 표현하고 싶은 욕구가 점점 커졌다. 내가 그때까지 사용하던 몇 개 되지 않는 표현 수단으로는 충분하지 않아서 다른 사람이 내 의사를 달리 해석하면 으레 화를 내었다. 마치 눈에 띄지 않는 어떤 힘이 나를 마구 억누르는 것만 같았고, 그 힘에서 벗어나기 위해 미친 듯이 애썼다. 그렇게 혼자서 발버둥 치며 고민했지만, 그런다고 문제 해결에 도움이 되는 것은 아니었다. 다만 어려움을 극복하려는 의지가 그만큼 굳어졌을 뿐이다. 살려는 의지가 강하게 작용했으므로 절망에 빠지면 나중에는 울음을 터뜨리고, 육체적으로 기진맥진하게 되어 어머니 무릎에 기대어 북받치는 감정을 주체할 수 없을 만큼 비참하게 생각되었다. 이런 감정의 폭풍은 매일, 때로는 시간마다 되풀이되었다.

부모님은 이런 나를 보며 슬픔에 잠겨 어찌할 바를 모르셨다. 돌이켜 생각해 보면 우리는 장애인을 위한 교육시설에서 너무 멀리 떨어진 곳에 살고 있었으며, 터스컴비아와 같은 벽지까지 시각장애인에다 청각장애인인 아이를 가르치러 와주는 사람이 있으리라고는 도저히 생각할 수 없었다. 아닌 게 아니라 내 친구나 친척들은 과연 내가 교육이 가능할 지 의심하고 있었다. 어머니가 품고 있던 유일한 희망의 빛은 대문호 디킨스가 쓴 『미국 수기』에서 비롯된 것이었다. 이 책에서 로라 브리지먼이 앞을 못 보고 듣지 못하면서도 훌륭히 교육을 받은 이야기를 읽고는 막연한 기대를 품은 것이다. 그러나 이런 교육법을 생각해낸 하우 박사가 이미 죽었다는 사실을 알게 된 어머니는 다시 절망과 슬픔에 빠졌다. 박사의 교육법은 아마도 박사의 죽음과 함께 사라져 버렸던 것 같다. 설사 그렇지 않더라도 어머니는 앨라배마의 벽촌에 있는 한 소녀가 어떻게 그 혜택을 받을 수 있을지 늘 고민하셨다.

내가 여섯 살 되었을 때, 아버지는 볼티모어에 있는 유명한 안과의사가 가망이 없는 눈병을 많이 고쳤다는 소문을 듣고는 당장 날 데리고 가서 보이기로 했다. 지금도 기억하는 그 여행은 매우 즐거웠다. 기차에서도 많은 사람들과 친구가 되었는데, 어떤 부인은 상자에 든 조개껍데기를 나에게 주었다. 아버지는 조개에 구멍을 뚫고 실을 꿰어 매달아주었으며, 나는 오랫동안 행복한 마음으로 즐겁게 가지고 놀았다. 차장도 친절한 분이었다. 그가 때때로 기차 안을 순회하며 차표를 걷고 도장을 찍을 때, 나는 그의 옷에 매달려 쫓아다녔다. 차장은 차표 찍는 기계를 나에게 주어 가지고 놀게 했는데, 그것은 매우 재미있는 장난감이었다. 나는 모퉁이에 가만히 쭈그리고 앉아 마분지 조각에 조그마한 구멍을 뚫으면서 여러 가지 공상에 파묻혀 시간을 보냈다.

고모는 수건으로 커다란 인형을 만들어 주었다. 그런데 이 인형은 코·입·귀·눈 할 것 없이 전부 볼품이 없어 어린이의 독특한 상상력으로도 얼굴답게 생각되는 부분이 없었다. 이상하게도 눈이 없는 것이 다른 모든 결함을 합친 것보다도 더욱 내 주의를 끌었으므로 나는 인형을 여러 사람에게 보여주면서 눈을 달아 달라고 졸랐다. 하지만 아무도 이 인형에 눈을 만들어 넣지 못했다. 그런데 갑자기 근사한 생각이 떠올라 이 문제를 해결했다. 나는 자리에서 내려와 아래 놓아둔 고모의 외투를 찾아내고는 외투에 달린 커다란 구슬 두 개를 떼어 인형에 달아 달라고 부탁했다. 고모는 반문하듯이 내 손을

헬렌 켈러 자서전 〈나의 인생〉

자기 눈에 대었고 나는 고개를 끄덕였다. 구슬로 눈을 만들자 나는 좋아서 깡충거렸지만, 그 순간 이 인형에 대한 흥미가 갑자기 사라져 버렸다. 이리 하여 여행하는 동안 나는 한 번도 짜증을 부리지 않고 많은 사물을 대하며 마음과 손끝을 분주히 움직였다.

볼티모어에 도착해서 찾아간 치좀 박사는 우리를 무척 친절히 맞아 주었으나 결국 내 눈을 고치지는 못했다. 그러나 박사는 나를 교육할 수는 있으므로 워싱턴의 알렉산더 그레이엄 벨(미국의 물리학자, 전화의 발명가로서 유명하다-역주) 박사와 의논을 하면 시각장애인이나 농인이 된 어린이의 학교와 교사에 대해 지도해 줄 사람이 있을 것이라고 아버지에게 조언해 주었다. 치좀 박사의 말에 힘을 얻은 우리는 곧바로 벨 박사를 만나기 위해 워싱턴으로 향했다. 아버지의 마음은 슬픔과 깊은 불안으로 가득 차 있었으나 나는 아버지의 괴로움 같은 것은 꿈에도 모르고, 다만 계속해서 변모되는 여행이 신나기만 했다.

목적지에 도착해 보니, 나는 어린 마음에도 벨 박사가 놀라운 위업으로 사람들의 칭찬을 한 몸에 받으며 마음속에 존경심을 일으킨다는 사실을 알아챘다. 박사는 나를 무릎 위에 올려놓고 자신의 시계를 만져보게 하면서 나에게 소리를 들려주었다. 박사는 내 손짓을 이해할 수 있었으며, 나는 그 사실을 알고 박사가 좋아졌다. 그러나 이 회견이 나로 하여금 어둠에서 빛으로, 고독에서 우정과 지식 및 사랑의 세계로 인도해 주는 문이 되리라고는 꿈에도 생각하지 못했다.

벨 박사는 보스턴에 있는 퍼킨스 학교 교장인 아나그노스 씨에게 내 교육을 담당할 유능한 교사가 있는지 문의하는 데 도움을 주었다. 퍼킨스 학교는 하우 박사가 시각장애인들을 위한 훌륭한 업적을 남긴 곳이기도 하다. 아버지는 곧 편지를 썼고, 몇 주일이 되자 아나그노스 씨에게서 친절한 답장이 왔다. 교사를 한 사람 찾아냈다는 반가운 소식이었다. 그러나 편지가 온 것은 1886년 여름이었으며, 설리번 선생님이 도착한 것은 이듬해 3월이 되어서였다.

 이리하여 나는 이집트에서 탈출하여 시나이 산 앞에 이르렀고, 신성한 힘이 내 영혼에 닿아 마음과 눈을 뜨게 해주었다. 그 신성한 산에서 "지식은 사랑이요, 빛이요, 행복의 환상이다"라는 엄숙한 목소리를 들었다.

04
설리번 선생님

나의 생애에 있어서 가장 잊을 수 없는 하루는 설리번 선생님이 우리 집에 오신 날이다. 이날을 기점으로 생겨난, 이전과 비교할 수 없을 만큼 커다란 차이를 생각하면 놀라지 않을 수 없다. 그것은 1887년 3월 3일, 내가 만 일곱 살이 되기 석 달 전이었다.

이 중요한 날의 오후에 나는 무작정 누군가를 기다리는 심정으로 가만히 현관에 서 있었다. 어머니의 손짓과 온 집안이 떠들썩한 것으로 미루어 보아 심상치 않은 일이 일어나고 있음을 느꼈기 때문이다. 오후의 햇빛은 현관을 덮고 있는 인동덩굴을 뚫고 내려와 위를 쳐다보는 내 얼굴을 환히 비춰주었다. 나의 손은 무의식적으로 온화한 남국의 봄을 맞이하여 겨우 새싹들이 움트기 시작한 잎사귀와 꽃들을 더듬고 있었다. 나는 앞으로 어떤 놀라운 일이 일어날지 알 수 없었다. 그것을 예상하기에는 너무나 우울하고 걷잡을 수 없는 심정이 나를 며칠씩 초조하게 했기 때문이다.

짙은 안개가 끼어 바로 눈앞에 있는 것도 보이지 않는 날에 배를 타 본 일이 있는가? 그때 당신은 육감적으로 느낄 수 있고, 어둠에 에워싸여 있는 것 같으며, 타고 있는 배는 긴장되고 또한 조급하여 연추(鉛錘)와 수심을 측정하는 측연(測鉛)을 지니고 바다를 향해 더듬어 가며, 무슨 일이 일어날까 두려운 나머지 가슴이 심하게 두근거릴 것이다. 교육이 시작되기 전의 나는 그런 배와 같았다. 나는 나침반과 측연도 없고, 항구가 어디 있는지 짐작할 수도 없는 배였다. '빛을, 나에게 빛을 주시오!' 이것이 내 영혼의 말 없는 외침이었다. 그 빛은 사랑의 빛일까? 실로 이날 내 머리 위에 빛이 비친 것이다.

나는 발자취가 가까이 다가오는 것을 느끼고 어머니라고 생각하며 한 손을 내밀었다. 누군가 내 손을 쥐는 순간, 나는 내 영혼의 눈을 뜨도록, 아니 나를 사랑하기 위해 온 그 팔에 강하게 끌려 그 품에 덥석 안겼다.

이튿날 아침, 선생님은 나를 자기 방으로 데려가 인형을 하나 주었다. 이 인형은 퍼킨스 학교에 있는 또래 아이들이 나에게 보내온 것으로, 선생님이 직접 이 인형에게 옷을 입혔다는 사실을 훨씬 후에야 알게 되었다. 인형을 가지고 한참을 논 다음, 선생님은 내 손에 '인형(Doll)'이라고 천천히 적었다. 나는 그 뜻을 전혀 알지 못했으나 이 손가락 장난에 흥미를 느껴 그것을 흉내 내려고 노력했다. 내가 그 글자들을 겨우 올바르게 쓰게 됐을 때의 감격과 자긍심을 상상해 보라. 나는 걷잡을 수 없는 기쁨을 억제하지 못하고 아래층에 있는 어머니에게 뛰어 내려가 어머니의 손바닥에 인형이라고 썼다. 그러나 나는 그 글자들을 전혀 모르고 있었을뿐더러 글자라는 존재조차 모르고 다만 원숭이처럼 손가락을 움직여 흉내를 내었을 뿐이다. 그 후 며칠 사이에 많은 단어를 알게 되었는데, 그것은 '핀', '모자', '컵' 등의 단어와 '앉다', '서다', '걷다' 따위의 몇몇 동사였다. 그러나 내가 모든 사물에 이름이 있다는 사실을 알게 된 것은 한참 뒤의 일이다.

하루는 내가 새 인형을 가지고 놀고 있는데 설리번 선생님이 낡은 헝겊 조각으로 만든 커다란 인형을 내 무릎 위에 얹어주면서 '인형'이라고 손에 써주었다. 인형이라는 이름은 새것이나 헌 것이나 모두에게 쓰인다는 것을 이해시키기 위해서였다. 그날 아침, 설리번 선생님과 나는 '컵(Mug)'과 '물(Water)'이라는 단어 때문에 무척 고생했다. 선생님은 '컵'이라는 단어가 컵을 뜻하고,

'물'이라는 단어가 물임을 가르쳐 주려고 했는데, 나는 언제나 이 두 가지 말을 혼동했다. 선생님은 당분간 이 문제를 뒤로 미루고, 기회를 봐서 나중에 한 번 더 가르치려고 했다. 나는 거듭되는 가르침에 짜증이 나서 인형을 마루에 내동댕이쳐 버렸고, 깨어진 인형 조각이 내 발에 밟힌 순간 일종의 쾌감을 느꼈다. 슬픔도 후회도 없었다. 나는 그 인형을 아끼지 않았으니까 말이다. 고요하고 캄캄한 나의 세계에서는 동정이나 애정, 그밖에 어떤 따뜻한 감정도 찾아낼 수 없었다. 그러나 다음 순간 선생님이 깨어진 조각을 벽난로 한쪽으로 쓸어 넣는 것을 느꼈을 때, 불쾌한 원인이 없어진 것을 알고 흡족하게 생각했다. 선생님은 인형 조각을 모두 치운 뒤 나에게 모자를 씌워주었다. 나는 따뜻한 햇살이 내리 쪼이는 밖으로 나간다는 것을 알고, 이 생각 - 만일 말이 없는 감각을 생각이라고 부를 수 있다면 - 으로 기뻐서 어쩔 줄 몰랐다.

우리는 우물을 덮은 인동 향기에 이끌려 뜰 안 오솔길을 걸어갔다. 누군가 물을 긷고 있었으므로 선생님은 내 한쪽 손을 붙잡아 물통으로 가져갔다. 차디찬 물이 내 손 위를 흐르고 있는 동안 선생님은 다른 손에 처음에는 천천히, 다음에는 재빨리 '물'이라고 썼다. 나는 가만히 서서 선생님의 손가락이 움직이는 촉감에 온 신경을 집중했다. 그러는 동안 갑자기 멍하니 어떤 잊어버린 것을 생각해 내는 듯한, 혹은 소생되려는 상념의 흐름과 같은 일종의 신비스러운 자각을 느꼈다. 이때 나는 비로소 '물'이 지금 내 손 위를 흐르고 있는 이상하고 차가운 물질의 명칭이라는 것을 알게 되었다. 이 한 단어가 내 영혼을 눈뜨게 하고 빛과 희망과 기쁨을 주어 내 영혼을 해방해 주었다. 아직 많은 장애물이 남아 있었지만, 그것은 언젠가 제거할 수 있는 것들이었다.

나는 갑자기 열의에 찬 심정으로 우물에서 돌아왔다. 모든 사물이 명칭을 갖고 있음을 알게 되었으며, 이 사실은 나에게 새로운 세계를 보여주었다. 집에 돌아와 보니 내가 만지는 것마다 생명이 약동하는 듯이 느껴졌고, 모든 사물을 전과는 다른 태도로 대하게 되었다. 방문을 열고 들어서자 아까 깨뜨려버린 인형을 생각하게 되었다. 나는 더듬더듬 난롯가로 걸어가 부서진 인형 조각을 주워 맞추려고 했으나 헛수고였다. 눈에 눈물이 가득 고였고, 비로소 나는 내가 한 일이 잘못되었다는 것을 알았다. 그리고 처음으로 마음에서 우러나오는 후회와 슬픔을 느꼈다.

그날 나는 다른 말을 꽤 많이 배웠다. 그 글자들이 무슨 뜻인지 일일이 다 기억할 수는 없지만, '아버지', '어머니', '동생', '선생님' 등은 모두 그날 익힌 말이다. 그런 말들은 나를 위해 '꽃이 피는 아론의 지팡이(성경 민수기 17장-역주)'처럼 나와 세계를 위해 이 세상을 화원으로 만들어 주었다. 여러 가지 일이 일어난 그날 저녁, 나는 작은 침대 위에 누워서 오늘 하루가 나에게 가져다준 기쁨을 상기했다. 이때의 나처럼 행복한 아이는 또 없을 것이다. 나는 세상에 태어나 처음으로 다가올 새날을 기다리게 되었다.

05
마음의 눈을 뜨고

나는 영혼이 갑자기 눈뜬 1887년 여름에 일어난 많은 일을 기억하고 있다. 이때의 나는 손으로 만질 수 있는 모든 물건의 이름을 알려고 애썼고, 다양한 물건의 이름이나 사용법을 알게 되자 외부 세계와 나와의 친밀감은 한결 즐겁고 명확한 것이 되어갔다.

데이지와 미나리아재비(Buttercup)가 피는 계절이면 설리번 선생님은 내 손을 이끌고 씨 뿌리는 들이나 테네시 강변의 따뜻한 풀밭으로 데리고 갔다. 그러면서 처음으로 자연의 혜택에 관한 이야기를 해주었다. 태양이나 비가 얼마나 아름답고, 또 그것이 어떻게 대지에서 식물의 눈을 뜨게 하는지, 새는 어떻게 둥지를 짓고 번식해 가는지, 다람쥐와 사슴과 사자들은 어떻게 먹이와 휴식처를 찾아내는지 등의 이야기였다. 나는 아는 것이 많아질수록 마음이 더욱 밝아지며 기쁨을 느끼게 되었다. 내가 수학이나 지구의 모양을 그리는 법을 배우기 훨씬 전에 설리번 선생님은 향기로운 나무며 풀 잎사귀, 갓난아기의 복슬복슬한 뺨에 아름다움이 풍기고 있다는 것을 가르쳐 주었다. 선생님은 내 생각을 자연에 연결해 새나 꽃에도 인간과 다름없는 생명이 있음을 알게 했다.

그러나 이때 자연은 언제나 친절한 것만은 아니라는 사실도 경험하게 되었다. 어느 날 우리가 긴 산책을 하고 돌아오는 길이었다. 그날따라 날씨가 유난히 좋았으나 점점 무더워져서 길가에 있는 나무 아래에서 자주 쉬어 가야 할 정도였다. 맨 나중에 발길을 멈춘 곳은 집에서 얼마 멀지 않은 한 그루 벚나무 아래였다. 그 나무 그늘은 매우 기분이 좋고, 기어오르기도 쉬워 선생님의 도움을 받아 높직한 가지 사이에 앉을 수 있었다. 나무 위가 무척 서늘하여 설리번 선생님은 그곳에서 점심을 먹자고 했다. 나는 선생님이 집으로 점심을 가지러 다녀오는 동안 얌전히 기다리기로 약속했다.

갑자기 하나의 변화가 나무 위를 스쳐 가더니, 더위는 사라지고 습기에 찬 바람이 불기 시작했다. 나는 하늘이 새까맣게 변하는 것을 싸늘해진 공기로 알 수 있었다. 게다가 땅에서 이상한 냄새가 났다. 나는 이 냄새가 무엇인지 알아차릴 수 있었다. 그것은 천둥번개가 치기 전에 나는 냄새였다. 나는 무서워 떨고 있을 뿐이었지만 땅에서도 떨어져 있는 판국이었다. 어떤 거대한 힘이 신경을 꼼짝 못 하게 사로잡아 가슴을 누르고 눈을 꼭 감은 채 가만히 앉아 있었다. 싸늘한 바람이 등줄기를 스쳐갔다. 오직 한 가닥 희망은 선생님이 와주는 것뿐이었다. 나는 나무에서 내려갈 방법이 없을까 하고 궁리해 보았다.

한동안 불길한 고요함에 잠기는가 싶더니 나뭇잎이 일제히 흔들거리면서 가지마다 전율이 휩쓰는 바람에 힘껏 나뭇가지를 붙잡지 않으면 아래로 굴러 떨어질 것만 같았다. 나무는 뒤틀려 몸부림치고, 가지는 부러져 내 머리 위에 얽혀왔다. '뛰어내릴까?' 하는 생각이 문득 떠올랐으나 무서워서 엄두가 나지 않아 나무줄기와 가지 사이에 단단히 웅크리고 있었다. 나뭇가지가 내 주위에서 회초리처럼 휘어들었다. 나는 매우 육중한 무엇이 떨어져서 내가 앉은 나뭇가지까지 전해 오는 듯한 진동을 느꼈다. 그럴수록 더욱 무서운 생각에 사로잡혀 금세 나무가 송두리째 뽑혀나가지 않을까 생각하는 순간, 선생님의 팔이 나를 꼭 끌어안는 것이 느껴졌다. 여기서 나는 하나의 교훈을 얻었다. 즉 자연은 '아이들을 상대로 공공연히 싸움을 걸어오며, 아주 부드러운 손길에도 배신의 발톱을 들이댄다'는 것이었다.

이런 일이 있고 난 뒤로 나는 오랫동안 나무에 오르지 않았다. 생각만으로도 몸서리치는 노릇이었다. 그러나 이 두려움을 이기게 된 것은 가지마다 꽃이 만발한 미모사에서 풍기는 향취의 유혹이었다. 어느 아름다운 봄날 아침, 정자에서 한가로이 책을 읽고 있는데 갑자기 어떤 그윽한 향기가 풍기는 것을 알아차렸다. 나는 얼른 일어나 거의 본능적으로 두 손을 뻗었고, 봄의 정기 같은 것이 스쳐 가는 듯한 느낌을 받았다. '이게 뭘까?' 하고 스스로 물어보았고, 그것이 미모사 꽃향기라는 것을 곧 알게 되었다. 나는 손으로 더듬거리면서 정원 끝까지 갔다. 그 꽃은 오솔길이 구부러지는 정원 끝 담 옆에 있다는 것을 이미 알고 있었기 때문이다. 따뜻한 햇빛을 받고 꽃송이로 덮인 가지들은 키 큰 풀 잎사귀에 닿을 듯했다.

나는 세상에 이처럼 아름다운 것은 다시 없을 것만 같았다. 그 부드럽고 섬세한 꽃들은 고상하지 않은 것이 가까이 오면 움츠러들어 갈 듯하여, 낙원의 나무가 지상으로 내려온 것이 아닐까 싶었다. 나는 소나비처럼 쏟아지는 꽃송이들을 만지면서 나무의 큰 줄기 옆에 서 있었다. 그렇게 어찌할 바를 모르고 한참 그대로 서 있다가 이윽고 나무에 매달려 기어오르기 시작했다.

06
말을 아는 열쇠

　나는 이미 모든 말을 알 수 있는 열쇠를 손에 쥐었으므로 하루라도 빨리 자유롭게 사용하고 싶었다. 귀로 소리를 들을 수 있는 아이들은 특별히 노력하지 않아도 말을 배울 수 있다. 그 아이들은 사람의 입술에서 나오는 말을 자연히 배우게 마련이지만, 귀가 먹은 아이는 애써 고달픈 과정을 통해 그것을 올가미에 걸어 붙잡아야 한다. 그런데 방법이야 어찌 되었든지 그 결과는 놀랍다. 사물의 이름을 아는 데서 시작해 차근차근 발전하여 나중에는 맨 처음의 따분한 철자법 연습에서 셰익스피어의 세계 사이에 가로놓인 광대한 거리를 횡단할 수 있게 되었다.
　처음에는 선생님이 어떤 새로운 것을 가르쳐 주시더라도 별로 질문을 하지 않았다. 내 생각이 막연할뿐더러 용어도 불완전했기 때문이다. 그러나 사물에 대한 지식이 늘어남에 따라 말도 많이 배우게 되어 의문의 범위가 늘어났으므로 몇 번이고 같은 문제로 되돌아가 좀 더 상세한 설명을 요구하게 되었다. 그리하여 때로는 지금까지의 경험에 비추어 내 머리에 새겨진 인상이 새로운 말로 소생되는 일도 있었다.
　어느 날 아침 '사랑'이라는 말의 의미에 대해 선생님에게 물었던 일을 나는 지금도 기억하고 있다. 그것은 내가 많은 말들을 알기 전의 일이었다. 나는 뜰 안에서 일찍 핀 몇 포기의 제비꽃을 찾아내 꺾어서 선생님에게 갔다. 선생님은 나에게 입을 맞추려고 했는데, 그 무렵의 나는 어머니 이외에는 입을 맞추는 것을 달갑게 여기지 않았다. 그래도 설리번 선생님은 한쪽 팔에 나를 포근히 안고, 내 손에 '나는 헬렌을 사랑해'라고 쓰셨다.

나는 "사랑이 뭔데요?" 하고 물었고, 선생님은 나를 더욱 바싹 껴안더니 "그건 여기 있지." 하면서 내 심장을 가리켰다. 나는 그제야 내 심장이 고동치고 있다는 것을 느꼈다. 그러나 그 당시의 나는 직접 손으로 만져보지 않는 것은 아무것도 이해할 수 없었으므로 선생님의 말씀은 무척 당황하게 했다.

나는 선생님이 가지고 있던 제비꽃의 냄새를 맡고, 말과 몸짓을 반반 섞어서 "사랑이란, 꽃이 아름답다는 뜻인가요?" 하고 물었고, 선생님은 아니라고 대답했다. 나는 다시 생각해 보았다. 그때 따뜻한 햇빛이 우리를 비춰 주었고, 갑자기 '혹시 이게 사랑이 아닐까?' 하고 생각한 나는 햇살이 비치는 방향을 가리키면서 "이것이 사랑 아닌가요?" 하고 물었다. 나로서는 만물이 자라게 하는 열의 원천인 태양 이상으로 아름다운 것이 있으리라고는 생각하지 못했기 때문이다. 그러나 설리번 선생님은 이번에도 고개를 옆으로 흔들었고, 나는 어찌할 바를 몰라 낙심했다. 나로서는 선생님이 사랑이 무엇인지 분명히 말씀하지 못하는 것이 이상하게 생각될 뿐이었다.

이윽고 하루이틀 지나 크기가 다른 구슬들을 일정한 순서로, 가령 두 개의 큰 구슬에서 세 개의 작은 구슬을 연결하는 놀이를 하고 있었다. 나는 몇 번이나 순서를 잘못 연결했지만, 설리번 선생님은 친절하고 끈기 있게 잘못을 고쳐주었다. 어느 정도 지나자 나도 잘못된 것을 알게 되어 어떻게 하면 순서를 틀리지 않게 할 수 있을까 하고 생각해 보았다. 그러자 설리번 선생님은 내 이마에 손으로 '잘 생각하라'는 글자를 썼다.

나는 갑자기 그 말이 내 머릿속에서 감돌고 있는 사고를 가리키는 것임을 깨닫게 되었다. 이것이 내가 추상적인 관념을 이해하기 시작한 시초였다. 나는 이 말에서 힘을 얻었다. 그리하여 무릎 위에서 하던 구슬 놀이는 잊어버리고, '사랑'의 뜻이 무엇인지 알아내려고 노력했다. 그날 온종일 구름이 얕게 끼어 가끔 소나기가 내렸지만, 갑자기 남국 특유의 강렬한 태양이 구름을 뚫고 찬란하게 반짝이기도 했다.

"이것이 사랑이지요?" 나는 전날의 질문을 되풀이했다. "사랑은 햇살이 비치기 전의 구름과 같은 거야." 하고 선생님은 대답했다. 나는 이 대답을 도저히 이해할 수 없었으므로, 선생님은 좀 더 간단히 설명해 주었다. "너는 손으로 구름을 만질 수는 없지만 비는 만질 수 있지? 그리고 꽃이나 메마른 땅은 뜨거운 하루해가 저물 무렵이면 얼마나 비를 좋아할는지 그것도 알고 있지? 너는 사랑을 만질 수는 없지만, 그것이 만물에 작용하는 따뜻함을 느낄 수 있어. 사랑이 없으면 행복해질 수 없고, 그런 사람과는 놀려고 하지 않을 거야."

이 아름다운 진리는 곧 내 마음을 사로잡았다. 나는 인간의 영혼과 영혼 사이에는 눈에 보이지 않는 실이 연결되어 있다는 것을 느꼈다. 이와 같이하여 설리번 선생님은 나를 가르치기 시작하면서부터 나에게 귀가 뚫린 여느 아이들에게 하는 것처럼 이야기하는 방법을 택했다. 다만 한 가지 다른 점은 직접 이야기하는 대신에 내 손바닥에 글씨를 쓰는 것이었다.

이러한 과정은 여러 해 계속되었다. 귀가 먹은 아이는 일상생활에 사용하는 간단한 말도 단시일에 외울 수 없다. 그러나 귀가 뚫린 아이들은 자연히 끊임없는 반복과 모방으로 배우게 마련이다. 그런 아이들이 가정에서 듣는 이야기는 마음에 자극을 받아 자기 의사를 자발적으로 발표하고, 입으로 자연스럽게 의사표시를 하게 된다. 그러나 귀가 먹은 아이는 그럴 수 없다. 선생님은 이 사실을 늘 명심하고 나에게 되도록 많은 자극을 주려고 했다. 그러기 위해서 계속 같은 말을 되풀이하고, 그 말을 실제로 사용할 수 있는 기회를 주었다. 그러나 내가 스스로 이야기하고 싶은 생각이 들고, 정확한 대

화를 하기까지는 상당히 오랜 시간이 걸렸다.

　귀가 먹고 눈이 먼 아이가 대화의 매력을 알아차리는 것은 무척 어려운 일이다. 보통 사람들보다 훨씬 깊은 인식을 해야 하기 때문이다. 그들은 목소리의 강약을 들을 수 없으며, 말에 의미를 포함하기 위해 음성을 높이고 내리는 것도 남의 도움이 없이는 할 수 없다. 그리고 그들은 말하는 사람의 표정에 나타나는 이야기의 진의도 엿볼 수 없다.

07
학업

　나의 교육에서 다음으로 중요한 단계는 읽는 법을 배우는 것이었다. 내가 몇몇 낱말을 연결할 줄 알게 되자 선생님은 나에게 점자로 된 두꺼운 종이의 단어 카드를 주었다. 나는 그 각각의 글자들이 사물이나 행위나 어떤 성질을 표시하는 것임을 곧 알아차렸다. 나는 단어를 늘어놓고 짧은 문장을 만드는 판을 갖고 있었으나, 글자를 판에 직접 늘어놓기 전에 실제의 사물을 사용했던 것이다. 가령 '인형', '있다', '위에', '침대'라는 카드를 찾아서 글자에 해당하는 각각의 물건에 놓고 인형을 침대 위에 올려놓은 다음, 인형 곁에 '침대', '위에', '있다'를 늘어놓아, 문장을 만드는 동시에 그 문장의 의미를 실물로 배웠던 것이다.

　하루는 설리번 선생님이 내 앞치마에 소녀라는 카드를 꽂아놓고, 옷장에 들어가, '옷장', '안에', '있다'라는 카드를 진열하라고 하셨다. 나는 이런 식으로 노는 것을 무척 좋아했다. 선생님과 나는 몇 시간씩 계속해서 이 놀이를 했는데, 나중에는 방 안에 있는 모든 물건을 문장대로 바꿔놓게 되었다.

　인쇄한 카드에서 책으로 넘어가는 것은 한 발자국의 차이에 지나지 않았다. 나는 『초등 독본』을 손에 들고, 알고 있는 말을 더듬어 찾았다. 그리하여 마침 아는 말을 찾아내었을 때의 기분은 마치 숨바꼭질에서 숨은 아이를 찾아내었을 때의 그것과 같았다. 이렇게 나는 읽기를 배우기 시작했다. 연속되는 이야기를 읽을 수 있게 되었을 때의 광경에 대해서는 나중에 쓰기로 하겠다.

아무튼 나는 꽤 오랫동안 규칙적인 수업은 받지 못했다. 열심히 공부한 때에도 공부라기보다는 유희라고 부르는 것이 옳을 것이다. 설리번 선생님은 모든 것을 아름다운 이야기나 시로써 설명해 주었다. 내가 즐거워하거나 재미있어하면 선생님은 나와 함께 어린이로 돌아가서 기뻐하는 것이었다. 문법이나 어려운 산수, 그리고 까다로운 정의 등 아이들이 두려워하는 것이 나에게는 오늘날 가장 즐거운 추억의 하나가 되었다.

설리번 선생님이 어찌하여 내 기쁨이나 소망에 대해 그토록 특별한 동정을 갖고 있었는지 나로서는 알 수 없다. 아마도 오랫동안 시각장애인을 상대로 생활해 온 결과가 아닌가 한다. 게다가 선생님은 놀라운 표현력을 갖고 있었으며, 나에게 흥미 없는 세세한 문제들은 억지로 가르치려고 들지 않고 전날에 배운 것을 알아보거나 어려운 질문 같은 것을 던져 나를 괴롭힌 적이 한 번도 없었다. 선생님은 무미건조한 과학까지도 조금씩 내 기억에 남도록 예를 들어가면서 설명해 주었다.

우리는 집 안보다 해가 비치는 따뜻한 밖에서 자주 공부했다. 그러므로 내가 어렸을 때의 공부는 모두가 숲의 입김과 저 머루의 향기가 뒤섞인 송진 냄새로 가득 차 있다. 나는 야생 튤립나무 그늘에 앉아 모든 것이 배울만한 가치가 있다는 것을 알게 되었고, 사물의 아름다움이 곧 그 유용성임을 알았다. 아닌 게 아니라 저 붕붕거리며, 날개를 치고 지저귀며, 꽃을 피우는 것들은 모두가 내 교재가 되어 주었다. 극성스럽게 울어대는 개구리며, 내 손에 잡혀 있으면서 겁을 내지도 않고 갈대 피리 같은 소리를 내며 우는 귀뚜라미, 솜털로 몸을 감싼 병아리, 야생 꽃, 산딸나무꽃, 제비꽃, 꽃봉오리 진 과일나무 - 이 모든 것이 내 공부에 도움이 되어 주었다. 나는 딱딱한 껍질을 쪼개고 소복이 내민 목화 열매를 만져보고, 그 부드러운 섬유와 솜털에 싸인 씨앗을 손끝으로 느끼며, 옥수수밭 고랑 사이로 불어오는 바람의 부드러운 숨결이나 나무 잎사귀의 속삭임 그리고 힘차게 뛰어다니는 망아지의 잔등을 만져가며 많은 것을 배웠다. 그중에서도 망아지는 제일 내 마음에 들어, 그 입에 클로버를 넣어주면서 재미있게 놀았다. 나는 지금도 그 클로버의 냄새나 망아지의 콧김이 내 얼굴에 감도는 것처럼 생각된다.

나는 때때로 먼동이 트기 전에 자리에서 일어나 이슬에 젖은 뜰로 나갔다. 장미의 부드러운 촉감이나 아침 미풍에 나부끼는 백합꽃의 아름다운 모습을 상상해 보는 즐거움은 나만이 알 수 있는 것이다. 나는 때때로 꽃 속에 잠든 벌레도 잡았는데, 이 잠꾸러기의 부드러운 날갯소리도 잊을 수 없다.

또 하나 내가 잘 찾아가는 곳은 과수원이었다. 7월 초순쯤이면 과일이 익어 내 손이 닿는 데까지 솜털이 돋아난 커다란 복숭아가 열려 있고, 바람이나 두 가지 사이사이에 불어오면 능금이 발끝까지 굴러떨어지기도 했다. 오, 얼마나 즐거운 나날이었던가! 앞치마에 과일들을 담뿍 주워 담고, 햇살에 따뜻이 열이 오른 능금을 뺨으로 문지르며 집으로 뛰어갈 때의 즐거움!

우리의 산책 코스는 테네시 강가에 있는 허물어진 켈러 상륙지 - 남북전쟁 때에 군대를 상륙시킨 곳 - 로 통하는 길이었다. 우리는 그곳에서 행복한 시간을 보내며 지리 공부를 했다. 나는 조그마한 돌로 댐을 쌓기도 하고, 섬과 연못도 만들어 거기 개울을 흘려보내기도 했다. 그것은 공부라기보다 즐거운 장난이었다.

나는 설리번 선생님이 불타오르는 산이나 땅속에 파묻힌 도시, 움직이는 빙하, 그밖에 여러 가지 신비스러운 세계에 대해 이야기해줄 때 점점 더 놀라 귀를 기울였다. 선생님은 흙으로 울퉁불퉁한 지세의 모형을 만들어 산맥과 골짜기를 손으로 더듬어 알 수 있도록 해주셨다. 나는 이런 것들을 무척 좋아했다. 그러나 지구의 경도와 위도 그리고 양극으로 나누는 것은 마음을 혼란에 빠뜨려 짜증이 났다. 그것을 설명하는 실과 극을 나타내는 글과 오렌지 나무 막대기가 나로서는 실제로 그렇게 되어 있는 것처럼 생각되어, 지금도 온대라고 하면 실을 연상할 정도다. 만일 누가 나를 속이기 위해 흰곰이 실제로 북극의 작대기에 기어오른다고 말하면, 나는 그것을 쉽사리 믿게 되었을 것이다.

내가 싫어한 과목은 수학이었다. 나는 수에 대해 처음부터 취미가 없어서 설리번 선생님은 구슬을 꿰어 셈을 가르치려고 했다. 그래서 유치원에서 사용하는 밀짚으로 더하고 빼기 셈을 배웠다. 나는 이것을 다섯 번이고 여섯 번이고 되풀이하는 데 싫증이 나서 빨리 끝나기만 바라다가, 마치자마자 재빨리 밖으로 뛰어나가 동무들을 찾곤 했다.

이런 유희 가운데 동물학과 식물학도 공부했다. 지금은 이름을 잊었지만, 언젠가 어떤 신사분이 화석 표본을 나에게 보내주었다. 그것은 아름다운 무늬가 붙은 조개껍질과 작은 새의 발자국이 새겨진 사암의 파편과 모양이 예쁜 양치(羊齒)식물의 화석이었다. 이것들은 대홍수(노아의 홍수를 말함-역주) 이전 세계의 보고(寶庫)를 나에게 열어주는 열쇠가 되었다. 나는 먼 옛날 원시림 사이를 돌아다니며 먹이를 위해 큰 나무 가지를 찢어버리기도 하다가, 음침한 늪지대에 쓰러져 죽은 이상한 이름의 사나운 짐승에 대해 설리번 선생님이 들려주는 이야기를 떨리는 손끝으로 들었다. 이 괴상한 동물들은 오랫동안 내 꿈을 위협하고, 그 음울한 태고의 시대는 햇빛과 장미꽃으로 가득 차 있었으며, 망아지가 귀여운 말굽 소리를 내고 있는 즐거운 현재에 대한 어두운 배경이 되었다.

그는 다음으로 아름다운 조개껍질을 보내주었다. 나는 어린이답게 놀라움과 기쁨으로 작은 연체동물이 자기가 살 집을 위해 이 화려한 껍질을 만들고, 바람도 조용한 밤 조개가 인도양의 푸른 물결 위를 진주의 배를 타고 달린다는 선생님의 이야기를 들었다. 그리고 바다생물의 생활과 습성에 대하여 여러 가지 재미있는 이야기 - 작은 수생동물(水生動物)이 밀려드는 파도 속에서 태평양의 아름다운 산호초를 만들며, 유공충(有孔蟲)이 많은 백악(白堊)의 언덕을 만드는 이야기 등 - 를 들은 선생님께서는 〈침실이 있는 유공충〉이라는 시를 읽어 주셨다. 그리고 연체동물들이 껍질을 만드는 과정은 사람의 마음이 발달하는 것을 상징한다고 가르쳐 주셨다. 앵무조개의 신비로운 껍질이 바닷물에서 흡수한 재료를 변화시키게 된 것처럼, 사람들이 주워 모으는 지식의 단편도 같은 변화를 받아 사상의 진주가 된다는 것이었다.

다음에 배우게 된 것은 식물의 성장에 대해서였다. 우리는 백합 화분을 사서 해가 잘 드는 창가에 놓고 관찰했다. 며칠 못 되어 파릇파릇한 봉오리가 벌어지기 시작하고, 아름다운 여인의 손가락 같은 잎사귀가 제 안의 아름다움을 드러내기 위해 열리기 시작하자 개화는 빠르게, 그러나 질서정연하게 체계적으로 진행되었다. 이와 같이 점점 커지는 백합의 봉오리 중에서 언제나 다른 것과는 비교도 안 되는 크고 아름다운 것이 하나 있는데, 마치 부드러운 비단 예복을 입은 미인이 당연한 신의 권리로 여왕 백합이 되리란 것을 알고 있는 듯 화려하고 당당하게 겉옷을 벗고 나오는 반면, 그녀의 수줍은 자매들은 자신의 녹색 모자를 살그머니 들어 올리고 모습을 드러내었다. 이렇게 아름다운 향취를 풍기면서 날로 커가는 것이었다.

한번은 수초가 가득 떠 있는 유리 항아리에 열한 마리의 올챙이를 넣어 창가에 장식한 일이 있다. 나는 거기서 중요한 것을 배우게 되었다. 그 항아리 속에 손을 넣어 올챙이들이 손가락 사이를 헤엄치는 것을 감촉하기란 여간 재미있는 일이 아니었다. 그런데 하루는 그 가운데 대담한 녀석 하나가 항아리 밖으로 뛰쳐나와 죽은 것 같았다. 놈이 살아 있다는 유일한 증거는 꼬리를 꿈틀거리는 것뿐이었다. 그대로 물속에 집어넣었더니 바다에서 활개를 치며 헤엄쳐 돌아다녔다. 놈은 밖으로 뛰어나와 더 큰 세계를 구경한 것은 사실이지만, 개구리로 성장하기까지는 푸크시아 나무 아래에 있는 유리 집으로 만족할 수밖에 없다. 개구리가 된 후에 정원 구석의 잡초에 덮인 못에 옮겨 살면서 독특한 사랑의 노래를 부르면서 여름밤을 즐기는 것이었다.

이와 같이 나는 생활 속에서 공부했다. 나는 단지 가능한 싹에 불과했지만, 그 싹을 훌륭히 키워주신 분은 바로 설리번 선생님이다. 선생님이 와주셨기 때문에 나의 주위에 있는 모든 것은 의미를 지니고 생기가 충만하게 되었다. 선생님은 만물이 간직한 아름다움에 대해 나한테 가르쳐 줄 기회를 한 번도 놓쳐버린 일이 없다. 그리하여 생각으로나 행동 또는 본보기로 나의 생활을 아름답고 뜻깊은 것으로 만들려고 노력했다.

내가 공부하기 시작한 몇 해 동안을 그처럼 아름다운 생활로 이끌어간 것은 선생님의 천재적인 재능과 이해 깊은 동정과 사랑에 충만한 기교 덕택이다. 그리고 내가 거기 발을 맞추어 성과를 올릴 수 있었던 것은 기회를 적절히 활용하는 선생님의 교묘한 수단 덕분이었다. 선생님은 어린이의 마음이 여기서는 꽃과 같은 모습을 하고 있는가 하면, 저기서는 풀밭을 이루고, 또 어디서는 흰 구름이 그림자를 던지면서 교육이라는 돌자갈 바닥 위를 즐겁게 물결치며 흐르는 개울과 같은 것임을 잘 알고 있었다. 그리하여 선생님은 내 마음이 이 개울의 흐름과 마찬가지로 산여울이나 숨은 생물에 의해 점점 커지다가 드디어 큰 강물이 되고 그 고요한 수면에는 작은 꽃송이뿐만 아니라 기복이 많고 겹겹이 둘러싸인 산들과 싱그러운 녹음 그리고 푸른 하늘도 비출 수 있어야 한다고 생각하고 있었다.

어린이를 교실로 데리고 오는 것은 어떤 선생도 할 수 있는 쉬운 일이지만, 배우게 한다는 것은 아무나 할 수 있는 일이 아니다. 어린이는 일할 때나 놀고 있을 때를 막론하고 자기가 자유임을 느끼지 않는 한 결코 즐거운 마음으로 공부하지 않는다. 흥미 없는 학과 공부를 시작하여 교과서라는 무미건조한 일과를 용감히 수행하게 되기까지는 승리의 기쁨과 실패의 슬픔 같은 것도 몇 차례 경험해야 한다.

나로서는 선생님과 나를 떼어서 생각할 수 없을 정도였다. 아름다운 모든 것에 대한 나의 기쁨이 어디까지가 선천적인 재능의 소산이고, 어디까지가 선생님의 감화에 의한 것인지 분간할 수 없었다. 그분의 존재를 나의 그것과 분리할 수 없고, 내 생애의 발자취는 그분의 생애에 새겨져 있다고 생각한다. 나에게 취할 만한 것이 있다면 그것은 모두 그분에게 속하는 것이다. 나에게 무슨 재능이나 향상심 그리고 기쁨이 있다면 모두가 그분의 사랑의 손길에 의해 눈뜨게 된 것이다.

08
크리스마스

　설리번 선생님이 터스컴비아로 온 해의 크리스마스는 그야말로 대형 사건이었다. 모든 집안 식구들이 나를 놀라게 하기 위해 여러 가지 선물을 준비하고 있었지만, 그보다 더 기쁜 일은 선생님과 내가 다른 사람들을 놀라게 하기 위해 선물을 준비한다는 것이었다. 무슨 선물을 받게 될까 하는 기대는 무엇보다도 내 마음을 설레게 했다. 사람들은 내 호기심을 자극하기 위해 나에게 여러 가지 암시를 주기도 하고, 문장을 반쯤 적어 내려가다가 눈치를 챌 만한 부분에 가서 뚝 그치기도 했다. 설리번 선생님과 나는 선물 맞추기를 하면서 놀았는데, 이것은 다른 어느 과목보다도 말의 사용법을 배우는 데 효과적이었다. 밤마다 환한 모닥불을 둘러싸고 선물 맞추기 놀이를 했으며, 크리스마스가 다가올수록 점점 흥분이 고조되었다.
　고대하던 크리스마스 전날 밤, 터스컴비아 학교 아이들이 크리스마스트리를 만들고 나를 초대했다. 교실 한가운데 부드러운 광채에 싸여 진귀한 과일을 단 아름다운 나무가 서 있었고, 나는 너무 기뻐서 춤을 추며 나무 주위를 빙빙 돌았다. 그뿐만 아니라 어린이들에게 줄 선물이 있는데, 트리를 만들어 준 친절한 분들이 내가 그 선물을 아이들에게 나눠줄 수 있도록 허락해 주었다. 나는 너무 좋아서 내 선물을 돌아볼 겨를조차 없었으나, 이윽고 내 차례가 돌아오자 나는 진짜 크리스마스가 시작되는 것을 더 이상 기다릴 수 없었다. 내가 받은 선물들이 여러모로 생각했던 것과는 다르다는 사실을 알았지만, 선생님은 내가 앞으로 받을 선물은 지금보다 더 멋진 것이라고 말씀하셨다. 결국 그날 밤에는 이미 받은 선물로 만족하고, 다른 선물들은 다음 날 아침까지 기다려야 했다.

그날 밤, 스타킹을 매달아 놓고 침대에 누워 오랫동안 자는 척을 했다. 산타클로스가 와서 무엇을 하는지 알고 싶어서였다. 하지만 어느 순간 인형과 곰을 안은 채 그만 잠들어 버렸다. 그래도 이튿날 아침 "메리 크리스마스!" 하고 온 가족을 깨어나게 한 것은 바로 나였다. 나는 스타킹 속뿐만 아니라 책상이나 의자 위, 문지방이나 창틀에서 깜짝 놀랄 만한 선물을 발견하게 되었다. 포장에 싸인 크리스마스 선물에 치여 한 걸음도 걸을 수 없을 정도였다. 그리고 선생님이 한 마리의 카나리아를 선사했을 때 나의 즐거움은 절정에 이르렀다.

팀이라는 이름의 작은 카나리아는 길이 잘 들어있어서 내 손 위에 깡충 뛰어올라 손바닥에 있는 설탕에 절인 앵두를 쪼아 먹을 정도였다. 설리번 선생님은 이 귀여운 새의 시중을 드는 방법을 빠짐없이 가르쳐 주었다. 나는 매일 아침마다 식사가 끝나면 팀의 목욕을 위해 물을 갈아주고, 새장을 청소하고, 모이를 주고, 우물에서 길어온 물을 넣어주고, 새장 속 그네에 꽃 가지를 걸어주었다.

어느 날 아침, 나는 팀에게 줄 물을 뜨기 위해 창가에 새장을 놓아두었다. 그런데 돌아와 문을 여니 커다란 고양이 한 마리가 내 앞을 스치듯 도망치는 것이었다. 처음에는 무슨 일이 일어났는지 모르고 있으나, 손을 새장 속에 넣자 가슴이 철렁했다. 팀의 그 보드라운 털이 만져지지 않고, 그 작고 뾰족한 발톱도 내 손가락을 잡으려고 하지 않았다. 나는 다시는 이 예쁜 가수를 볼 수 없다는 것을 알았다.

09
보스턴 여행

내 생애에 일어난 또다른 중요한 사건은 1888년 5월, 보스턴을 방문한 일이다. 나는 그때의 여행 준비부터 선생님과 어머니를 따라 출발한 것을 비롯해서 도중에서 일어난 일과 보스턴에 도착했을 때의 모든 광경 등이 마치 어제 일처럼 생생하게 떠오른다.

이 여행은 오래 전의 볼티모어 여행과는 다르게 매우 즐겁고 행복한 여행이었다. 나는 떠들고 돌아다니면서 사람들의 시선을 끄는 어린애는 아니었다. 그저 설리번 선생님 곁에 조용히 앉아 창밖의 풍경에 대해 들려주는 이야기에 귀를 기울일 뿐이었다. 아름다운 테네시 강, 넓은 목화밭, 산과 언덕, 삼림 그리고 기차가 정차할 때마다 맛 좋은 캔디와 튀긴 옥수수를 파는 광경, 기차가 움직이면 손을 흔들며 인사하는 흑인들의 이야기 등. 내 반대편 자리에는 격자무늬의 새 옷과 주름 잡힌 선보닛을 쓴 커다란 인형 낸시가 구슬로 만든 두 눈을 부릅뜨고 앉아 있었는데, 설리번 선생님의 이야기가 멈출 때마다 낸시를 안아주었다.

앞으로 이 낸시에 대해 이야기할 기회가 없을 것 같아 보스턴에 도착한 후 낸시에게 일어났던 슬픈 일에 대해 이야기하려 한다. 그날도 우리는 어김없이 사이좋게 놀고 있었다. 나는 낸시가 가장 좋아하는 흙으로 만든 파이를 먹여 주었는데 - 낸시는 한 번도 맛이 좋다고 한 적 없지만 - 입 주위가 그만

시커멓게 되어버렸다. 이를 본 퍼킨스 학교의 세탁부가 낸시를 목욕시켜 주겠다며 안고 갔다. 그러나 그것은 불쌍한 낸시에게는 너무나 과분한 호의였다. 목욕탕에서 나온 낸시는 한 덩어리의 솜뭉치로 변해있었고, 원망스럽게 나를 바라보던 두 개의 구슬 눈이 없었다면 전혀 알아보지 못했을 것이다.

고대하던 보스턴 역에 도착했을 때의 인상은 동화의 세계에 첫발을 들여놓는 것처럼 황홀한 느낌이었다. 이야기 속의 '옛날 옛적'은 바로 '지금'이고, '어떤 곳'은 바로 '여기', 현재 내가 서 있는 곳이었다.

퍼킨스 맹아학교에 도착하자, 곧 그곳의 앞을 못 보는 어린이들과 금세 친구가 되었다. 그들도 나와 마찬가지로 손끝으로 더듬어 글을 읽는다는 것을 알게 되자, 나는 입으로 형언하기 어려운 기쁨을 느꼈다. 우리들 사이에서만 서로 통할 수 있는 말로 이야기를 주고받는다는 것은 얼마나 즐거운 일인지 모른다. 그때까지만 하더라도 나는 마치 통역을 통해 이야기하는 이방인과도 같았다. 나는 로라 브리지먼(설리번 선생님을 가르친 스승-편집자 주)이 배운 이 학교에서 조국을 발견하게 되었다. 그러나 나의 새로운 친구들이 앞을 보지 못한다는 것을 알게 된 것은 훨씬 나중의 일이다.

나 자신이 앞을 못 본다는 것은 잘 알고 있지만, 내 주위에서 즐겁고 명랑하게 장난치는 착한 어린이들마저 시각장애인이라니 도저히 믿을 수 없었다. 내가 이야기를 시작하면 그들은 내 손 위에 그들의 손을 포개어놓고, 손끝으로 책을 읽는다는 것을 알게 되었을 때의 놀라움과 비통함은 지금도 잊을 수 없다. 나는 같은 처지의 이 아이들을 받아들일 마음의 준비가 전혀 되어 있지 않은 상태였다. 그러나 그 아이들이 어찌나 행복하고 만족해하는지, 함께 즐겁게 놀다 보니 비통함은 금세 사라졌다. 이 친구들과 지내는 하루하루는 새로운 환경이었음에도 매우 편안하고 재미있어서 시간이 흐르는 것도 잊어버렸다. 이 당시의 나에게는 보스턴만이 유일한 세계였다.

헬렌 켈러 자서전 〈나의 인생〉

우리는 보스턴에 있을 때, 벙커힐을 방문하여 그곳에서 처음으로 역사 공부를 시작했다. 우리가 서 있던 바로 그곳에서 전쟁을 치른 용사들의 이야기에 나는 무척 흥분했다. 나는 돌로 된 계단을 하나둘 세면서 기념비에 올라가서, 용사들도 이 높은 계단을 올라와 지상의 적들을 쏘아 죽였을까? 하고 생각해 보기도 했다.

이튿날 우리는 배를 타기 위해 플리머스 항구로 갔다. 이것이 나의 첫 항해였지만 무척 활기찬 생명의 약동을 느낄 수 있었다. 그러나 기관의 우르릉거리는 소리를 천둥소리로 생각하고 그만 울음을 터뜨렸는데, 비가 오게 되면 벼르던 소풍이 허사가 될 거라고 생각했기 때문이다. 나는 미국에 처음으로 건너온 순례자들이 오른 바위에 먼저 관심이 쏠렸다. 그 바위를 손으로 만져보면 순례자들이 당한 고난과 그 훌륭한 업적들을 알 수 있을 것 같았다. 어떤 친절한 사람이 청교도 기념관에서 나에게 준 플리머스 바위의 모형을 손에 들고, 그 곡선이나 중간에 갈라진 부분 또는 '1620년'이라고 새긴 곳을 손끝으로 더듬어 보면서 순례자에 대한 여러 가지 에피소드를 떠올렸다. 그들의 고귀한 모험은 나의 어린이다운 상상력을 얼마나 자극했는지 모른다.

나는 아직 보지 못한 세계에 안주할 곳을 찾은 가장 용감하고 너그러운 사람들로 그들을 이상화하고, 그들은 자기의 자유와 동포의 자유를 갈망한 것이라고 믿게 되었다. 그러나 그들의 용기와 정력을 찬미하면서도, 한편으로는 수치스러운 그들의 박해 행위를 알고 놀라움과 실망을 느끼지 않을 수 없었다.

보스턴에서 사귀게 된 많은 친구 중에는 윌리엄 엔디컷 씨와 그 딸들이 있다. 이들의 친절은 즐거운 추억을 남겨 주었다. 선생님과 나는 비벌리 농장에 있는 이들의 아름다운 집을 방문했었다. 나는 장미 밭을 지나간 일이나,

레오라는 커다란 개와 긴 귀를 가진 곱슬머리의 프리츠라는 강아지가 우리를 마중 나온 일, 그리고 발이 빠르기로 이름난 님로드라는 말이 사탕을 찾기 위해 내 두 손에 코를 처박은 일 등을 즐거운 마음으로 회상한다. 처음으로 해변에서 뒹굴었던 일도 잊을 수 없다. 그 모래는 해초와 조개껍질이 섞여 잘 흩어지는 브루스터의 까끌까끌한 모래와는 다르게 부드럽고 매끈매끈했다. 엔디컷 씨는 보스턴에서 유럽으로 떠나는 배에 대해서도 이야기를 들려주었다. 그 후로도 그를 여러 번 만났고, 그때마다 언제나 다정한 친구가 되어 주었다. 나로 하여금 보스턴을 '친절한 사람들의 도시'라고 부르게 한 것은 그가 있었기 때문이다.

10
여름방학

 퍼킨스 맹아 학교의 여름방학이 시작되기 조금 전, 우리들의 정다운 친구인 홉킨스 부인과 함께 케이프코드에 있는 브루스터에서 방학을 보내기로 했다. 나는 방학이 하루라도 속히 오기를 손꼽아 기다렸다.

 그 여름방학 동안 제일 인상 깊은 일은 바다에 관한 것이었다. 나는 언제나 내륙지방에서 살아왔으므로 바다를 본 일이 없었지만, 『우리의 세계』라는 두꺼운 책에서 바다가 무엇인지에 대해 읽은 적이 있었다. 바다에 대한 묘사는 나를 동경으로 이끌고, 커다란 매력을 느끼게 했다. 남성적인 바다에 접하고, 노한 파도가 사납게 밀려오는 우렁찬 소리를 듣기 위해 오랫동안 벼르고 있었는데, 이제야 소원이 이루어지려고 하는 것이었다.

 수영복을 입자 나는 아무 두려움 없이 시원한 바닷물로 뛰어들었고 큰 파도가 출렁거리는 것을 느낄 수 있었다. 별안간 큰 물결이 머리 위를 쓸고 지나가, 나는 정신없이 무엇이든 잡으려고 허우적거렸다. 그러나 해초가 내 얼굴에 부딪쳐 나를 희롱하는 것 같았다. 물결은 나를 여기저기로 몰아치며 매우 난폭하게 굴었다. 안전한 대지는 이미 내 발밑에서 사라지고, 생명도 대기도 사랑도 따뜻한 인간성마저도 무(無)로 돌린 냉혹한 바닷물만 거기 있었다. 그러나 결국 파도는 이 새로운 장난감에 싫증이 났던지 나를 해변에 내동댕이쳐 버렸다. 그리고 어느새 선생님의 품에 안겨 있었다. 나는 오랫동안 그 품에 따뜻이 안겨 안정을 찾았으며, 간신히 입을 놀릴 만큼 기운을 회복하자 "누가 물에 소금을 넣었을까요?" 하고 말했다.

물에 대한 무서운 경험을 하고 나니 수영복 차림으로 커다란 바위에 앉아 물결이 부딪쳐 올 때마다 물안개를 뒤집어쓰는 것이 여간 신나지 않았다. 커다랗고 육중한 물결이 닥쳐올 때마다 조약돌이 달그락거리며 구르는 것을 느낄 수 있었다. 온 해안이 그 물결 때문에 시달림을 받고, 공기는 울부짖으며 진동하는 것 같았다. 커다란 파도는 일단 뒤로 물러나는가 싶더니 한결 더 맹렬히 들이치기 위해 안간힘을 썼다. 매섭게 몰려오는 파도의 물결과 그 울부짖음을 느끼고, 나는 그만 바보 같은 마음으로 전신을 빳빳이 긴장시키면서 바위에 매달렸다.

나는 날이 저물도록 바닷가에 있었다. 맑고 신선한 그리고 자유로운 바닷바람에 실려 오는 향기는 마치 사람의 마음을 진정시키는 것 같았으며, 조개껍질이나 조약돌, 작은 생물들이 달라붙은 해초 등은 언제나 매력적이었다. 어느 날 설리번 선생님이 얕은 물에서 잡은 이상한 생물(게)을 나에게 보여주었다. 손으로 만져보니 등에 짐을 짊어지고 있는 것이 매우 신기하게 느껴졌다. 문득 이것이 어쩌면 재미있는 노리개가 될지도 모른다는 생각이 들어, 두 손으로 꼬리를 꼭 잡고 집으로 돌아왔다. 그런데 이것은 나에게 적지 않은 고역이었다. 그놈처럼 무거운 녀석을 반 마일이나 끌고 간다는 것은 힘에 겨운 일이었다. 나는 이 녀석을 아무에게도 주지 않고 설리번 선생님이 시키는 대로 우물가의 물통에 넣어두기로 했다. 그런데 이튿날 아침에 가 보니 온데간데없이 사라져 있었다. 그 게가 언제 어떻게 도망쳤는지 아는 사람도 없었다. 나는 크게 실망했지만, 이놈을 억지로 그 서식처에서 끌어낸 것은 불친절하고, 현명하지 못한 일이었으므로 바다로 돌아갔을 것이라고 자위했다.

11
산장의 추억

    그해 가을, 나는 여러 가지 즐거운 추억을 가득 안고 그리운 남부의 고향으로 돌아왔다. 이 북부 여행을 회상할 적마다 나는 그때 겪은 여러 가지 일들에 대해 새삼 놀라게 된다. 이것이 나에게는 앞으로 벌어질 모든 일의 시작이었다고 생각한다. 어디를 가나 새롭고 아름다운 세계의 보고가 발 앞에 있었으며, 즐거움이 따르고 배울 것이 많았다. 내가 접하는 모든 것 속에 내가 살아있었고, 잠시도 가만히 있지 않았다. 나의 생활은 일생을 하루라는 시간에 단축시켜 놓은 조그마한 곤충들과 마찬가지로 언제나 분주했다. 사람도 많이 만났는데, 그들은 내 손에 글씨를 써가면서 나와 대화를 나누었다. 이들과 나 사이는 즐거운 공감대가 있었으며, 거기에는 하나의 기적이 일어나고 있었다. 서로의 마음과 마음 사이에 놓여 있던 불모의 황무지가 장미꽃밭처럼 아름답게 피어나는 모습을 본 것이다.

    나는 그해 가을을 부모님과 함께 터스컴비아에서 약 14마일쯤 떨어진 산장에서 보냈다. 그 근처에는 지금은 폐허가 된 '고사리 채석장'이라고 부르는 석회석 채석장이 있다. 위쪽 바위짬을 뚫고 흐르는 샘에서는 세 갈래의 개울이 흘러내려 그 채석장 복판을 가로지르면서 바위에 부딪히는 곳이 군데군데 작은 폭포를 이루고 있었다. 그리고 광장으로 되어 있는 곳은 양치류의 식물들이 무성하여 석회석 바위를 완전히 뒤덮고 있었으며, 다른 곳은 수목이 울창하여 큰 참나무와 이끼 낀 기둥처럼 된 상록수 가지에서 담쟁이덩굴과 겨우살이덩굴이 걸려 있었고, 감나무 향은 그 일대에 향기를 내뿜어 마음을 들뜨게 했다. 그런가 하면 여기저기 야생 포도인 머스캣과 스커퍼농(미국의 포도 품종-편집자 주) 넝쿨이 여러 가지에 얽히고 휘감겨 그 아래는 푸른 동굴과도 같았다. 이런 곳에서 나를 잊고 해 질 녘에 땅에서 풍겨오는 맑고 달콤한 향기를 맡는 것은 참으로 유쾌한 일이었다.

우리의 조그마한 산장은 참나무와 소나무가 드문드문 자라나서 한결 운치 있어 보였다. 그리고 열어젖힌 복도의 양쪽에 작은 방들이 연이어 있고, 집 주위의 넓은 마루에는 달콤한 나무 향기를 품은 산바람이 곧잘 불어왔으며, 우리는 대체로 마루에서 일하고 식사하고 놀기도 했다. 뒷문 쪽에는 큰 호두나무가 있고, 그 주위에는 사다리가 마련되어 있었으며, 집 앞에 나무들이 가까이 자라서 바람이 불 때마다 가지들이 흔들리고 나뭇잎이 떨어지는 것을 느낄 수 있었다.

채석장에는 손님들이 많이 찾아왔다. 밤이면 남자들은 모닥불을 둘러싸고 트럼프를 하면서 이야기와 장난으로 시간을 보냈다. 그들은 굉장한 송어를 낚았으며, 악독한 여우도 잡았다. 재빠른 사슴을 뒤쫓아 간 무용담을 늘어놓기도 했다. 사자나 호랑이, 곰 같은 야수들도 이런 사냥꾼 앞에서는 견디지 못할 것이라는 생각이 들었다. 이 즐거운 친구들은 서로 헤어질 때 "안녕히 주무세요"라고 인사하는 대신 "내일 사냥터에서 만나요"라고 인사했다. 그들은 우리 방 문밖의 복도에서 잤는데, 그들이 침대에 누워 있을 때 나는 개들과 그 사냥꾼들의 깊은 숨소리를 느낄 수 있었다.

다음 날 아침, 커피 향기와 덜그럭거리는 총소리와 쿵쾅거리는 발자국 소리와 "오늘은 제일 큰 놈을 잡아야지!" 하고 떠드는 소리에 잠에서 깼다. 그들이 타고 다니는 말이 땅을 걷어차는 발굽 소리도 들려왔다. 말들은 밤새 그곳에서 날이 새기를 기다리고 있었다. 이 사내들은 말을 타고 옛 노래에 있는 것처럼 고삐를 낚아채고 채찍질을 하면서 개를 앞세우고 "오우! 오우!" 하고 힘을 주며 힘차게 떠났다.

우리는 정오 가까이 되어 야외 연회의 준비를 했다. 땅속 깊이 파낸 구멍에 불을 피우고, 그 위에 가늘고 기다란 쇠꼬챙이로 고기를 꿰어 달고 지글지글 구웠다. 불이 타오르는 주위에는 흑인들이 긴 나뭇가지를 들고 앉아서 파리를 쫓고, 미처 식탁 준비도 하지 않았는데 고기 익는 냄새가 앞질러 식욕을 돋워주었다.

식사 준비에 한창 분주할 무렵 사냥 갔던 일행이 삼삼오오 돌아왔다. 남자들은 상기하여 지칠 대로 지치고, 말은 거품을 물고, 개들은 기진맥진하여 헐떡였지만 잡은 것이라고는 하나도 없었다. 그래도 그들은 큰사슴이 눈앞에서 도망쳤느니, 산토끼를 잡을 뻔했느니 하며 말은 거창하게 늘어놓았다. 결국 개가 아무리 용감하게 짐승을 쫓아내어도, 총을 아무리 정확하게 겨냥하더라도 방아쇠를 잡아당길 때는 이미 짐승이 도망쳐 버렸던 것이다. 그들은 곧 실망을 가라앉히고, 사냥한 사슴 고기가 아닌 소와 돼지 같은 느림보 가축의 요리가 준비된 식탁에 둘러앉았다.

나는 어느 해 여름에 나의 망아지를 채석장으로 데리고 갔다. 때마침 『블랙 뷰티(Black Beauty)』라는 말 이야기를 읽은 적이 있으므로, 그 말을 '블랙 뷰티'라고 부르기로 했다. 나는 이 말 등에 올라타 즐거운 한때를 보냈다. 선생님은 안전하다 싶으면 때때로 고삐를 놓고 말이 마음대로 좁은 길가의 풀과 나뭇잎을 뜯어 먹어도 그냥 내버려 두었다.

말을 탈 생각이 별로 없으면 선생님과 나는 산속에 들어가 산책을 했는데, 때로는 나무와 넝쿨 사이에서 길을 잃어 소나 말이 다닌 길 이외에는 눈에 뜨이지 않는 경우도 있었으며, 또 때로는 나무가 무성한 곳에 비집고 들어가 길이 막혀 돌아오기도 했다. 우리는 집에 돌아올 때 계수나무 꽃과 메역취, 양치류의 식물들 그리고 남부 지방에서만 자라는 화려한 꽃들을 한 아름씩 갖고 왔다.

때때로 나는 밀드레드와 사촌들을 이끌고 감을 주으러 다녔다. 나는 감을 먹지 않았으나 그 향이 좋았으며, 또 잎사귀와 풀을 헤치고 감을 찾아내는 것이 무척 재미있었다. 밤이나 호두를 따러 다니기도 했는데, 나는 밤껍질을 벗기거나 호두 껍데기 깨는 것을 도와주었다. 역시 호두는 알이 크고 맛이 있었다.

우리는 때때로 산속 깊숙이 놓인 철로에서 기차가 달리는 것을 구경할 수 있었다. 가끔 기적 소리에 놀라 급히 달아나기도 했다. 밀드레드는 흥분하여 소나 말이 갈 길을 몰라 기차 선로에 뛰어들고는 했다. 하루는 밀드레드와 설리번 선생님과 나, 이렇게 셋이 숲속에서 길을 잃고 한참을 헤맸다. 그때 갑자기 밀드레드가 조그마한 손을 들어 가리키면서 "저기 철교가 보여요!" 하고 소리쳤다. 우리는 철교를 건너고 싶은 마음은 없었지만, 날이 어두워지기 시작했기 때문에 철교를 질러갈 수밖에 없었다. 나는 발끝으로 다리를 더듬으며 건너갔으나 무섭다는 생각은 들지 않았다. 무사히 건넜다고 생각할 무렵, 멀리서 칙칙 하는 기차 소리가 들리고 밀드레드가 기차가 온다고 소리치자 우리는 허둥지둥 다리의 교각에 달라붙었다. 뜨거운 증기가 얼굴을 덮치고 재와 연기로 숨이 막힐 지경이었다. 기차가 우렁차게 지나가는 동안에 교각이 덜덜 떨려와 우리는 계곡으로 떨어지지 않을지 겁이 더럭 났으며, 기차가 다 지나간 후에야 안도의 숨을 길게 내쉴 수 있었다. 다시 다리 위로 올라섰을 때는 사방이 어둠 속에 잠겨 있었으며, 집에 돌아오니 집안이 텅 비어 있었다. 온 식구가 우리를 찾으러 나갔던 것이다.

12

보스턴의 겨울

　나는 다음 해부터 겨울 동안 거의 보스턴에서 지냈다. 그동안 나는 연못이 얼음으로 덮이고 들판이 은세계로 화한 뉴잉글랜드의 마을을 자주 방문했다. 한 번도 보지 못한 눈의 보고에 들어가게 된 것은 그때의 일이다.
　나는 눈의 신비로운 손길이 나무와 숲의 옷을 빼앗아 버리고, 여기 저기 한두 잎사귀만 남기고 있는 것을 알고 무척 놀란 것을 지금도 기억하고 있다. 새들은 다 떠나 버리고, 나무에 있는 그 빈 새집에는 눈이 가득 쌓여 있었다. 산과 들은 겨울 일색이라 대지가 얼음으로 마비된 것 같았으며, 나무의 진액까지도 땅속의 뿌리로 스며들어 동면하고 있었다. 모든 생명의 맥박이 무디어지고 햇살이 반짝일 때도,

　　태양은 움츠려 싸늘하고
　　그 혈관이 메마르고 노쇠하여
　　흐린 눈으로 대지와 바다에
　　마지막 눈초리를 던지기 위해
　　힘없이 솟아올랐다.

라고 할 정도로 시들어버린 풀과 관목은 고드름의 숲으로 변했다.

싸늘한 바람이 눈보라를 예고하는 매섭게 추운 어느 날이었다. 우리는 하늘에서 처음으로 떨어지는 눈을 손바닥에 움켜쥐기 위해 밖으로 나갔다. 눈은 구름으로 덮인 컴컴한 대기에서 땅 위로 조용히 부드럽게 내려앉아 조금씩 쌓여갔다. 밤사이 눈이 너무 많이 내려 다음 날 아침에는 그 고장 본래의 풍경을 전혀 알아볼 수 없었다. 길은 모조리 눈에 덮이고, 이정표 역할을 하던 사물도 자취를 감춰 오로지 나무만 봉긋할 뿐이었다.

저녁때가 되니 동북쪽에서 바람이 세차게 불어닥쳐 심한 눈보라를 안고 왔다. 우리는 활활 타오르는 모닥불 주위에 둘러앉아 외계로부터의 통신도 끊긴 채 눈보라 치는 광야에 남아 있다는 사실도 잊어버리고 즐거운 이야기와 놀이로 밤이 깊은 줄도 몰랐다. 그러나 저마다 침대에 들어간 때부터는 눈보라가 더욱 기승을 부려, 나는 불안을 느끼게 되었다. 그 사나운 바람이 산과 들을 휩쓸 때마다 나무는 굉장히 흔들리고 가지들은 창문을 때렸다.

사흘 만에 간신히 눈보라가 그치자 해가 두꺼운 구름을 헤치고 넓은 들을 눈부시게 비추었다. 눈에 덮인 높은 산, 꿈결 같은 눈의 피라미드, 무수한 눈무더기들이 사면에 흩어졌고, 눈두덩을 요리조리 피한 가느다란 길이 만들어져 있었다. 외투와 모자를 쓰고 조심스럽게 밖으로 나갔더니 싸늘한 공기가 뺨을 도려내는 듯했다.

나는 꼬불꼬불 눈두덩 사잇길을 걷다가 간신히 넓은 초원을 내려다볼 수 있는 소나무 숲에 이르렀다. 나무들이 옴짝도 하지 않고 서 있는 모습이 대리석으로 만든 모직 옷을 걸친 것 같았다. 솔잎은 향기도 풍겨주지 않았다. 햇살은 나무 위를 온통 비추어, 우리가 흔드는 나뭇가지들은 다이아몬드 소리를 내었다. 빛이 하도 번쩍거려 내 눈의 어둠 속을 뚫고 들어오는 것만 같았다.

눈더미들은 날이 갈수록 줄어들었으나, 없어지기 전에 큰 눈이 와 쌓였으며, 그 눈이 다시 녹아내려 수목들은 때때로 엉성한 모습을 드러내 보이곤 했다. 그러나 연못은 태양이 내리쬐어도 얼음이 덮인 그대로였다.

우리가 가장 큰 즐거움을 느낀 것은 썰매 타기였다. 호숫가에는 군데군데 급경사로 솟아오른 곳이 있었는데, 여기서 썰매를 탔다. 보통은 우리가 썰매를 타면 남자아이들이 뒤에서 밀어 주었다. 우리가 눈더미를 통하여 깊은 곳을 뛰어넘으며 호수로 내려가면, 그 여세를 몰아 번쩍이는 호수의 표면을 지나쳐 저 편 끝에 이르는 것이었다. 얼마나 스릴있고 재미있었는지 우리는 마치 야성적인 환희로 하여금 대지의 구속을 끊고 하늘로 오를 것만 같았다.

13

나도 말할 수 있다

　내가 말을 배우기 시작한 것은 1890년 봄부터였다. 나는 말을 하고 싶은 본능이 매우 강해서 언제나 한 손을 목에 대고 다른 손을 입에 대면서 소리를 내곤 했다. 입으로 어떤 소리를 낸다는 것이 너무나 즐거웠기 때문이다. 심지어 고양이가 야옹야옹하고 울거나 개가 멍멍 짖으면 그 목에 손을 갖다 대면서 혼자서 좋아했다. 노래를 부르는 사람의 목에 손을 대어보기도 하고, 피아노의 연주 같은 것에서도 커다란 즐거움을 느꼈다.
　나는 시력과 청력을 잃어버리기 전에는 말을 무척 빨리 외울 수 있었으나, 귀가 들리지 않게 된 후로는 말할 수 없게 되어 종일 어머니의 무릎에 앉아서 그 얼굴에 손을 대고 있었다. 어머니의 입술이 움직이는 모습을 살펴보는 것이 매우 재미있었기 때문이다. 그리하여 나도 입을 움직여 그것을 흉내 내어 아무 의미도 되지 않는 말을 지껄이곤 했다. 친구들의 말에 의하면 내가 보통 사람들처럼 울기도 하고 웃기도 했으며, 내가 몸이 아파 누워 있을 때는 여러 가지 이상한 소리를 내었다고 한다. 그것은 말을 해서 무슨 소리든 낸다는 것이 나의 자연스러운 욕구였기 때문일 것이다. 특히 '물 = water'라는 말은 분명히 발음할 수 있었다. 최대한 '워, 워' 하고 발음했던 것이다. 그러나 이 발음조차 점점 희미해져 갈 무렵에 설리번 선생님이 오게 되었다. 내가 이 발음을 그만둔 것은 손가락으로 말을 쓸 수 있게 된 후의 일이다.

나는 주변 사람들이 나와 다른 방법으로 의사를 교환한다는 것을 알고 있었다. 그리고 귀가 먹은 아이도 말하는 법을 배울 수 있다는 것을 알기 이전부터 나의 의사표시 방법이 완전치 못하다는 것을 깨닫고 있었으며, 여기서 오는 불만이 나를 더욱 초조하게 하여 애를 쓸수록 혼란에 빠지곤 했다. 나는 어떤 의사를 남에게 전하고 싶을 때 깃이 아직 돋아나지도 않은 날개로 폭풍 속을 헤치며 날려는 새끼 새처럼 몸부림쳤다. 나는 어떤 고난이 닥쳐와도 입과 목소리로 의사표시를 해야겠다고 마음속으로 다짐했다. 친구들은 실패로 돌아가 낙심하지 않을까 걱정하여 내 의도를 반대했으나, 나는 그들의 말을 받아들이지 않았다. 얼마 지나지 않아서 오랫동안 갈망해 오던 소원이 이루어질 기회가 찾아왔다. '랑 힐 코타'의 이야기를 듣게 된 것이다.

1890년 로라 브리지먼의 선생으로서 스웨덴과 노르웨이를 여행하고 돌아온 램슨 부인이 나에게 랑 힐 코타라는 사람의 이야기를 들려주었다. 그녀도 나처럼 앞을 못 보고 귀가 먹은 여자였으나 말하는 법을 배웠다는 것이다. 나는 잠자코 있을 수 없었다. 누가 뭐라고 해도 말을 배우기로 결심했다. 그리하여 설리번 선생님에게 나를 호레이스만 맹아학교 교장인 사라 풀러 여사에게 데려다 달라고 졸랐다. 그분에게 충고와 조력을 직접 구할 심산이었다. 이 인자하고 온후한 부인은 자기가 직접 가르쳐 주겠다고 선뜻 나서주셨고, 나는 1890년 3월 26일부터 가르침을 받기 시작했다.

풀러 여사의 방법은 다음과 같았다. 우선 내 손을 자기 얼굴에 가만히 대게 하고 발음을 하여 그 입술과 혀의 위치를 알게 했다. 나는 열심히 모방하여 한 시간 안에 M, P, A, S, T, I라는 여섯 종류의 소리를 외울 수 있게 되었다. 풀러 여사는 모두 11개의 소리를 가르쳐 주었다. 내가 처음으로 "오늘은 따뜻하다(It is warm)"라는 연결된 말을 했을 때의 놀라움과 기쁨은 한순간도 잊을 수 없다. 정확하거나 유창하지는 못했지만, 그래도 인간의 목소리임에는 틀림이 없었다. 새로운 힘을 가진 내 영혼은 속박에서 벗어나 그 깨진 언어의 상징을 통해 모든 지식과 믿음에 도달하고 있었다.

자기가 들어본 적이 없는 말을 입 밖에 내기 위해 영원의 정적이 지배하는 잿빛 감옥에서 벗어나려고 애쓰던 귀가 먹은 어린이라면 이 커다란 감동을 느낄 수 있을 것이다. 그와 같은 아이들만이 내가 열심히 장난감과 돌, 나무, 새 그리고 말 못 하는 온갖 짐승들에게 지껄이는 심정을 이해할 수 있을 것이다. 그리고 내가 밀드레드를 부르면 쫓아오고, 개들이 내 명령에 복종하는 것을 볼 때의 기쁨은 이런 아이들이 아니면 상상도 못할 것이다. 나로서는 자유롭고 여유 있게 힘을 들이지 않고, 그러니까 손짓 같은 것을 쓰지 않아도 남들과 대화할 수 있게 되었다는 사실은 매우 귀한 일이 아닐 수 없다. 이와 같이 입으로 말을 할 때, 손가락 끝으로 아무리 애를 써도 솟아나지 않던 행복감이 마치 날개치면서 날아오르는 것처럼 생각되었다.

그런데 내가 이 짧은 기간에 만족스럽게 말할 수 있었다고 여겨서는 곤란하다. 나는 단지 화술의 요령을 배웠을 뿐이어서 폴리 여사와 설리번 선생님은 내가 하는 말을 알아들었지만, 일반 사람들은 아직 100마디에 한 마디도 알아듣지 못했다. 그리고 내가 이와 같은 기본 요소를 배운 후에도 그 나머지를 모두 나 혼자 힘으로 했다고 생각해서는 안 된다. 설리번 선생님의 천재적인 기질과 끊임없는 인내와 헌신적인 사랑이 없었다면 나는 결코 유창하게 말할 수 없었을 것이다. 그리고 나도 친한 친구들에게 말할 수 있게끔 밤낮을 가리지 않고 꾸준히 연습했다.

언어 장애우를 가르치는 선생님이라면 누구나 이 노고를 알 수 있을 것이다. 나는 선생님이 말하는 것을 손가락으로 이해해야만 했다. 목의 진동과 입의 움직임, 표정을 알아내는데 오직 촉감에만 의존해야 하므로 때로는 틀리는 경우도 생긴다. 그럴 때 나는 그 말을 몇 번이나 되풀이해야 했다. 나의

공부는 연습 또 연습의 반복이었다. 실망과 권태를 느끼는 경우도 무수히 많았지만 머지 않아 말을 올바로 하게 될 거라는 믿음과 가족들의 기쁨에 넘친 얼굴을 머릿속에 그리며 다시 용기를 얻어 더욱 분발했다. 어린 동생이 내 말을 알아들으며, 어머니에게 말을 걸고 그 대답을 입을 통해 듣게 된다고 생각하면 낙담할 여지 같은 것은 있을 수 없었다. 나는 손가락으로 쓰는 것보다 입으로 말하는 것이 얼마나 쉬운 일인지 알고 깜짝 놀랐다. 그리고 다시 손가락 글씨는 쓰지 않게 되었다. 그러나 설리번 선생님이나 몇몇 친구들이 대답할 때는 내가 입술을 만져보고 읽게 하는 것보다 빠르고 정확하여 손가락 글씨를 계속해서 쓰고 있었다.

나는 여기서 우리에 대해 잘 모르는 사람들이 경탄을 아끼지 않는 손가락 글씨에 대해 설명하려고 한다. 나에게 책을 읽어주거나 이야기해 주는 사람들은 일반 농아자(聾啞者: 귀가 들리지 않고 말도 할 수 없는 사람-편집자 주)가 쓰는 수화문자(手話文字)를 사용한다. 나는 그 손가락의 동작을 훼방하지 않을 정도로 가볍게 내 손을 그 위에 놓으며, 이때 손의 위치는 책을 읽을 때 위치 정도가 된다. 평범한 사람들이 책을 읽을 때 하나하나의 글자를 따로 의식하지 않는 것처럼 나도 각각의 글자를 일일이 느끼지는 않는다. 이런 훈련을 많이 하면 손가락이 매우 민첩해지는데, 나의 친구 중에는 민첩한 타이피스트처럼 쓰는 사람도 있다. 그렇게 되면 벌써 종이에 쓰는 것과 다름없게 된다.

나는 말하는 법을 알게 되자 집으로 돌아가고 싶어서 견딜 수 없었다. 나중에는 꿈까지 꿀 정도였다. 나는 고향을 향하여 달려가는 기차 속에서도 쉬지 않고 설리번 선생님과 이야기를 주고 받았다. 그것은 말을 하고 싶어서가 아니라, 마지막 순간까지도 좀 더 나아지려고 했기 때문이다. 이와 같이 정신없이 이야기를 주고받는 동안 기차는 터스컴비아 정거장에 이르렀다. 플랫폼에는 온 가족이 마중 나와 있었다. 어머니는 감격에 넘쳐 말을 못하고 내 말에 일일이 고개를 끄덕이면서 껴안아 주었고, 어린 밀드레드가 내 손에 키스를 하며 좋아서 어쩔 줄을 모르는가 하면, 아버지는 사뭇 만족스러운 듯이 말없이 고개를 끄덕여주었다. 이 모든 광경을 회상하면 지금도 금세 눈물이 핑 돈다. '산들아, 삼림과 그 가운데 모든 나무들아, 소리 내어 노래할지어다(이사야 44장 23절-역주)'라는 이사야의 예언이 나에게 이루어졌던 것이다.

14.
오해

1892년 겨울, 꿈 많던 나의 소녀 시절의 눈부신 하늘은 갑자기 떠도는 먹장구름으로 말미암아 컴컴해지게 되었다. 기뻤던 마음은 금세 사라지고, 나는 오랫동안 의혹과 불안, 공포에 잠기게 되었다. 책도 읽고 싶지 않은 나날이 계속되었으며, 오늘에 와서도 그 무서운 날들을 생각하면 가슴이 서늘해지는 것 같다. 사건의 발단은 내가 퍼킨스 맹아학교의 아나그노스 씨에게 써보낸 〈서리왕(The Frost King)〉이라는 짤막한 이야기였다. 이 문제의 사정을 분명히 하기 위해 나는 이 사건에 관한 모든 사실을 있는 그대로 적으려고 한다. 그것은 선생님과 나 자신에 대한 공정한 평가를 위한 일이기도 하다.

내가 이 문제의 단편을 쓰게 된 것은 말하는 방법을 배운 그 해 가을이며, 집에 돌아갔을 때의 일이다. 우리는 예년보다 더 오래 채석장에 머물러 있었다. 그리고 이때 설리번 선생님은 나에게 늦가을 단풍의 아름다움에 대해 묘사해 주었다. 그리고 이렇게 간직된 기억은 무의식에 가라앉아 있다가 갑작스레 이야기로 되살아났다. 아이들이 곧잘 하는 것처럼 멋진 이야기가 떠올랐다고만 생각한 나는 이렇게 좋은 구상을 잊어버리기 전에 빨리 써 두어야겠다는 마음으로 책상에 앉았다. 문장은 술술 풀려나왔고, 나는 글을 쓰는 것에 기쁨을 느꼈다. 말과 영상이 꼬리를 물고 튀어나와 점자판에 새겨졌다. 말이 이렇게 거침없이 흘러나온다는 것은 내 마음에서 우러나지 않고 다른 데서 오는 것이 분명했지만, 당시 나는 아무 책이나 닥치는 대로 읽어 나갔으며 읽는 것은 그대로 기억하게 되어 어디까지가 내 자신의 것이고, 어디까지가 책에서 읽은 것인지 분간할 수 없었다. 이와 같은 경향은 나의 개념 형성이 대부분 다른 사람들의 감각을 통해 이루어진 데서 오는 것이었다.

나는 이야기를 다 쓰고 나서 선생님에게 읽어 드렸다. 그때 발음을 교정해 주고, 잘못된 낱말을 지적해 주시는 바람에 부득이 읽기를 중지할 수밖에 없었다. 저녁 식사 때는 함께 모인 식구들에게도 내 글을 읽어주었다. 그들은 매우 아름다운 이야기라고 감탄하면서도 혹시 남의 글을 모방한 것은 아니냐고 물었다. 나는 깜짝 놀랐다. 그런 책을 읽은 기억이 없었으니 말이다. "아니에요, 내가 지었어요! 아나그노스 씨를 위해 쓴 거예요." 하고 나는 큰소리로 항변했다.

나는 이 글을 다시 깨끗이 베껴 아나그노스 씨의 생일을 축하하는 의미에서 보여주었다. 제목은 〈가을의 단풍〉이라고 했으나, 그보다 〈서리왕〉이 더 어울릴 것 같다는 의견에 따르기로 했다. 나는 공중을 둥둥 떠가는 것 같은 마음으로 달려갔다. 이때까지만 해도 고작 선물 때문에 고통을 받으리라고는 꿈에도 생각하지 못했다.

아나그노스 씨는 이 〈서리왕〉이 마음에 담뿍 들어 퍼킨스 학교의 교지에 발표했다. 이때 나의 행복은 절정에 이르렀다. 그러나 다음 순간 나는 그 절정으로부터 굴러떨어지지 않을 수 없게 되었다. 〈서리왕〉과 비슷한 〈얼음나라의 요정들〉이라는 이야기를 마거릿 T. 캔비라는 작가가 내가 세상에 태어나기도 전에 『버디와 그의 친구들』이라는 책에 게재했다는 것이 밝혀졌기 때문이다. 이 두 이야기는 착상에서부터 용어까지 너무나 비슷했으므로 설리번 선생님이 언젠가 나에게 그 책을 읽어준 것이 분명했다. 결국 내가 쓴 이야기는 도적질한 글이 되었다. 나로서는 납득이 가지 않는 일이었으나, 경위를 알게 되었을 때의 놀라움과 슬픔은 말로 다 표현할 수 없었다. 이와 같은 쓰라린 고민은 어떤 아이도 느껴보지 못했을 것이다. 나는 증오와 회의를 동시에 느끼게 되었다. 그런 일이 어떻게 있을 수 있을까. 나는 〈서리왕〉을 쓰기 전에 〈얼음나라의 요정들〉을 읽은 기억을 떠올리려 애썼으나, 겨우 생각해낸 것이라고는 〈동장군 잭〉이라는 널리 알려진 이야기와 〈얼음나라 괴짜들〉이라는 동요 뿐이었다.

아나그노스 씨는 몹시 괴로워했으나 그래도 내 말을 믿어 주었다. 그리고 친절하게 나를 위로해 주었다. 잠시 동안이기는 하지만, 이 때문에 검은 그림자가 가신 듯이 생각되어 나는 그에게 걱정을 끼치지 않기 위해 애써 명랑한 얼굴을 하고, 곧 돌아올 워싱턴 탄생 기념일을 위해 우울한 표정을 짓지 않으려고 노력했다.

그날 나는 시각장애인 소녀들이 출연한 가면극에서 케레스의 역할을 맡게 되었다. 호화스러운 의장과 번쩍이는 단풍잎 두건, 발밑과 손안의 과일이나 곡식 등을 나는 지금도 잘 기억하고 있다. 그러나 이 가면극의 화려한 옷차림을 하고도 이윽고 당하게 될 무서운 사건에 대한 불길하기 짝이 없는 예감이 마음을 무겁게 억누르고 있던 것도 사실이다.

기념식이 거행되기 전날 밤에 맹아학교의 한 선생님이 〈서리왕〉에 관해 여러 가지 질문을 했다. 나는 〈동장군 잭〉과 그의 훌륭한 활약에 대하여 설리번 선생님이 이야기해 주었다고 대답했다. 그 선생님은 나의 이러한 말이 캔비 여사의 〈얼음나라의 요정들〉을 읽었다는 고백을 의미하는 것이냐고 물었고, 나는 그런 의미가 아니라고 강력히 주장했으나 그의 억측이 그대로 아나그노스 씨에게 전달되었다.

일단 그렇게 믿어버린 아나그노스 씨는 나의 울음 섞인 항의에도 불구하고 지금까지 자기를 속였다고 단정하고는 크게 화를 내면서 내 말에 귀를 기울이지 않았다. 그는 설리번 선생님과 내가 고의로 남의 명예를 훔쳐서 존경을 얻기 위해 꾸민 연극이라고 확신했던 것이다. 우리는 교사와 학교 직원으로 구성된 조사위원회에 불려 갔다. 그리고 나는 설리번 선생님과 격리되어 무서운 질문 화살을 받게 되었다. 그 질문 하나하나에서 그들의 가슴 깊이 뿌리박힌 의문과 지금까지의 친절함이 싸늘해진 것을 느낄 수 있었다. 나는 간신히 생각해 낸 짤막한 답변을 주워삼켰다. 그들이 방에서 나가도 좋다고 말했을 때, 내 머리는 심하게 혼란스러워서 설리번 선생님의 따뜻한 포옹도 친구들의 찬사도 소용없었다.

나는 그날 밤 자리에 누워 결국 울음을 터뜨리고 말았다. 날씨도 무척 추워서 '차라리 울다가 죽어버리자'고 생각했다. 이런 생각이 오히려 흥분을 가라앉히는데 도움이 되었는지 순식간에 깊은 잠에 빠져 버렸다. 만일 이 일이 내 나이가 지긋할 때 일어났다면 나는 다시는 명랑한 아이로 돌아갈 수 없을 정도의 타격을 받았을 것이다. 그러나 다행히 망각의 천사가 마음 구석구석 기억의 찌꺼기마저 모조리 거둬 가버렸다.

설리번 선생님은 〈얼음나라의 요정들〉이 무엇이며, 또 그것이 어떤 책에 실렸는지 전혀 모르고 있었다. 선생님은 알렉산더 그레이엄 벨 박사와 함께 이 사건을 면밀히 검토해 보았는데, 결국 소피아 C. 홉킨스 부인이 『버디와 그의 친구들』을 한 권 갖고 있는 것을 알게 되었다. 그 당시 읽어준 이야기 가운데 재미있었다고 생각되는 것은 하나도 없지만, 즐거움이라고는 전혀 맛보지 못하는 나에게는 글자를 연결시키는 것만으로도 꽤 위안이 되었으므로, 이야기의 줄거리만은 설리번 선생님에게 들려주려고 열심히 외운 것 같다. 그리고 그 표현과 낱말들이 내 머릿속에 깊이 아로새겨진 것이다.

정작 설리번 선생님이 돌아왔을 때 〈얼음나라의 요정들〉의 이야기는 전혀 하지 않았다. 선생님이 오자마자 다른 모든 것을 잊어버리게 할 만큼 재미있는 『소공자』를 읽어주기 시작했기 때문이다. 캔비 여사의 책을 누가 나에게 읽어주고, 오랫동안 잊어버린 후에 자연히 내 마음속에 소생되었기 때문에 그것이 남의 마음에서 생긴 것임을 조금도 깨닫지 못하고 있었다.

이 괴로움을 당하고 있을 때 나는 여러 사람으로부터 사랑과 동정에 충만한 편지들을 받았다. 한 사람을 제외하고는 아무도 나를 버리지 않았던 것이다. 캔비 여사도 '당신도 언젠가 무척 재미있고 좋은 이야기를 써낼 수 있을 거예요'라는 친절한 편지를 보내주었다. 그러나 이와 같은 호의에도 불구하고 그 예언은 지금까지 이루어지지 않았다. 이 사건이 있고 난 뒤로는 글을 쓸 때마다 이것이 정말 내가 직접 생각해낸 글인지 의문을 가지는 버릇이 생겼다. 심지어 어머니에게 편지를 쓰면서도 언젠가 읽은 적이 있지 않은가 하는 의심이 일어나 몇 번이나 썼다 지웠다 했다. 만일 설리번 선생님이 계속해서 나를 격려해 주지 않았다면 이 책을 쓰는 엄두조차 내지 못했을 것이다.

나는 〈얼음나라의 요정들〉을 읽고 나서 언젠가부터 캔비 여사의 표현을 빌어 편지를 쓰고 있다는 것을 알아차리게 되었다. 1891년 7월 29일에 아나그노스 씨에게 보낸 편지에도 낱말에서 문장에 이르기까지 동일한 것이 눈에 띄었다. 이와 같은 예는 〈서리왕〉에서도 마찬가지였다. 그만큼 그녀의 글에 깊은 인상을 받았던 것이다. 나는 설리번 선생님에게 혼잣말처럼 '그 아름다움은 여름이 다 간 서글픔을 위로해 줄 만큼 넘치고 있다'와 같이 캔비 여사의 표현 그대로 단풍의 아름다움을 표현하기도 했다.

글에서 흥미 있는 대목을 흡수하여 자기 것으로 다시 표현하는 버릇은 나의 초기 서한문과 작문에 많이 나타나 있다. 그리스와 로마의 도시에 관한 시와 작문에는 유명한 책에서 인용한 표현이 꽤 들어 있다. 원래 나의 초기 작문은 지적인 준비운동 같은 것이며, 어리고 경험 없는 다른 모든 아이들과 마찬가지로 동화와 모방에 의해 사상을 말로 표현하는 법을 익히고 있었다.

그러므로 나는 책을 읽는 동안 재미있다고 생각되는 것은 모조리 의식적으로나 무의식적으로 기억의 창고 속에 넣었다가 내 것으로 만들어 나갔다. 스티븐슨이 말한 바와 같이 '젊은 작가는 놀라운 것을 보면 본능적으로 모방하려고 하며, 그것을 여러모로 변모시키는 것'이다. 아무리 훌륭한 사람이라도 오랫동안 이와 같은 훈련을 쌓지 않고서는 마음에 모여드는 말의 무리를 자유로이 구사할 수는 없다.

나는 분명히 내 사고력에서 비롯된 것과 내가 읽은 책에서 얻은 생각을 구별할 수 없었다. 왜냐하면, 설사 그것이 전에는 다른 사람의 것이었다고 하더라도 지금은 나의 일부가 되어 있으니 말이다. 그러므로 내 문장은 모두가 재봉을 처음 배우기 시작했을 때 이어대는 헝겊 조각과 같은 것이다. 이런 조각에는 여러 가지 잡동사니도 있으며, 실크와 벨벳으로 꿰매져 있는 것도 있지만, 눈에 뜨이는 것은 보기 싫은 검은색이나 회색 천일 것이다. 그러므로 내 글도 위대한 문호의 화려한 표현이나 심원한 의미를 가진 낱말이 끼어 있을 것이다. 그러나 전체 인상은 역시 미숙하여 알아차릴 수 없이 희미한 정도다. 문장을 쓸 때 어려움을 느끼는 것은 흩어진 생각을 주워 모아 합리적이고 교양 있는 사람들이 사용하는 말로 표현하려고 애쓰기 때문이다. 글을 쓴다는 것은 마치 풀리지 않는 수수께끼를 푸는 것과 같아서 미리 마음속에 표현할 수 있는 그 무엇을 말로 묘사하려고 하지만, 막상 그 말을 써놓고 보면 너무 막연하고 품위가 없어 보이기도 한다. 그러나 성공한 사람이 있다는 사실을 알고 있고 패배를 인정하고 싶지 않기에 계속 노력하는 것이다.

스티븐슨은 '선천적인 소질이 없이는 독창성을 지닐 수 없다'고 말했지만, 나는 그렇게 생각하지 못했다. 그래도 나는 빌려 쓰는 문장이 언젠가는 반드시 나만의 것이 되기를 바라고 있다. 그렇게 되면 아마도 내 생각과 체험이 표면에 나타나게 될 것이다. 나는 우선 〈서리왕〉을 쓴 체험이 헛되지 않다는

헬렌 켈러 자서전   〈나의 인생〉

것을 믿고 바라며, 지금도 노력하고 있다. 이런 의미에서 이 사건은 나에게 좋은 결과를 가져다 주었다. 다만 무엇보다도 내가 유감스럽게 생각하는 것은, 나의 가장 친한 친구 중 한 사람인 아나그노스 씨를 잃은 것이다.

〈나의 인생(The story of my life)〉이라는 글이 『레이디스 홈 저널(Ladies' Home Journal)』에 실리게 되자, 아나그노스 씨는 메이시 씨에게 보내는 편지 형식으로 견해를 발표하여 〈서리왕〉이 문제가 되었을 때 나에게 잘못이 없다는 것을 믿고 있었다고 했다. 그가 말하기를 내가 심문을 받은 조사단은 도합 여덟 사람으로 구성되었으며, 그 가운데 네 사람은 시각장애인이고 나머지 네 사람은 일반인이었는데, 그중 네 사람은 나의 무죄를 주장했으며, 아나그노스 씨도 그 한 사람이었다고 한다.

그런데 당시의 사정이 어떠하고 아나그노스 씨의 견해가 어떠했든 간에 그토록 자주 나를 무릎 위에 앉히고 사랑해 주던 그 방에 정반대의 이유로 부름을 받아 사람들 앞에 섰을 때, 그 방에 감도는 분위기에서 적의와 위협을 느낀 것만은 사실이다. 그는 처음 2년 동안은 설리번 선생님과 나에게 잘못이 없다는 것을 믿고 있었으나, 그 후에는 이 고마운 신념을 철회하고 말았다. 이유는 지금도 모르고 있다. 또 어떤 방법으로 조사가 계속되었는지도 알 수 없다. 조사위원회에서 나에게 질문하지 않은 위원은 이름도 모른다. 나는 아무것도 알 수 없었던 것이다. 당시에는 너무나 두려움에 사로잡혀 있었다. 아닌게 아니라 내가 무슨 말을 하고 있으며 사람들이 무슨 말을 듣고 있었는지 여전히 생각해 낼 수 없다.

혹시라도 오해가 없기를 바라건대, 나는 이 〈서리왕〉 사건이 나의 반성과 교육상 중요한 의미를 지니고 있다고 생각하여 여기 써 놓았을 뿐이다. 여기서 자기변명을 하거나 반대편을 책하려는 의도는 없으며, 다만 내 눈에 비친 사실을 적어 놓았을 뿐이다.

15

세계박람회 견학

　나는 〈서리왕〉 사건이 일어났던 해의 여름과 겨울을 가족들과 함께 앨라배마에서 보냈다. 그때의 귀성길은 지금도 즐거운 마음으로 회상하게 된다. 나무가 무성하고 꽃이 피어나는 모습을 보며 행복감에 젖어 〈서리왕〉의 기억은 점점 머리에서 사라져 버렸다. 땅 위에 진홍빛과 황금색 단풍이 덮이고, 정원 구석구석까지 쌓인 포도나무 잎사귀에서 사향 냄새를 풍길 무렵에 나는 생활 기록을 쓰기 시작했다. 내가 〈서리왕〉을 쓴 지 1년 후의 일이었다.

　나는 여전히 글에 매우 세심한 주의를 기울였다. 내 글이 불행하게도 인정을 받지 못하면 어쩌나 하는 걱정이 언제나 나를 괴롭혔다. 이와 같은 두려움은 설리번 선생님 외에는 아는 사람이 없었다. 나는 애써 〈서리왕〉에 관한 이야기를 입 밖에 내지 않으려고 했다. 대화 중 좋은 생각이 떠오르면 나는 선생님의 손에 '내 작품인지 분명히 알 수 없어요'라고 썼다. 어떤 때는 한 구절의 글을 쓰다가도 '이것을 전에 누가 썼다면 어떡하나!' 하는 생각이 머리에 떠오르기도 했다. 결국 이런 생각이 꼬리를 물고 일어나는 날에는 더 이상 글을 못 쓰고 말았다. 오늘에 와서도 이런 불안과 동요가 때때로 머리를 쳐들기도 한다. 설리번 선생님은 애써 나를 위로하고 격려해 주었지만, 내가 당한 무서운 사건은 오늘날 비로소 그 의미를 깨닫게 되어 더욱 큰 타격을 마음 속에 안겨 준다.

설리번 선생님이 「젊은이의 벗」이라는 잡지에 〈나의 생활〉이라는 제목으로 짤막한 글을 기고하도록 나를 설득하신 것은 내 자존감을 회복시켜 주려는 의도에서였다. 그때 나이 열두 살이었다. 내가 그 짤막한 글을 쓸 수 있었던 것은 좋은 결과를 기대했기 때문이다. 그렇지 않았다면 나는 아마 도중에 그만두었을 것이다.

나는 선생님의 격려를 받아 가면서 단호한 태도로 글을 썼다. 내가 이 시련을 극복하기만 하면 반드시 자신감을 얻게 되리라 확신하는 설리번 선생님이 언제나 내 옆에 있었다. 나는 〈서리왕〉 사건이 있기 전까지는 지각없는 어린이였으나, 그 사건이 있고 난 뒤로는 보이지 않는 내면세계를 바라보게 되었다. 나는 시련을 통하여 인생의 참된 지식을 얻게 됨에 따라, 이 어두운 체험에서 점차 벗어날 수 있었다.

1893년에 일어난 중요한 일은 클리블랜드 대통령의 취임식이 거행되는 동안 워싱턴을 방문하고, 나이아가라 폭포를 여행하고, 세계박람회를 구경하는 것이었다. 이런 바쁜 생활로 말미암아 내 공부는 중단되기 일쑤였으며, 때로는 몇 주일씩 멈추기도 했다. 그러므로 공부에 대한 연결된 이야기는 쓸 수 없다. 3월이 되자 우리는 나이아가라에 갔다. 미국 쪽 폭포 옆에서 대기가 전율하고, 대지가 진동하는 것을 느꼈을 때 얼마나 흥분했는지 말로 다 표현할 수 없다. 내가 나이아가라의 놀라운 아름다움의 엄청난 규모에 깜짝 놀랐다고 하면 신기하게 생각하는 사람들이 있다. 그들은 "당신은 폭포 아래 커다란 파도가 일고 있는 것도 보지 못하고, 대지를 흔드는 소리도 듣지 못하는데 이 놀라운 광경이나 소리를 어떻게 알 수 있어요?" 하고 묻는다. 상식적으로는 맞는 말이다. 그러나 설사 내가 폭포의 내력을 잘 설명하지 못한다고 하더라도, 이것은 마치 사람들이 사랑이나 종교가 무엇인지 분명히 설명하지 못하는 것과 다를 바가 없다고 본다.

 1893년 여름, 설리번 선생님과 나는 알렉산더 그레이엄 벨 박사를 따라 세계박람회를 구경하러 갔다. 나는 무수히 많았던 어린 시절의 꿈이 현실이 되어 나타난 그 며칠 동안의 일을 아름답게 기억한다. 세계 구석구석에서 모인 온갖 기이한 것들 - 놀라운 발명품, 근면과 숙련이 만들어 낸 진귀한 물건들, 그 밖에 인간 생활의 모든 움직임 - 이 실로 내 손가락 아래를 스쳐 가는 것 같았다.

 나는 특히 미드웨이 플레장스(Midway Plaisance)가 마음에 들었다. 그것은 '아라비안나이트'를 연상할 만큼 기이한 것들로 가득 차 있었다. 책에서 읽은 인도의 신과 코끼리의 신, 시바 신이 있는가 하면, 회교 사원이나 낙타 상인이 길게 늘어선 피라미드의 나라 이집트 하며, 물의 도시 베네치아도 있었다. 우리는 이 베네치아에서 저녁노을이 오렌지빛으로 물들 때까지 배를 타고 놀았으며, 이 작은 배에서 조금 떨어진 해적선도 타 보았다. 나는 전에 보스턴에서 탔던 군함을 연상하면서 바다 남아들의 두뇌와 근육과 자존심만 의지한 생활을 상상해 보았다. '인간의 흥미를 자아내는 대상은 결국 인간뿐이다'라는 말은 세상에 변치 않는 진리라고 하겠다.

근처에 산타마리아호(콜럼버스가 미국을 발견할 때 탄 배-역주)의 모형도 있었기에 들러보았다. 이 배의 선장은 콜럼버스의 선실로 우리를 안내하여 책상 위에 있는 모래시계를 보여주었다. 이 조그마한 기계는 나에게 깊은 인상을 주었다. 왜냐하면, 막다른 길에 이른 사람들이 자기 목숨을 빼앗아 가려고 음모를 꾸미고 있을 때 모래가 한 알 한 알 떨어지는 것을 바라보는 그 영웅적인 항해자는 얼마나 지루했을지 생각해 보았기 때문이다.

박람회 주최자인 히긴보덤 씨가 친절하게도 그 전시품들을 손가락으로 만져보는 것을 허락해 주었다. 나는 피사로(스페인의 군인이며 스루의 정복자-역주)가 페루의 보물을 약탈할 때 느낀 그런 강한 욕망에 사로잡혀 손가락으로 이곳 박람회에서 자랑스럽게 여기는 물건들을 모조리 만져보고 알아차렸다. 서부에서 급조된 도시는 손으로 감촉할 수 있는 만화경(萬華鏡)이었다. 이것저것 다 재미있었으나 그중에서도 특히 나를 매혹한 것은 프랑스의 청동 조각이었다. 그 살결은 실물과 다름이 없었으며, 이것을 제작한 예술가는 지상 세계의 소재를 신의 나라의 영혼이기처럼 끌어올린 것으로 생각되었다.

희망봉 회의장에서는 다이아몬드 채굴에 관한 여러 가지 과정을 견학했다. 만져도 좋다고 할 때마다 실제로 기계가 움직이면 손으로 만져보고, 보석을 어떻게 계량하고 절단하며, 갈고 닦는지 분명히 알아보려고 노력했다. 그리고 세척기에 떨어져 있는 다이아몬드를 하나하나 주웠는데, '이것이야말로 아메리카합중국에서 발견한 최초의 다이아몬드'라는 놀림을 받았다.

벨 박사는 잠시도 우리 곁을 떠나지 않고 별로 볼품없는 것에도 매력 넘치고 독창적이게 설명해주었다. 전기관에서는 전화기, 전기 악기, 축음기, 그

밖의 발명품들을 구경하면서 박사는 공간을 무시하고 시간을 정복하여 철사로 통신할 수 있는 이유와 프로메테우스(희랍 신화에 나오는 거인으로 인간을 위해 하늘에서 불을 가지고 돌아왔다고 한다-역주)처럼 하늘에서 불을 가져올 수 있는 까닭을 알기 쉽게 설명해 주었다. 다음에는 인류관에 가서 고대 멕시코의 유물이나 원시 시대의 유일한 기록으로 남아 있는 초라한 식기 등을 구경했다. 그것을 만져보면서 임금이나 성인·현자의 기념비가 세월이 지나감에 따라 허물어져 가는 동안에 미개한 자연의 아들들이 만든 단순한 기념물이 영원히 남아 있는 것이 매우 신기하게 생각되었다. 이집트의 미라도 흥미 있게 느꼈으나 만져보고 싶지는 않았다. 나는 이런 유물에 의해 인류의 진보에 대해 지금까지 이야기를 듣거나 읽은 것보다 훨씬 더 많은 것을 배울 수 있었다. 이와 같은 새로운 체험을 통해 나의 지식은 매우 풍부해져 갔다.

헬렌 켈러 자서전   〈나의 인생〉

16
라틴어 공부

그해 내 공부는 사실 크게 변변치 못했다. 나는 희랍과 로마 및 미국의 역사를 읽고 있었고, 점자로 된 프랑어 문법책을 갖고 있었으며 그것으로 불어를 좀 알게 되자 짤막하고 간단한 문장을 생각해 내는 즐거움을 누렸다. 나는 새로운 낱말의 의미나 발음 같은 것도 혼자서 알아내려고 했다. 이것은 무모하기 짝이 없는 일이기는 했지만, 비오는 날에는 좋은 소일거리가 되었으며 라퐁텐의 『우화』, 『마음에 맞지 않는 의료(Le Médecin malgré lui)』 그리고 『아탈리(Athalie)』에서 발췌한 글을 읽을 수 있는 정도까지 도달했다.

나는 많은 시간을 들여 내 말하는 기술을 조금이라도 향상하려고 노력했다. 큰소리로 책을 읽고, 전에 외운 시의 일절을 읊어 설리번 선생님에게 들려주었다. 선생님은 내 발음을 고쳐 주시고 음절 자르는 방법도 가르쳐주었다. 이러한 공부는 계속되었으나, 시간을 정하고 일정한 방침에 따라 본격적인 공부를 하기 시작한 것은 1893년 10월, 세계박람회에서의 감격과 피로가 겨우 가라앉은 당시부터였다.

그때 설리번 선생님과 나는 펜실베이니아의 헐튼에 가서 윌리엄 웨이드 씨의 집에 머물러 있었다. 그 옆에 사는 아이런스 씨는 라틴어 학자였으므로 나는 그의 지도를 받도록 이야기가 되어 있었다. 아이런스 씨는 보기 드문 온후한 성격의 소유자로서 매우 박식했다. 그는 주로 라틴 문법을 가르쳐 주었으나 가끔 수학도 가르쳐 주었는데, 사실 재미라고는 전혀 없었다.

　나는 처음에는 라틴 문법도 배우기 싫어했다. 아무리 의미를 잘 알고 있는 말도 이것은 명사, 단수, 성은 여성 하고 지루하게 늘어놓는 것은 시간을 낭비하는 어리석은 일로 생각되었기 때문이다. 내가 만일 고양이에 대하여 잘 알아보기 위해 항목은 척수동물, 부류는 포유류, 과는 고양이, 속도 고양이, 이름은 '나비'라고 분류한다면 어떻게 될까? 그런데 이것도 계속 하다 보니 점점 흥미가 생겨 라틴어의 아름다움을 느끼게 되었다. 나는 라틴 문장을 읽으면서 내가 알고 있는 말들을 주워 모아 전체의 의미를 해석하면서 시간을 보냈다.

　이제 막 익숙해지는 언어에 의해 생겨나는 찰나의 심상이나 감상보다 더 아름다운 것은 없다고 생각한다. 그리고 제멋대로의 공상에 의해 형성되고 채색되어, 마음의 하늘을 나는 사상처럼 아름다운 것이 또 있을까? 설리번 선생님은 내 옆에 앉아서 아이런스 씨가 말한 것을 모조리 내 손바닥에 쓰고, 새로운 말들의 의미를 사전에서 찾아 주었다. 그 후 앨라배마에 있는 우리 집에 갈 무렵에는 시저의 『갈리아 전쟁기(Gallic War)』를 읽을 정도의 진전이 있었다.

17
학문의 길잡이

　1894년 여름, 나는 쇼토쿼에서 열린 〈미국 청각장애인 언어교육 촉진 협회(AAPISD)〉에 참석했다. 여기서 나는 뉴욕에 있는 라이트 휴메이슨 맹아학교에 들어가기로 되어 있었고, 1894년 10월에 설리번 선생님과 함께 왔다. 이 학교를 선택한 것은 독순술을 익히고, 발성 교육을 제대로 받기 위해서였다. 나는 이외에도 2년 동안 수학과 지리, 독일어, 불어 등을 공부했다.

　독일어 선생님은 수화 문자를 알고 있었으므로 내가 독일어 단어를 외우면 기회 있는 대로 독일어로 말을 붙였다. 그리하여 2~3개월 후에는 그녀가 하는 말을 대충 알아들을 수 있었고, 1년도 못 되어 『빌헬름 텔』을 감명 깊게 읽을 수 있었다. 독일어 실력은 누가 봐도 놀라울 정도로 무럭무럭 늘었다. 반면 불어는 훨씬 어려웠다. 불어 선생님은 올리비에 부인으로 프랑스 사람이었으나 수화 문자를 몰랐으므로 선생님의 입술이 무엇을 말하는지 도무지 알 수 없었다. 결국 불어는 독일어처럼 빨리 배우지는 못했으나, 그래도 『마음에 맞지 않는 의료(Le Médecin malgré lui)』를 다시 읽을 수 있었다. 그 책도 상당히 재미있었으나 『빌헬름 텔』 같은 감명에 비할 수는 없었다.

　그런데 독순술(讀脣術)과 말하기의 진척은 선생님과 내가 기대한 것처럼 빨리 이루어지지 않았다. 보통 사람들처럼 이야기를 하는 것이 나의 큰 소망이었고, 선생님들도 가능하다고 믿었으나 열심히 그리고 정성껏 노력했는데도 좀처럼 뜻을 이룰 수 없었다. 아마도 내 소원이 너무 높아 실망을 면치 못하게 되었는지도 모르겠다. 다른 이야기지만, 그때까지도 나에게 수학이라는 과목은 역시 일종의 조직된 함정으로밖에는 생각되지 않았다. 예컨대, 나는 내 자신과 또 다른 사람의 엄청난 노력에도 불구하고, 일부러 추리의 넓은 유역(流域)은 피하고 위태로운 억측의 국경선을 헤매고 있는 격이었다. 게다가 억측하지 않으면 대뜸 결론으로 껑충 뛰어가므로 둔한 내 머리 탓도 있겠지만, 이런 나쁜 버릇이 필요 이상으로 나를 곤경에 몰아넣었다.

그런데 이와 같은 실망에도 다른 학과, 특히 자연 지리는 변함없이 흥미 있게 공부할 수 있었다. 나로서는 자연의 비밀을 안다는 것은 커다란 기쁨이었다. 구약성서의 아름다운 표현을 빌어 말하면, 어떻게 해서 하늘의 모퉁이에서 바람이 불어오고, 어떻게 해서 땅 위에서 수증기가 오르며, 어떻게 해서 강물이 바위를 뚫고 흐르며, 어떻게 해서 산들이 나무뿌리에 의해 뒤집히게 되며, 무슨 수단으로 인간은 자기보다 강한 여러 가지 힘을 정복할 수 있는가를 알게 되었다. 돌이켜보면, 뉴욕에서 보낸 2년은 무척 행복했다. 나는 지금도 기쁜 마음으로 당시를 회상하고 있다.

특히 학생 전원이 날마다 센트럴파크를 산책한 것은 잊을 수 없다. 그곳은 뉴욕에서도 내가 제일 좋아하는 장소로, 이 넓은 공원에 대한 나의 애착은 말로 표현할 수 없을 정도다. 나는 공원에 가서 경치에 대한 설명을 듣는 것이 무척 즐거웠다. 이 공원은 어디나 아름답고, 풍경에 변화가 많으므로 뉴욕에 머물러 있는 9개월 동안 날마다 각각 다른 아름다움을 즐길 수 있었다.

봄에는 흥미 있는 여러 곳으로 소풍을 갔다. 허드슨 강에 배를 띄우기도 하고, 브라이언트(미국의 시인, 1794~1878-역주)가 즐겨 노래한 푸른 강기슭을 산책하기도 했다. 나는 그곳의 소박한 나무 울타리가 마음에 들었다. 그밖에 내가 찾아간 곳은 웨스트 포인트 육군 사관학교와 태리타운이었다. 태리타운

은 워싱턴 어빙의 집이 있던 곳으로『슬리피 할로의 전설(The Legend of Sleepy Hollow)』에 나오는 그 '슬리피 할로'를 지나갔다.

라이트 휴메이슨 학교 선생님들은 어떻게 하면 청각장애인 아이들에게도 보통 사람이 누리는 듣는 즐거움을 알려줄 수 있는지, 굳어진 취향이 없고 수동적인 아이들 특유의 기억력을 어떻게 하면 최대한 이용하여 답답한 환경에서 해방시킬 수 있을지만 생각하고 있는 듯이 보였다.

나는 뉴욕을 떠나기 직전에 슬픈 소식을 전해 들었다. 그것은 존 P. 스폴딩 씨의 부고였다. 그는 1896년 2월에 세상을 떠났다. 이분을 잘 알고 가장 사랑한 사람만이 이분의 우정이 나에게 얼마나 소중한지 이해할 수 있을 것이다. 고귀하고 겸손한 태도로 모든 사람을 행복하게 한 스폴딩 씨는 설리번 선생님과 나에게 항상 친절하고 인자하게 대해 주었다. 이분의 따뜻한 체온을 느끼고, 괴로움이 많은 우리의 일에 대하여 깊은 관심을 가져주셨다는 것을 알고 있는 한, 우리는 아무리 어려운 일에 부딪히더라도 결코 용기를 잃지 않을 것이다. 이분의 죽음은 우리의 생애에 영원히 메울 수 없는 공허를 남기게 되었다.

18
대학 입학 예비시험

　1896년 10월, 나는 래드클리프 대학에 입학하기 위한 준비 과정으로 케임브리지 여학교에 들어갔다. 이전부터 대학에 진학하려는 희망은 가슴속에 깊이 아로새겨져 있었다. 진실하고 현명한 친구들의 극렬한 반대에도 불구하고, 눈도 있고 귀도 있는 일반 학생들과 공부를 겨루고 싶었다. 뉴욕을 떠날 때 이런 생각은 이미 움직일 수 없는 것이 되어버렸고, 나는 케임브리지에 가기로 결정했다. 그것은 나의 어린아이 같은 선언을 실천에 옮겨 대학에 입학하는 지름길이 되었다.
　케임브리지 여학교에서는 설리번 선생님이 나와 함께 교실에 있으면서 수업 통역을 맡아줄 계획이었다. 물론 학교 선생님들은 일반 학생 이외에는 가르쳐본 경험이 없으므로 내가 선생님들과 대화를 나누는 유일한 방법은 그들의 입술을 읽는 것이었다. 1학년 학과는 영국사, 영문학, 독일어, 수학, 라틴어 작문과 때때로 써내는 논문이었다. 나는 그때까지 한 번도 대학에 가기 위한 공부를 한 적이 없었지만, 설리번 선생님으로부터 영어 공부는 충분히 해두었으므로 그 방면에서는 대학이 규정하고 있는 책에 대한 비판적인 연구 이외에 특별 수업을 받을 필요가 없었다. 게다가 나는 이미 불어 실력도 상당했으며, 라틴어는 6개월 동안 공부했고, 특히 독일어를 가장 잘했다.
　이와 같은 유리한 조건이 갖춰져 있기는 했지만, 내 앞길에는 커다란 장애가 놓여 있었다. 설리번 선생님이라 해도 학과에 필요한 것을 모조리 내 손에 써줄 수는 없었던 것이다. 런던과 필라델피아의 친구들이 서둘러 일을 해결해주려고 나섰지만, 교과서를 시간 안에 점자판으로 만든다는 것은 불가능한 일이었다. 나는 친구들과의 낭독회 때문에 라틴어를 브라유식 점자로 고쳐야만 했다. 그래도 선생님들은 얼마 안 가서 불충분한 내 말을 알아듣게 되어 내가 질문해도 곧 이해하고 잘못된 곳이 있으면 정정해 주기도 했다. 다음으로 겪은 불편함은 교실에서 내가 필기를 하거나 연습을 할 수 없으므로 작문이나 번역은 모두 집에 돌아와 타이프로 쳐야만 하는 것이었다.

　설리번 선생님은 날마다 나와 함께 교실에 나와 한없는 인내심으로 수업 내용을 일일이 내 손에 전부 써주었으며, 자습 시간에는 나를 위해 새로운 말들을 사전에서 찾아주고, 점자가 아닌 책이나 필기는 몇 번이고 읽어주었다. 이 일의 번거로움은 사실 상상조차 하기 어렵다. 학교 선생님 중 나를 가르치기 위해 일부러 지화법을 연습한 분은 독일어 선생님 그뢰테 부인과 교장인 길만 선생님이었다. 그뢰테 부인은 그 지화(指話)가 얼마나 불편하고 또 얼마나 불완전한가를 누구보다도 잘 알고 있었지만, 한 주에 두 번 있는 특별 수업 시간에 조금이라도 설리번 선생님을 쉬게 하기 위해 고심하면서 손수 지화로 가르쳐 주었다. 이와 같이 누구나 우리를 친절하게 도와주었지만, 이 고역을 기쁨으로 바꿀 수 있는 것은 오직 설리번 선생님의 손뿐이었다.

　그해 나는 수학 공부를 끝내고, 라틴어 문법을 복습하여 시저의 『갈리아 전쟁기』를 3장까지 읽을 수 있었다. 독일어의 경우 일부는 내 손가락으로, 일부는 설리번 선생님의 도움으로 실러의 『종을 위한 노래(Lied von der Glocke)』와 『잠수부(Taucher)』, 하이네의 『하르츠 기행(Harzreise)』, 프라이타크의 『프리드리히 대왕의 나라(Aus dem staat Friedrichs des Grossen)』, 릴의 『아름다운 저주(Fluch Der Schönheit)』, 레싱의 『민나 폰 바른헬름(Minna von Barnhelm)』 그리고 괴테의

『나의 생활에서(Aus meinem Leben)』를 읽었다. 나는 이런 독일어 책을 읽을 때가 제일 즐거웠다. 특히 실러의 놀라운 서사시와 프리드리히 대왕의 위업이 기록된 역사와 괴테의 생활 기록을 재미있게 읽었다. 『하르츠 기행』은 다 읽어버리는 것이 아까울 정도였으며, 실로 재치 있고 매혹적인 필치로 포도에 뒤덮인 언덕이나 햇살을 받아 춤추며 조잘대는 실개천의 흐름 혹은 전통과 전설에 의해 정결함을 입은 산과 들, 먼 옛날 안개 부속에 가물거리는 프란체스코회 수녀들이 아름답게 묘사되어 있었다.

같은 해에 길만 선생님은 나에게 영문학을 가르쳐 주었다. 우리는 둘이서 함께 셰익스피어의 『마음이 시키는 대로(As You Like It)』, 버크의 『미국과의 화해에 대한 연설(Speech on Conciliation with America)』, 매콜리의 『새뮤얼 존슨의 생애(Life of Samuel Johnson)』 등을 읽었다. 길만 선생님의 역사·문학에 관한 해박한 견해와 적절한 해석은 흔히 교실에서 되풀이되는 기계적인 설명과는 도저히 비교할 수 없을 정도로 학업을 알기 쉽고 즐겁게 만들어 주었다.

버크의 연설은 내가 읽은 다른 어떤 정치 문제에 관한 서적보다도 교훈적이었다. 나는 이 격동의 시대를 마음속에 그려보고, 상쟁(相爭)하는 두 국민의 생사가 걸린 중대한 사건의 중심이 되어 활약한 사람들이 마치 눈앞에 아물거리는 것 같았다. 나는 그 당당한 웅변이 큰 파도처럼 밀어닥치는 것 같았다. 어찌하여 조지 왕과 그 대신들이 미국의 승리와 영국의 굴욕을 경고하는 버크의 예언을 귀담아듣지 않았는지, 실로 놀라움을 금할 수 없었다. 그 후로 나는 이 위대한 정치가가 그의 당파와 국민의 대표자들에게 등을 돌린 우울한 사정을 자세히 알게 되었고, 그 진리와 지혜의 소중한 씨앗이 무지와 부패의 거친 땅에 뿌려진 것을 이상하게 생각했다.

버크와는 다른 의미로 매콜리의 『새뮤얼 존슨의 생애』도 흥미있게 읽었다. 또한 내 마음은 그러브 가(Grub Street. 런던의 가난한 문인들이 많이 살던 거리-역주)에서 우울한 나날을 보내며 자기 자신이 고역과 심신의 비참한 고통 속에 있으면서도 좌절된 가난한 사람들에게 정다운 말과 부드러운 구제의 손길을 아끼지 않은 이 고독한 위인에게로 이끌리는 것이었다. 나는 그의 성공을 자기 일처럼 기뻐하고 그의 결점에 대해서는 눈을 감았다. 내가 놀란 것은 그와 같은 분에게도 결점이 있었다는 사실이 아니라, 그 결점이 그의 영혼을 무너뜨리거나 좌절시키지 못했다는 것이다. 그러나 평범한 대상도 생생하게 그림처럼 아름답게 묘사하는 매콜리의 놀라운 능력과 그 찬란한 문체에도 불구하고 종종 그의 지나친 주장에 진절머리가 났으며, 그가 효과만을 노리다가 빈번하게 진리를 희생시키는 것을 알고 대영국의 데모스테네스에게 귀를 기울였을 때의 존경심은 사라지고, 의혹의 눈초리로 그를 바라보게 된 것은 나로서는 어쩔 수 없는 일이었다.

나는 케임브리지 여학교에서 처음으로 성한 귀와 눈을 가진 같은 또래 여학생들과 어울렸다. 나는 교사(校舍)에 연이어 세워진 깨끗한 집에 몇몇 여학생들과 함께 살고 있었는데, 그곳은 전에 하우얼스 씨(윌리엄 딘 하우얼스, 미국의 문학자이며 「애틀랜틱 먼슬리」 지의 주간-역주)가 살던 곳이다. 그곳은 모든 사람에게 가정적인 분위기가 마련되어 있었으므로 나는 그들과 여러 가지 유희 즉, 눈가림 숨바꼭질에서 눈싸움에 이르기까지 많은 것을 함께 했다. 소풍도 가고, 학과에 관한 토론에도 참가했으며, 마음에 드는 구절을 서로 낭독하기도 했다. 그들 중에는 나와 이야기를 나누는 방법을 알고 있어서 설리번 선생님이 일일이 내 손에 대화 내용을 써줄 필요가 없는 학생도 있었다.

크리스마스에는 어머니와 여동생이 와서 나와 함께 휴가를 보냈다. 길만 교장 선생님은 친절하게도 여동생 밀드레드가 학교에서 공부하도록 허락해 주었으므로 나와 같이 케임브리지에 머물며 6개월 동안 거의 내 곁을 떠나지 않았다. 우리가 서로 공부도 하고 놀기도 하면서 지낸 시간을 회상하면 내 마음은 행복으로 가득해진다.

나는 1897년 6월 29일부터 7월 3일까지 래드클리프 대학에 들어가기 위한 예비 시험을 치렀다. 내가 선택한 학과의 시험과목은 초급 및 상급 독일어, 불어, 라틴어, 영어, 희랍어, 로마사까지 도합 아홉 과목이었으나 다행히 전부 합격했으며, 특히 독일어와 영어는 우수한 성적을 거두었다.

혹시 모를 오해를 없애기 위해 내가 시험을 치른 방법에 대해 말하고자 한다. 모든 학생은 16시간의 시험에 합격해야 하는데, 이 가운데 12시간은 초등과이고, 4시간은 고등과이며, 한 번에 5시간을 합격하지 못하면 무효이다. 시험 문제는 9시에 하버드에서 배부되며, 학교 직원이 래드클리프로 가져왔다. 수험생은 성명이 아니라 번호를 사용하도록 되어 있으며, 나는 233번이었으나 타이프를 사용해야 하므로 내 답안지를 비밀에 부칠 수는 없었다. 타이프 치는 소리가 다른 수험생들에게 방해가 될 수도 있으므로 나만 다른 방에서 시험을 치렀다. 교장 선생님이 나를 위해 문제를 모두 수화 문자로 나에게 읽어 주었다. 그리고 훼방꾼을 막기 위해 감시인이 내 방 입구에 서 있었다.

첫날에는 독일어 시험을 보았다. 길만 선생님이 내 곁에 앉아서 처음에 한 번 읽고, 추가로 한 번 더 읽어주었다. 나는 분명히 이해한 것을 알려주기 위해 하나하나 소리 내 복창했다. 문제가 어려워 타이프를 치면서도 크게 걱정되었다. 길만 선생님은 내가 친 타이프를 내 손에 써주었으므로 틀렸다고 생각되는 부분만 정정하여 말씀드렸다. 그 후로는 어떤 시험에서도 이만큼의 편의를 봐주지 않았다. 래드클리프에서는 답안을 다 쓰고 나서 아무도 나에게 문제를 읽어준 사람이 없었으므로 시간 안에 쓰지 않으면 잘못된 곳을 고칠 기회가 없었다. 설사 그때까지 다 썼더라도 나머지 몇 분 동안 간신히 잘못된 점을 고쳐서 답안지 아래 적어 넣을 뿐이었다.

내가 본시험보다 예비 시험의 성적이 조금이라도 낮다면 그것은 두 가지 이유에서다. 즉 본시험에서는 내 답안을 읽어주는 사람이 없었다는 것과 예비 시험에서는 내가 택한 학과 중에는 케임브리지 여학교에서 공부하기 전에 이미 어느 정도 배워 둔 게 있었다는 것이다. 실은 그해 초에 하버드의 기출 문제에서 영어와 역사, 불어, 독일어 문제에 합격했던 경험이 있다. 길만 선생님은 내가 즉, 233번이 그 답안을 썼다는 증명서를 첨부하여 답안을 시험위원에 보였다.

그 밖의 예비 시험에서도 동일한 방법으로 했는데, 그 어느 시험도 맨 처음 것처럼 어렵지는 않았다. 라틴어 시험 날에는 실링 선생님이 수험실에 와서 독일어에 우수한 성적으로 합격했다는 것을 알려 주었다. 나는 커다란 용기를 얻어 한결 밝은 마음과 침착한 손으로 시험을 마칠 수 있었다.

19

좁은 문

2학년이 시작된 무렵, 나는 꼭 성공해야겠다는 소망과 결의에 불타 있었다. 그런데 몇 주일 지나지 않아 뜻밖의 문제가 생겼다. 길만 선생님은 그해에 내가 주로 수학을 공부하는 데 찬성했으므로 물리, 대수, 기하학, 천문학, 희랍어, 라틴어를 학과목으로 택했다. 그러나 난처하게도 내가 필요로 하는 책들이 점자 교과서화되지 않았으며, 공부에 필요한 기구도 손에 넣을 수 없었다. 그리고 수업 인원수가 많아서 선생님이 나를 위해 특별수업을 해준다는 것은 도저히 바랄 수 없었고, 설리번 선생님이 책을 전부 손끝으로 들려주고, 수업도 그렇게 통역해 주어야만 했다. 11년이라는 오랜 기간 동안 선생님의 신세를 졌지만, 이때처럼 고마운 때도 없었다.

나는 교실에서 대수나 기하의 해답을 쓰고 물리 문제를 풀어야 했는데, 계산의 순서를 표시할 수 있는 타이프라이터를 사들이기는 불가능했다. 칠판에 그린 기하의 도형을 눈으로 볼 수 없으므로 도형에 대해 분명한 개념을 얻을 수 있는 유일한 방법은 끝이 뾰족한 직선이나 곡선의 철사로 도형대 위에 조립하는 것이었다. 나는 키스 선생님이 보고서에 쓴 것처럼 도형의 부호나 가설의 결론, 작도(作圖)나 증명의 순서 같은 것을 일일이 암기해야만 했고, 그러다 보니 어느 학과나 각각 애로사항이 따랐다. 나는 용기를 완전히 잃고, 지금 돌이켜 생각해도 남부끄러운 감정을 드러낸 적도 있었다. 심지어

나의 모든 친구 중에서 비뚤어진 것을 바로잡고, 슬픔을 기쁨으로 바꿀 수 있는 유일한 분인 설리번 선생님에게까지 그런 감정을 터뜨렸다.

그래도 문제는 조금씩 해소되어 갔다. 점자책이나 다른 기구들이 도착했으므로 나는 자신을 가지고 공부하기 시작했다. 그러나 대수와 기하는 아무래도 이해하기 어려웠다. 전에도 말한 바와 같이 나는 수학적인 두뇌가 없어 기하의 작도(作圖)에 특히 애를 먹었다. 도형대 위에서도 각 부분의 상호관계를 파악할 수 없었다. 수학에 대하여 처음으로 분명한 개념을 갖기 시작한 것은 키스 선생님에게 가르침을 받게 된 후의 일이다.

그런데 내가 이와 같은 문제를 간신히 극복했다고 생각하게 되었을 때 어떤 한 가지 일로 말미암아 모든 것이 뒤집어지고 말았다. 점자책이 내 손에 전해지기 전, 길만 선생님은 내 공부에 부담이 과중하다는 이유로 설리번 선생님과 나의 반대에도 불구하고 내 학과목을 줄여버린 것이다.

처음에는 필요하다면 대학입시 준비를 위해 5년 정도는 소비해도 무방하다고 생각하고 있었으나, 1학년 성적으로 보아 설리번 선생님이나 하보 선생님(길만 학교 교감)을 비롯하여 다른 관계자들도 내가 앞으로 2년이면 충분히 준비를 마칠 수 있다고 생각했다. 길만 선생님도 처음에는 이와 같은 의견에 동의했으나 내 학업이 다소 어려워지자 공부에 부담이 너무 크므로 앞으로 3년 동안 수학하는 것이 좋겠다는 의견을 내셨다. 그러나 나는 같이 수업을 듣는 동료들과 함께 대학에 진학하고 싶은 마음에서 길만 선생님의 의견을 따를 수 없었다.

그런데 공교롭게도 나는 11월 17일에 몸이 아파 학교를 쉬었다. 설리번 선생님은 내 병이 대단치 않다는 것을 알고 있었지만, 길만 선생님은 이 이야기를 전해 듣고, 나의 건강이 악화했다고 단정짓고는 동급생들과 함께 시험을 치지 못하도록 나의 학과를 변경해 버렸다. 이처럼 길만 선생님과 설리번 선생님 사이에 견해가 일치하지 않았으므로, 어머니는 밀드레드와 나를 케임브리지 여학교에서 자퇴시켜 버렸다.

이후 나는 다행히 케임브리지의 머튼 S. 키스 선생님의 지도를 받아 공부를 계속하게 되었고, 설리번 선생님과 나는 그해 겨울을 보스턴에서 25마일쯤 떨어진 렌담의 체임벌린 가에서 보내게 되었다. 1898년 7월까지 키스 선생님은 한 주일에 두 차례씩 렌담에 와서 대수, 기하학, 희랍어와 라틴어를 가르쳐 주었다. 그리고 설리번 선생님이 수업의 통역을 해 주었다. 1898년 10월에는 보스턴으로 돌아와, 8개월 동안 매주 다섯 차례, 한 시간씩 키스 선생님에게 수업을 들었다. 선생님은 언제나 내가 저번 수업에 익히지 못한 부분을 한 번 더 설명하고 나서 새로운 과제를 내주셨고, 그날까지 타이프를 해 둔 희랍어 연습문을 가지고 가서 세밀히 정정하여 다음 시간에 갖다주시곤 했다.

이처럼 나의 대학입시 준비는 중단되지 않고 오히려 더 열정적으로 진행되었다. 나는 교실에서 수업을 받는 것보다 혼자서 가르침을 받는 편이 훨씬 쉽고 즐거운 일이라는 사실을 알게 되었다. 선생님은 침착하게 내가 이해하기 어려운 내용을 천천히 설명해 주었으므로, 나는 지금까지 학교에서 배우던 때보다 훨씬 빨리 익혔고 좋은 성과를 올리게 되었다. 다만 수학을 배우는 데 역시나 고심하여, 대수나 기하학이 어학이나 역사의 절반 정도만 쉽다면 얼마나 좋을까 하고 생각했다. 그래도 키스 선생님은 내가 수학에도 흥미를 가질 수 있게 잘 인도해 주었다. 선생님은 내 머리에 잘 박히도록 문제를 작게 다루어 마음이 언제나 활발히 움직이게 하고, 추리라는 습관을 길러 대뜸 결론으로 넘어가지 않고 냉정히 이론적으로 결론을 내리게끔 가르쳐 주었다. 그렇게 선생님은 내가 아무리 둔한 반응을 보이더라도 언제나 인자하게 참아 주었다. 사실 나는 하도 둔하여 때때로 욥(구약성서 등장인물, 계속되는 재난으로 악마에게 믿음과 인내의 시련을 받아 이겨냈다-역주)의 인내로도 납득이 가지 않을 수준이었다.

나는 드디어 1899년 6월 29일과 30일 이틀 동안, 래드클리프 대학에 입학하기 위한 시험을 치렀다. 첫날에는 초급 희랍어와 상급 라틴어, 이틀째는 기하, 대수, 상급 희랍어였다.

대학 당국자는 설리번 선생님이 나를 위해 시험 문제를 읽어주는 것을 허락하지 않고, 퍼킨스 맹아학교의 선생인 유진 C. 바이닝 씨에게 의뢰하여 문제를 미국식 점자로 고치게 했다. 이분은 내가 한 번도 만난 적이 없으며, 점자에 의하지 않고서는 나와 이야기하지 못했다. 학생감도 낯선 사람으로 전혀 나에게 말을 걸어오지 않았다.

어학 시험은 점자로 충분히 치를 수 있었지만, 기하와 대수는 당황하지 않을 수 없었다. 나는 어찌할 바를 몰라 귀중한 시간을 많이 허비했으며, 특히 대수의 경우에 더 그러했다. 나는 크게 낙심했다. 미국에서 흔히 사용되고 있는 문학적인 점자는 잘 알고 있었으나, 기하와 대수의 부호나 기호 등을 나타낼 때 쓰이는 세 가지 형식의 점자에는 숙달되어 있지 않았기 때문이다.

시험을 보기 이틀 전에 바이닝 씨는 2, 3년 전 하버드 대학의 내수 시험 문제 사본을 점자로 찍어서 보내 주었다. 그것은 미국식 점자였으므로 깜짝 놀랐다. 그리하여 곧 바이닝 씨에게 편지를 보내어 그 기호를 설명해 달라고 부탁했다. 나는 그의 답장과 함께 기호의 일람표를 받고 열심히 외우기 시작했으나 대수 시험이 있기 전날 밤이 되어도 아직 대괄호와 소괄호, 근호를 구별할 수 없었다. 키스 선생님과 나는 낙심하여 이튿날 시험에 대한 불안함으로 말미암아 숨통이 막히는 것 같았다. 그래도 당일에는 시험이 시작되는 시간보다 훨씬 일찍 대학에 가서 바이닝 씨에게 부탁하여 미국식 기호법에 대한 한결 더 세밀한 설명을 들었다.

기하 시험문제에서 제일 애먹은 것은 언제나 명제 정리를 선화(線畵)로 인쇄된 선이나 손바닥에 그려진 선으로 외우고 있었던 만큼, 점자로 된 정리와 혼동되어 몇 번 읽어도 분명하게 머릿속에 들어오지 않는 것이었다. 그런데 대수 문제를 손에 들었을 때는 더욱 큰 난관에 부딪히게 되었다. 방금 설명을 들었으므로 잘 이해했다고 생각한 기호가 온통 나를 배신하는 것이었다. 그뿐만 아니라 타이프를 쳐서 만든 답안을 다시 읽어볼 수도 없었다. 나는 언제나 해답을 점자로 써서 암산을 했기 때문이다. 키스 선생님은 평소에 나의 암산 능력을 너무 믿고, 답안을 쓰는 연습을 시키지 않았다. 그 때문에 답안 작성에 상당한 시간이 걸렸다. 문제가 무엇을 요구하는가를 조금이라도 이해하기 위해 몇 번이고 읽어야 했던 것이다. 나는 사실 지금도 수학의 모든 기호를 정확하게 읽을 수 있을지 의문이다.

그러나 나는 아무도 탓할 생각은 없다. 래드클리프 대학 당국에서는 이 시험 때문에 내 주위 사람들이 얼마나 수고했으며, 또 내가 넘어야 할 곤경이 얼마나 심했는지 이해하려고 하지 않았다. 그러나 나는 그들의 인식 부족으로 나에게 돌아온 곤경이 필요 이상으로 컸다고 하더라도 그 장애를 극복할 준비가 되어 있었다.

20
래드클리프 대학 입학

그렇게 대학에 들어가기 위한 고군분투가 끝나고, 나는 언제든지 소원대로 래드클리프 대학에서 공부할 수 있게 되었다. 그런데 대학에 들어가기 전에 1년 동안 키스 선생님의 가르침을 받게 되어서 결국 대학에 다니기 시작한 것은 1900년 가을이었다.

나는 래드클리프에서 보낸 첫날을 지금도 잊을 수 없다. 그것은 실로 흥미진진한 하루였으며 나는 여러 해 동안 이날을 기다려왔다. 나는 친구들의 충고보다도 강한, 아니 내 마음의 호소보다도 억센 내부의 힘에 이끌려 눈과 귀를 제대로 가진 성한 사람들과 같은 수준에서 드디어 내 힘을 시험하게 된 것이다. 물론 여기에는 많은 문제가 따르리라는 것을 잘 알고 있었다. 그래도 어떻게든 이것을 극복해 나가야겠다고 다짐했다. '로마에서 추방되면, 변두리에서 살아가면 될 일이다'라는 옛 로마 현인의 말을 나는 명심하고 있었다. 위대한 지식의 대도(大道)를 걷는 것이 금지된 나는 남들과는 다른 길을 가더라도 뜻만 이루면 그만 아닐까? 대학에는 나와 마찬가지로 괴로워하고, 사랑하고, 생각하는 여학생들과 서로 손을 잡을 수 있는 많은 오솔길이 있다는 것을 알게 되었다.

나는 열심히 공부했다. 그리고 미와 빛 가운데 열리는 새로운 세계를 눈앞에 바라보고, 모든 사물을 식별하는 힘이 나에게 있다는 것을 알아차렸다.

'정신세계에서는 나도 여느 사람들과 마찬가지로 자유를 누릴 수 있다. 그 나라의 주민과 경치와 풍습, 환희, 비극 등은 진정한 세계를 풀이해주는 것으로써 나는 이것을 피부로 생생하게 느낄 수 있다. 강인한 위인이나 성현들의 정신으로 충만하고, 교수님들은 지혜의 권화(權化)일 것이다.' 나는 이렇게 생각했다. 그리고 이후로 이와 다른 것을 깨닫는 경우가 있더라도, 누구에게도 그 사실을 말하려고 하지 않았다.

그러나 나는 대학이 반드시 내가 생각한 것처럼 낭만의 전당은 아니라는 사실을 깨달았다. 나의 어린 마음에 즐거움을 안겨준 꿈은 거의 다 깨어지고 백일하에 퇴색해 갔다. 대학의 학업에는 여러 가지 불리한 점이 따르기 마련이다.

내가 가장 절실히 느낀 것은 시간의 부족이었다. 전에는 그렇지 않았다. 나는 늘 생각하거나 반성할 수 있는 시간적 여유가 있었다. 내 마음은 저녁 때 곧잘 마주 앉아 마음의 음악에 귀를 기울였다. 그 음악은 지금까지 침묵을 지켜온 사람의 마음속에 놓인 오묘한 금선(琴線)에 사랑하는 시인의 말이 닿는 순간에만 들을 수 있는 그런 성질의 것이었다. 그런데 대학에서는 이와 같은 내면의 목소리에 접할 수 있는 시간적 여유가 없었다. 나로서는 대학이란 생각하기 위해서가 아니라, 단지 알기 위해 가는 곳이 아닐까 생각되었다. 인간은 최고 학부의 문을 두드릴 때 가장 소중한 즐거움 - 고독과 책과 공상 - 을 소나무 숲에 불어오는 바람처럼 남겨놓게 마련이다. 나는 지금도 앞날을 위해 보물을 저장한다는 생각으로 마음을 달래려고 했으나, 아무리 생각해도 앞으로의 궂은날을 위해 저축하는 것보다 현재의 행복이 더 소중하게 생각되었다.

첫해의 과목은 불어, 독일어, 역사, 영작문 그리고 영문학이었다. 불어 시간에는 코르네유, 몰리에르, 라신, 알프레드 드 뮈세 및 생트뵈브의 작품을 읽고 독일어 시간에는 괴테와 실러를 읽었다. 역사는 로마 제국의 멸망에서 18세기까지 전반에 걸쳐서 읽고, 영문학에서는 밀턴의 시와 산문『아레오파지티카(Areopagitica)』를 비판적으로 읽었다.

사람들은 때때로 나에게 대학에서 혼자 겪은 문제를 어떻게 극복할 수 있었느냐고 묻는다. 물론 나는 교실에서 사실상 외톨이나 마찬가지였으며, 교수들은 마치 전화로 이야기하는 사람처럼 먼 존재로 생각되었다. 강의는 되도록 재빨리 내 손에 쓰여져 교수들의 개성은 거의 다 망각하기 마련이었다. 내 손을 재빨리 스치고 지나가는 말들은 마치 산토끼를 뒤쫓아가면서도 때때로 놓치고 마는 사냥개와 같았다. 그렇다고 이런 점이 열심히 필기를 계속하고 있는 다른 학생들보다 크게 불리한 처지에 있었다고는 생각하고 싶지 않다. 귀로 듣는 것과 그것을 재빨리 필기하는 기계적인 활동에 마음이 팔려 있으면 방금 말한 문제나 그 설명 방법에 대해 주의를 집중할 수 없을 것이다. 내 손은 강의 중 듣기에 바빠 필기할 수도 없었다. 그러므로 대개 집에 돌아가서 생각나는 것만 노트해 두었다. 나는 예제나 작문, 비평, 테스트 등을 타이프로 쳤으므로 교수들은 내 지적 수준이 어느 정도인지 알아보는데 조금도 어려움을 느끼지 않았을 것이다. 라틴어 시를 공부하기 시작했을 때, 나는 여러 가지 운율과 모음 장단을 나타내는 기호를 생각해 내어 그것을 교수들에게 설명했다.

각 학과에 필요한 책 중에서 시각장애인용으로 인쇄된 것은 매우 적었으므로 여전히 설리번 선생님이 수업 내용을 내 손바닥에 써주어야만 했다. 그러므로 학과 준비에 다른 학생들보다 많은 시간이 걸렸다. 지화로 말미암아 시간이 오래 걸릴 뿐더러 나에게는 그들이 느끼지 못하는 문제가 있었다. 때로는 혼자서 독서실에 남아 문장을 읽어 나가는 데 필요 이상의 머리를 쓰면서 불안에 사로잡히기도 하고, 밖에서 학생들이 웃고 노래 부르면서 떠들어

대는 동안 나는 겨우 몇 장의 글을 읽기 위해 많은 시간을 허비해야 한다는 것을 생각하면 반항심이 치밀어 오르기도 했다. 그러나 나는 곧 쾌활한 마음을 되찾고 불만을 해소하도록 노력했다. 결국 참된 지식을 손에 넣으려는 사람은 누구나 '험한 산'을 혼자서 올라가야 하며, 정상에 이르는 왕도가 없는 한 먼 발치로 빙빙 도는 한이 있더라도 오르지 않으면 안 된다는 것을 깨닫게 되었다.

나는 몇 번이고 미끄러지고, 곤두박질하고, 주저앉고, 장애물에 부딪치고, 화를 내고, 침울해진 기분을 전환하면서 무거운 다리를 끌고 몇 발짝 앞으로 걸어갔다가 어느 정도 원기를 회복하여 더욱 열심히 높이 오르는 동안 점점 열리기 시작하는 지평선을 바라보게 되었다. 하나의 고투는 하나의 승리를 가져다주었으며, 조금만 더 가면 빛나는 구름에 손이 닿아 푸른 하늘과 그리운 고원에 도달할 수 있었다. 그런데 이와 같이 고군분투하는 동안에도 나는 결코 고독하지 않았다. 윌리엄 웨이드 씨와 펜실베이니아 맹아학교의 E. E. 앨렌 교장 선생님은 나를 위해 필요한 많은 책들을 점자로 만들어 주었다. 이분들의 친절은 그들 자신도 상상할 수 없을 만큼 나를 도와주고 격려해 주었다.

래드클리프 대학 2학년 때는 영작문, 영문학으로서의 성경, 미국과 유럽의 정치조직, 호라티우스의 송가(頌歌) 그리고 라틴어의 희극을 배웠다. 이 중에서 작문 수업이 가장 즐거웠으며, 그 교실은 언제나 활기에 넘치고 기지가 풍부했다. 작문을 가르친 찰스 타운센드 코플런드 선생님은 내가 지금까지 가르침을 받은 어떤 분보다도 원문의 신선미와 생기를 잃지 않고 문학 자체를 학생들에게 전달하는 요령을 터득하고 있었다. 한 시간 동안 우리는 불필요한 해석이나 설명에 구애되지 않고 옛 대가들의 작품의 아름다움을 맛보고, 그들의 훌륭한 사상에 접할 수 있었다. 우리는 야훼와 엘로힘(히브리어로 신

헬렌 켈러 자서전 〈나의 인생〉

또는 조물주라는 뜻-역주)의 존재를 잊고, 다만 마음속으로 구약성서의 아름다운 우렛소리를 기꺼이 받아들여 정신세계와 외부 세계의 영원한 조화 속에 사는 최고의 걸작으로 감상할 수 있었다는 기쁨과 그와 같은 아름다운 고전에서만 새로운 것이 나올 수 있다는 확신을 가지고 교실에서 나왔다.

그 1년은 나의 가장 행복한 해였다. 나는 특히 좋아하는 경제학이나 엘리자베스 왕조의 문학을 공부하고, 조지 L. 키트리지 교수에게서 셰익스피어를, 조시아 로이스 교수에게서 철학사를 공부했다. 철학을 통하여 우리는 전에도 유무 관계가 없고, 또 합리성도 있지 않은 것으로 생각되던 먼 고대의 전통이나 사상에 관해 이해하고 가까이 할 수 있게 되었다.

그러나 대학은 보편적인 학문과 예술의전당은 아니었다. 위대한 사람이나 현명한 사람을 찾아볼 수는 있지만, 우리는 그들과 살아있는 접촉을 가질 수 없었다. 그들은 미라가 다 된 것처럼 생각되었다. 우리는 금이 간 학문의 껍질에서 그들을 끄집어내어 해부를 하고 분석해야만 비로소 한낱 물거품이 아니라 진지한 밀턴이요, 이사야(구약시대의 예언자-역주)가 있다는 것을 알게 된다. 위대한 예술작품에 대하여 느낄 수 있는 우리들의 기쁨은 이해력보다도 오히려 공감의 깊이에서 오는 것임을 잊어버린 학자가 많은 것으로 생각되었다.

무엇보다도 딱한 것은 그들이 모처럼 정성껏 공들여 써놓은 해설이나 주석 중에서 우리의 기억에 남는 것이 거의 없다는 점이었다. 우리의 마음은 나무가 다 익은 과일을 떨어뜨리듯이 그것들을 떨어뜨려 버린다. 한 포기의 꽃과 뿌리와 줄기, 그 밖의 다른 부분이나 성장의 모든 과정을 연구하는 것은 하늘이 내리는 이슬에 방금 씻긴 신선한 꽃을 관상하는 것과 다름이 없다. 나는 몇 번이나 초조한 마음으로 '어찌하여 나는 이와 같은 해석이나 가설에 시달려야 하는가?' 하고 자문해 보기도 했다. 그것들은 내 마음속을 눈먼 새처럼 함부로 파닥이면서 날아다니고 있었다.

나는 결코 우리가 읽는 훌륭한 문학 작품에 대하여 완전한 지식을 위한 노력을 배격하려는 것은 아니다. 다만 작품에 대한 견해는 인간의 수만큼 다양하다는 것을 보여주는데 그치는 무수한 주해와 우리를 오리무중에서 헤매게 하는 비평에 대하여 이의를 제기할 뿐이다. 그러나 키트리지 교수와 같은 훌륭한 학자가 문호들의 말을 해석할 때는 마치 눈먼 자에게 새로 빛이 주어진 느낌이 들었다. 그는 시인 셰익스피어를 우리 마음속에 소생시켜준 분이다.

대학 생활에서 내가 가장 두렵게 생각하는 괴물은 시험이었다. 지금은 몇 번이나 놈들과 겨루어 때려눕혀 버렸지만, 그래도 놈들은 다시 떨치고 일어나 창백한 얼굴로 나를 위협하며, 나중에는 밥 에이커스(셰리든의 희극 〈연적〉에 나오는 등장인물-역주)처럼 용기가 내 손가락 끝으로 빠져나가는 것을 느꼈다. 이 시험을 보기 전 며칠 동안은 까다로운 공식이나 어려운 연대 등을 머릿속에 쑤셔 넣기에 분주하며, 그것이 또한 심히 입에 쓴 음식이라 나중에는 책이나 학문 그리고 자기의 몸뚱이까지도 다 바닷물에 깊숙이 던져버리고 싶어진다.

드디어 수험생들이 두려워하던 시간이다. 만일 당신의 최대 노력이 헛되지 않는다면 당신은 참으로 운이 좋은 사람이다. 그러나 승리의 나팔을 불기에는 힘에 부치는 경우가 너무나 많다. 실로 난처한 일은 불행한 기억력과 날카로운 판단력을 가장 필요로 하는 순간에 그런 능력이 멀리 날아가 버리는 것이다. 또한 당신이 그토록 애써 저축한 지식이 결정적인 찰나에 당신을 외면하는 것이다.

아무튼 래드클리프의 생활이 아직 미래의 것일 때는 낭만적인 광채로 빛났으나, 지금은 그것도 소멸해 버렸다. 그러나 낭만적인 것에서 현실적인 것으로 옮아가는 동안에 나는 이런 경험이 없었으면 결코 알 수 없었으리라 생각되는 많은 것을 배우게 되었다. 그 하나는 인내라는 학문이었다. 그것은 우리에게 이렇게 가르친다. 교육이란 모든 인상에 대하여 마음의 문을 열고 유유히 시골길을 산책하고 있는 것과 같다. 이렇게 해서 얻은 지식은 소리 없이 밀려드는 깊은 사상의 물결로 화하여 눈에 보이지 않는 영혼을 적셔 준다.

지식은 힘이다. 아니 지식은 행복이다. 왜냐하면 넓고 깊은 지식을 소유한다는 것은 그릇된 목적과 올바른 목적을 구별하고 저급한 것과 고귀한 것을 분별할 수 있다는 것을 의미하기 때문이다. 그러므로 인간이 위로 향상된 과정을 보여주는 사상이나 행위를 안다는 것은 몇백 년을 통하여 인류의 위대한 심장의 고동을 느끼는 것을 말한다. 만일 사람이 그와 같은 고통 속에 하늘 높이 지향하는 노력을 감지하지 못한다면, 그는 진실한 삶의 화음에 귀머거리가 되어 있다고 말해야 할지도 모른다.

내 인생의 책들

지금까지 내 생애에 일어났던 많은 일들을 살펴보았으나 책에 얼마나 많은 신세를 졌는지에 대해서는 그다지 이야기하지 않았다. 기쁨이나 지혜뿐만 아니라, 일반 사람들이 눈이나 귀로 얻는 지식까지도 나는 책에서 얻었다. 그만큼 나의 학업에 있어서 책은 일반 사람보다 훨씬 많은 의미가 있다. 그래서 가장 먼저 책을 읽기 시작한 때로 거슬러 올라가 이야기하려고 한다.

내가 처음으로 이야기책을 읽은 것은 1887년 5월이었으며, 그때 나이는 일곱 살이었다. 그 후로 오늘에 이르기까지 손가락 끝이 닿을 수 있는 책은 모조리 열심히 탐독했다. 앞에서도 말한 바와 같이 나는 교육을 받기 시작한 처음 몇 해 동안은 규칙적으로 공부를 하지 않았고, 계획을 세워 책을 읽지도 않았다.

처음에 나에게는 몇 권의 점자책이 전부였다. 이를테면 초보자를 위한 독본이나 어린이를 위한 이야기책과 『우리의 세계』라는 지구에 관한 책 정도였다. 그러니까 이것이 내가 갖고 있던 책의 전부였지만, 나는 이 책들을 몇 번이고 되풀이하여 읽어서 나중에는 점자가 거의 다 닳아서 사라져 읽을 수 없을 지경이 되었다. 당시에도 설리번 선생님은 내가 이해할 수 있을 만한 짧은 옛말이나 시 같은 것을 지화법으로 읽어 주셨지만, 나는 누가 읽어주는 것보다 스스로 읽는 것을 좋아했다. 내 마음에 드는 부분을 몇 번이고 되풀이해서 읽는 것이 좋았기 때문이다.

내가 본격적인 독서를 시작한 것은 처음으로 보스턴에 갔을 때이다. 나는 날마다 일정한 시간에 학교 도서관에 가서, 허락을 받고 서가에서 책을 닥치는 대로 꺼내어 읽었다. 나는 읽고 또 읽었다. 열 단어 중 한 단어밖에 몰라도 혹은 한 페이지 가운데 두 단어밖에 몰라도 끝까지 읽어 내려갔다. 말 자체가 내 마음을 끌었던 것이다. 그렇지만 내가 무엇을 읽고 있는지는 전혀 생각해 보지 않았다. 그럼에도 당시의 나는 상당히 감수성이 예민한 편이었다고 생각한다. 그 증거로, 전혀 뜻을 모르는 말이나 문장을 많이 기억하여 나중에 내가 무슨 이야기를 하거나 글을 쓸 때 그 말이나 문장을 자연스럽게 떠올려서 친구들은 나의 풍부한 어휘에 놀랄 정도였다. 나는 많은 책들을 부분적으로 - 그 무렵에 나는 끝까지 읽은 책이 단 한 권도 없었다고 기억한다 - 그리고 많은 시를 이해하지 못하며 읽었다. 그러다가 『소공자』를 발견했는데, 이것이 내가 이해하면서 읽은 첫 번째 책이다.

어느날 설리번 선생님은 내가 도서실 한 모퉁이에서 『주홍글씨』(미국 문학자 너새니얼 호손의 걸작-역주) 한 페이지를 열심히 읽고 있는 것을 보았다. 그때 내 나이가 여덟 살이었는데, 선생님은 나에게 소녀 펄(주홍글씨에서 죄의 자식으로 태어난 소녀의 이름-역주)을 좋아하느냐고 물어보기도 하고 또 내가 잘 알지 못하는 말을 몇 개 설명해 주기도 했다. 그리고 선생님은 어떤 소년에 관한 이야기가 있는데, 이것은 『주홍글씨』보다도 더 내 마음에 들 것이라고 말했다. 그 책의 이름은 『소공자』이며, 돌아오는 여름에 몸소 그것을 읽어주겠다고 약속해주셨다. 그러나 우리가 이 책을 읽기 시작한 것은 8월에 들어가서였다. 바닷가에 도착한 처음 몇 주일 동안은 신기한 일과 재미있는 일뿐이라 책이 있다는 것조차 잊고 있었다. 그리고 선생님은 돌아와서 나를 두고 보스턴의 친구를 찾아갔다.

선생님이 돌아와서 맨 처음에 시작한 일은 『소공자』를 읽는 것이었다. 이 이야기의 첫 장을 열심히 읽은 때와 장소를 나는 지금도 분명히 기억하고 있다. 그것은 8월의 더운 오후였다. 우리는 집에서 조금 떨어진 곳에 있는 커다란 두 그루의 소나무 가지에 매어놓은 그네에 함께 앉아 있었다. 그날 오후에 우리는 되도록 오랫동안 책을 읽기 위해 점심을 먹고 설거지를 빨리 마쳤다. 무성한 숲을 헤치고 그물침대를 향해 발길을 재촉할 때 메뚜기들이 날아와 옷에 마구 매달리자 선생님은 그것을 일일이 손으로 떼어버리지 않고서는 앉지 않았으며, 나에게는 그것이 시간을 헛되이 보내는 것으로만 생각되었다. 그물침대 위에는 소나무 잎사귀들이 잔뜩 쌓여 있었다.

따스한 햇살이 소나무에 비추어 송진 냄새를 사방에 내뿜고, 상쾌한 공기에는 바다 냄새가 감돌고 있었다. 설리번 선생님은 책을 읽기 전에 나에게 어려운 대목을 미리 설명하고, 함께 읽어 나가면서 새로운 낱말의 뜻을 가르쳐 주었다. 처음에는 내가 모르는 말이 많이 나와 때때로 읽기를 중단하고 설명할 필요가 있었으나, 이야기의 줄거리가 잡히기 시작하자 나는 이야기 쪽에 완전히 정신이 팔려 낱말 하나하나에 유의하느라 여념이 없었다. 나는 설리번 선생님이 필요하다고 생각하신 설명까지도 흘려버리고 이야기를 재촉했고, 결국 선생님의 손가락이 피로하여 한 글자도 더는 쓰지 못할 지경이 되자 생전 처음으로 보고 듣지 못한다는 상실감을 느꼈다. 나는 그 책을 손에 들고, 영원히 잊을 수 없는 강한 욕구에 사로잡혀 인쇄된 글자를 손끝으로 더듬었다.

그 후로 나의 간절한 소망이 이루어져 아나그노스 씨가 이 이야기의 점자책을 만들어 주었다. 나는 몇 번이고 되풀이하여 읽었으므로 나중에는 거의 다 암기할 정도였다. 『소공자』는 나의 소녀 시절을 통하여 가장 온후하고 아름다운 친구였다. 내가 독자들에게 지루한 느낌을 주는 것을 두려워하면서도 이와 같이 상세히 쓴 것은, 나의 어린 시절의 독서에 대한 흐리멍텅하고 혼란된 기억과는 달리 얼마나 분명한 대조를 이루고 있는가를 보여주기 위해서이다.

그 후 2년 동안 나는 계속하여 집에 있을 때나 보스턴에 머물러 있을 때 많은 책을 읽었다. 그것이 어떤 책이었으며, 또 어떤 순서로 읽었는지 기억하고 있지 않지만, 내가 읽은 책들 중에는 『희랍 영웅전』, 라퐁텐의 『우화(寓話)』, 호손의 『신비스러운 이야기』, 『성서 이야기』, 램의 『셰익스피어 이야기』, 디킨스의 『어린이 영국사』, 『아라비안나이트』, 『스위스의 로빈슨 가족』, 『천로역정』, 『로빈슨 크루소』, 『작은 아씨들』, 그리고 『하이디』라는 아름다운 이야기 등이 있다.

나는 학과 공부를 열심히 하는 한편, 이 책들을 즐거운 마음으로 읽어 나갔다. 나는 이 책들을 깊이 연구하거나 분석하지 않았으며, 또 잘 쓰여졌는지 여부도 가리지 않았다. 그리고 문체나 작자에 대해서도 생각해 보지 않았다. 다만 이 책들은 내 발밑에 보석을 펼쳐 보이고, 빛이나 우정을 받아들이듯이 오직 그것을 거침없이 받아들였던 것이다. 나는 『작은 아씨들』도 즐겨 읽었는데, 그것은 눈과 귀가 성한 아이들에 대한 친밀감을 불러 일으켰기 때문이다. 여러모로 생활에 제한을 받을 수밖에 없는 나로서는, 이외의 세계를 알려면 아무래도 책을 뒤적이지 않을 수 없었다.

『천로역정』은 그다지 재미없었으므로 아마 끝까지 읽지 않은 것으로 기억하고 있다. 그리고 라퐁텐의 『우화』도 별로 마음에 들지 않았다. 『우화』는 영어 번역으로 먼저 읽었는데 이렇다 할 흥미를 느끼지 못했으며, 나중에 한 번 더 불어로 된 것을 읽었을 때도 생생한 묘사와 놀라운 용어의 구사에도 불구하고 처음 읽었을 때 이상으로 취미를 붙이지 못했다. 웬일인지 분명히 알 수 없으나 동물이 사람과 마찬가지로 이야기하거나 행동하는 것은 내 마음을 크게 자극하지 못했다. 그것은 동물의 익살맞은 풍자화 쪽에 마음이 끌려 우의(寓意)와 교훈을 염두에 둘 여념이 없었기 때문일지도 모르겠다.

라퐁텐은 좀처럼 우리들의 고차원적인 도덕 감정에 호소하지 못했다. 그가 주장하는 것은 요컨대 이성과 자기애이다. 우화 전체를 통하여 인간의 도덕은 오직 자기애에서 비롯된 것으로, 그 자기애가 이성에 의해 인도되고 억제되기만 하면 행복은 자연히 따르게 마련이라는 사상이 주류를 이루고 있다. 나로서는 자기애가 모든 죄악의 근원인 듯이 생각되었는데, 이것은 물론 내가 생각한 것이다. 반드시 익살이 섞인 풍자적인 우화를 배격하는 것은 아니지만, 원숭이나 여우같은 것을 등장시켜 소중한 진리를 가르치려는 우화가 싫었을 뿐이다. 그래도 역시 라퐁텐은 인생 문제에 대해 나 같은 사람은 도저히 따를 수 없는 예리한 관찰의 기회가 많이 있었을 것이다.

그러나 나는 『정글북』이나 『시턴 동물기』는 매우 좋아한다. 즉 동물 자체에 대해서는 커다란 흥미를 느낀다. 진짜 동물이고 인간의 풍자화가 아니기 때문이다. 우리는 그들의 애정이나 증오에 공감하며, 그들의 희극에 웃고 그들의 비극에 운다. 설사 그들이 어떤 교훈적인 내용을 가리키고 있더라도 매우 미묘하므로 우리는 그것을 의식하지 못한다.

나는 자연히 고대의 사상에도 마음이 끌렸다. 고대 희랍은 나에게 신비로운 매력을 안겨주었다. 내 상상의 세계에서는 여전히 이교(異敎)의 신들과 여신들이 지상을 걸어가기도 하고, 사람들과 함께 이야기를 주고받는 것이었다. 그리고 내 마음속에는 내가 가장 사랑하는 신들을 위해 어느새 신전이 세워져 있었다. 나는 요정들이나 영웅, 반신반인(半神半人)을 모두 알고, 이들을 사랑하고 있었다. 메데이아(금으로 된 양을 얻기 위해 온 이아손을 도와주는 여인-역주)와 이아손(배를 타고 금으로 된 양을 얻으러 가서 메데이아를 아내로 삼았으나 나중에 죄악을 저질러 메데이아에게 복수를 당한다-역주)의 잔인성과 탐욕은 너무나 두려워 잊을 수 없다. 나는 신들이 이들에게 악을 저지르는 것을 허용하면서, 어찌하여 그 죄악으로 말미암아 처벌되는지 이상하게 생각했다. 그리고 이 수수께끼는 지금도 나에게는 풀리지 않고 있다.

　　신은 어찌하여 보고만 있을까,
　　죄가 그 집에 침입하고 있는데?

　다음에 희랍을 나의 낙원으로 만들어 준 것은 『일리아드』였다. 원문으로 읽기 전부터 트로이의 이야기는 잘 알고 있었으므로 문법을 끝낸 후로는 희랍어로 그 보고를 열기가 별로 어렵지 않았다. 위대한 시는 희랍어든 영어든 거기에 감응하는 마음 이외의 통역자를 필요로 하지 않는다. 시인의 위대한 작품을 분석하거나 해설과 주식을 붙여 번거롭게 하는 학자들이 단순한 진리를 깨달았으면 하고 나는 얼마나 원했는지 모른다.
　한 편의 아름다운 시를 올바로 이해하고 감상하기 위해 하나하나 낱말의 의미를 추구하거나 그 동사의 변화를 지적하고 문장의 문법적인 관계를 설명하는 것이 반드시 필요하지는 않는다. 그러므로 똑똑한 교수들이 『일리아드』 속에서 나 같은 것은 도저히 상상도 하지 못할 위대한 보물을 발견하게 되겠지만, 나는 그런 욕심은 내고 싶지 않다. 나는 남들이 나보다 현명하다는 데 만족하고 있다. 그러나 그들도 그 넓고 깊은 지식에도 불구하고, 나와 마찬가지로 이 훌륭한 서사시에 대한 아름다움의 전부는 도저히 측정할 수 없을 것이다. 『일리아드』의 가장 아름다운 대목을 읽으면 생활의 궁색에서 나를 끌어 올리는 일종의 영감을 의식하게 된다. 나의 육체적인 결함은 잊어버리게 되며, 내면의 세계는 점점 높아지고 넓어져 하늘의 높이와 폭과 넓이가 다 내 것이 되는 것처럼 생각되기도 한다.

나는 『아이네이스』에서도 순수한 아름다움을 느낄 수 있었으나 『일리아드』만큼은 느끼지 못했다. 나는 되도록 주석이나 사전의 도움을 벌지 않고 읽어 나가면서, 특히 감동한 대목은 번역해 보려고 했다. 베르길리우스의 묘사에는 가끔 놀라지 않을 수 없었다. 그의 작품에서 신이나 인간은 엘리자베스 시대의 가면극에 나오는 아름다운 인물처럼 정열과 투쟁과 비애와 연애 장면에서도 조용히 스쳐서 지나가 버린다. 이와 반대로 『일리아드』의 경우는 등장인물들이 대뜸 세 단계씩 뛰어오르면서 노래를 부른다. 베르길리우스는 달빛을 받고 서 있는 아폴로의 대리석상처럼 깨끗하고 우아하며, 호머는 백일하에 머리칼을 바람에 나부끼면서 서 있는 아름답고 생기발랄한 젊은이와 같다.

이와 같이 책의 날개를 타고 하늘을 날아다닌다는 것은 얼마나 쉬운 일일까? 『희랍 영웅전』에서 『일리아드』에 이르려면 하루의 여행으로는 어림도 없으며, 또 그 여행이 언제나 즐겁기만 한 것도 아니다. 문법이나 사전의 미로를 지친 다리를 끌고 걸어가거나, 지식을 추구하는 사람들을 괴롭히기 위해 학교에서 정한 시험이라는 두려운 함정에 빠지기도 하는 동안에 사람들은 세계를 몇 번이나 돌아다닐 수 있을 것이다. 나는 이와 같은 순례 의식이 결국 그만한 보람이 있었다고 생각하지만, 길모퉁이를 돌아 때때로 대하게 되는 경탄에도 불구하고 나는 이 여행이 무척 지루하게 생각되었다.

내가 성경을 읽기 시작한 것은 그것을 이해할 수 있기 훨씬 이전의 일이었다. 지금 생각해 보면 성경의 놀라운 화음에 대하여 내 영혼이 미리 알아차리지 못한 것이 이상하게 생각될 정도다. 어느 비 오는 일요일 아침, 심심했던 나는 사촌에게 성경 구절을 읽어달라고 부탁했다. 사촌은 내가 이해하지 못할 것이라 생각하면서도 요셉과 그 형제들의 이야기를 손바닥에 써주었다. 아닌 게 아니라 어찌 된 영문인지 조금도 재미가 없었다. 이상한 어투와 같은 말의 반복이 이야기를 현실성이 떨어지는 먼 가난한 땅의 것으로 만들어버렸다. 결국 나는 형제들이 여러 가지 색깔의 옷을 걸치고 야곱의 텐트를 찾아와 거짓말을 하는 대목에서 그만 잠들어 버렸다. 나는 어찌하여 희랍인들의 이야기는 그처럼 매력적인데, 성경의 이야기는 그렇게 흥미를 끌지 못하는지 까닭을 알 수 없었다.

그러나 시간이 한참 흐른 후 성서 속에서 발견한 기쁨을 나는 어떻게 표현해야 좋을지 모르겠다. 나는 오늘에 이르기까지 이미 오랫동안 점점 커가는 기쁨과 영감으로 성경을 읽고, 다른 어느 책과도 비교가 되지 않을 만큼 성경을 아끼고 있다. 그러나 성경에는 나의 모든 본능이 대항하는 많은 요소가 있는 것도 사실이다. 게다가 그것은 성경을 처음부터 끝까지 읽어야 할 필요를 성가시게 여길 정도로 심한 것이었다. 나는 성경의 역사나 기원에 대하여 배운 지식에서 오는 기쁨이 그 지식을 얻기 위해 읽어야 했던 여러 가지 불쾌감을 보충해 줄 것으로 생각하지 않는다. 나로서는 하우엘 박사와 마찬가지로 과거의 문학에서 모든 추악하고 야만스러운 면이 정화되기를 바라고 있지만, 그렇다고 해서 그 위대한 작품들이 약화되거나 오해받는 폐단에 대해서는 누구보다도 반대하고 싶다.

구약 성경 「에스더서」의 단순하고 솔직한 면은 고개가 절로 숙여진다. 에스더가 고약한 왕 앞에서 그 악독함을 비난하는 장면처럼 극적인 것이 또 있을까? 그녀는 자기의 목숨이 왕의 수중에 있다는 것을 잘 알고 있었다. 누구도 왕의 분노에서 그녀를 지킬 수는 없었다. 그러나 여인으로서 온갖 두려움을 이기고, "나는 죽으면 그뿐이다. 그러나 내가 살면 우리 나라 국민이 다 살 수 있다"라는 오직 하나의 신념으로 높은 애국심에 불타 왕 앞에 나갔던 것이다.

또한 룻은 참으로 진실하고 온유한 사람으로, 바람에 흔들리는 보리밭에 나가 보리를 베는 사람들과 함께 서 있는 그 모습을 우리는 사랑하지 않을 수 없다. 아름답고 욕심 없는 영혼은 잔인한 암흑시대의 밤하늘에 더욱 강하게 반짝이는 별처럼 빛나고 있다. 룻과 같은 진실한 사랑은 세상에서 좀처럼 찾아볼 수 없을 것이다. 이처럼 성경은 나에게 눈에 보이는 것은 일시적이요, 보이지 않는 것이 영원하다는 깊은 위안을 안겨 주었다.

나는 책을 사랑할 줄 알게 된 후로 셰익스피어를 사랑하지 않은 적이 없다. 내가 언제 램의 『셰익스피어 이야기』를 읽기 시작했는지 확실히 기억하고 있지 않지만, 처음에는 뜻도 모르면서 재미있게 읽은 것을 기억하고 있다. 특히 『맥베스』는 가장 깊은 인상을 주었으며, 단 한 번 읽고 나서도 이야기 전체가 내 기억 속에 생생하게 남아 있었다. 그리고 오랫동안 유령과 마녀들의 꿈을 꾸었으며, 단검과 맥베스 부인의 조그마한 흰 손이 환히 눈앞에 떠올랐다. - 처참한 핏자국은 슬픔에 가득 찬 황후의 눈에 비친 것처럼 내 눈에 선명히 비쳤다.

『맥베스』 다음으로는 『리어왕』을 읽었다. 글로스터의 두 눈을 도려내는 장면에 이르렀을 때의 두려움은 한평생 잊을 수 없을 것이다. 나는 의분에 못 이겨 몸을 한참이나 부르르 떨었으며, 어린이가 느낄 수 있는 최대의 분노가 가슴에 치밀어 올랐다.

나는 샤일록과 마왕을 같은 시기에 알게 된 것으로 기억한다. 이 두 사람은 내 마음속에서 오랫동안 혼잡을 이루고 있었다. 나는 이들을 가엾게 생각했다. 아무도 그들을 돕는 자가 없고 공평한 기회를 주는 자도 없으므로, 그들이 아무리 선량해지려고 노력해도 그렇게 될 수 없을 것이라고 막연히 느꼈다. 지금도 나는 그들을 함부로 비난할 생각은 없다. 나는 샤일록이나 유다 혹은 마왕까지도 선이라는 커다란 바퀴가 부러진 한 토막과 같은 것으로, 때가 오면 수신되어 올바른 기능을 발휘할 수 있으리라고 생각한다.

내가 처음으로 셰익스피어를 읽었을 때 이처럼 많은 불쾌한 기억이 내 마음에 남게 된 것은 이상한 일이 아닐 수 없다. 그 당시에는 명랑하고 부드럽고 꿈 많던 희곡은 - 지금은 제일 좋아하지만 - 조금도 흥미를 느끼지 못했다. 아마도 아이들의 생활에는 명랑함이 습관적으로 따르므로 이 희곡도가 밝은 내용이 특히 진귀하게 생각되지 않았던 모양이다. 그러나 아이들의 기억만큼 못 미더운 것도 없다. 무엇을 기억하거나 또 무엇을 잊어버리거나 모두가 자기 멋대로니까. 그 후에 나는 셰익스피어의 희곡을 몇 번씩이나 읽고 여러 대목을 외웠으나, 그중에서 어느 것이 제일 마음에 들었는지 이제는 알 수 없다.

내가 셰익스피어에게서 느끼는 기쁨은 내 기분과 마찬가지로 때에 따라 변한다. 짤막한 노래나 소네트도 희곡과 마찬가지로 신선하고 놀라운 의미가 있다. 그런데 셰익스피어는 좋아하지만, 비평가나 주석자가 주장하는 견해들을 그의 시 속에서 찾아보려는 마음은 전혀 없었다. 전에도 그들의 해석을 기억하려고 노력한 적이 있지만, 아무래도 마음이 내키지 않고 성가시기만 했다. 그러므로 나는 벌써 그와 같은 노력은 하지 않기로 몰래 마음속에 다짐했다. 내가 이 다짐을 어긴 것은 오직 키트리지 교수에게서 셰익스피어를 공부할 때뿐이었다. 셰익스피어의 작품도 그렇지만, 이 세상에는 내가 이해할 수 없는 일이 많이 있다는 것을 나는 잘 알고 있다. 그러므로 그 미지의 베일이 한 장 벗겨지며, 새로운 사상과 미의 세계가 열리는 모습을 목격하는 것은 커다란 기쁨이다.

시 다음으로 내가 좋아하는 것은 역사이며, 나는 손에 넣을 수 있는 역사책은 모조리 읽었다. 무미건조한 사실이나 그보다도 더욱 싱거운 한갓 연대의 나열에 지나지 않는 것에서 그린의 공정하고 생생한 『영국 민중사』에 이르기까지 그리고 프리먼의 『유럽사』에서 에머튼의 『중세사』에 이르기까지 다양했다. 나에게 역사의 가치를 조금이나마 깨닫게 해준 것은 내가 열세 번째로 맞는 생일 선물로 받은 스윈턴의 『세계사』였다. 오늘에 와서는 별로 가치있게 생각되지 않을 테지만, 그래도 나는 그때 이후로 이 책을 소중한 보물처럼 대하고 있다. 나는 이 책에 의해 민족의 국가에서 국가로 퍼져나가 위대한 도시를 건설한 경위와 지상의 거인이라고 할 수 있는 소수의 위대한 지도자가 모든 것을 발밑에 짓밟아 버리면서 결정적인 한마디로 몇백만 인에게 행복의 문을 열어주기도 하고, 혹은 몇백만 인에게 그것을 닫아 버리기도 한 일이며, 여러 나라가 예술이나 지식의 개척자로서 앞장을 서고, 돌아올 시대의 보다 큰 성장을 위해 황야를 개간하거나, 타락한 시대의 치명적인 타격을 받고서도 문명이 더욱 고귀한 북방 민족 사이에서 불사조처럼 다시 부흥된 경우나, 위대한 성현이 자유와 관용과 교육으로 세계를 구제하기 위해 길을 연 모습 등을 배우게 되었다.

 대학에서 공부를 계속하는 동안 나는 프랑스와 독일 문학을 가까이 할 수 있었다. 독일 사람은 생활에 있어서나 문학에서도 미보다 힘을 존중하고 인습보다 진리를 귀히 여기며, 그들의 행위는 쇠망치와 같은 힘을 지니고 있다. 그들의 이야기는 남의 마음을 움직이기 위해서가 아니라, 그들의 영혼 속에서 불타오르는 사상을 배설하지 않고서는 심장이 터지는 것 같이 느껴지기 때문에 쓰인 것이다.

 그리고 독일 문학에는 내가 사랑하는 아름다운 작품들이 많다. 나를 무엇보다도 감격하게 한 것은 문학에 나타난 여인들이 사랑하는 사람을 위해 자기를 희생하는 이야기에서 느낄 수 있는 속죄적인 효과였다. 이러한 사랑은 독일 문화의 저류(低流)를 이루고 있으며, 괴테의 『파우스트』에는 매우 신비로운 말로 표현되어 있다.

사라져가는 이 세상의 온갖 것은
오직 상징으로서만 남을 뿐
대지는 무상하기 짝이 없건만
나무는 잘도 자란다.
그리고 여인의 영혼이
우리를 높은 곳으로 인도하여
귀한 열매를 맺게 한다.

내가 읽은 프랑스 문학자 중에서는 몰리에르와 라신을 가장 좋아한다. 발자크나 메리메의 작품에는 거센 바닷바람처럼 읽는 사람의 마음을 후려치는 그런 아름다움이 있다.

그런데 알프레드 드 뮈세는 그렇지 않다. 나는 빅토르 위고를 찬양한다. - 그의 천재적이고 화려한 문체 그리고 그의 낭만을 - 설사 그가 나의 가장 사랑하는 문학자는 아니라고 하더라도 말이다. 아무튼 위고나 괴테, 쉴러 그밖에 여러 나라의 위대한 시인들은 모두가 영원한 것의 통역자로서 내 영혼은 간신히 그들의 뒤를 따르며, 아름다움과 진리와 선이 혼연히 하나로 융합된 세계로 인도 한다.

지금까지 책에 대해 너무 길게 쓴 것 같지만, 나로서는 제일 좋아하는 작가들에 대해서만 언급했을 뿐이다. 이것을 보고 마음의 친구들의 범위가 너무 비좁고 비민주적이라고도 생각할지 모르지만, 그것은 큰 오해이다. 나는 각각 다른 이유에서 많은 문학자들을 사랑하고 있다. 칼라일은 그 엄숙하고 거짓에 대한 욕설 때문에 사랑하고, 워즈워스는 자연과 인간이 하나라는 가르침으로 사랑한다. 그리고 후드(토마스 후드 1798~1845, 영국의 시인이며 비평가-역주)의 기행과 기상 속에서 기쁨을 찾아내고, 헤릭(로버트 헤릭 1591~1674, 영국의 시인-역주)

의 시에 표현된 백합과 장미의 상쾌한 향취를 좋아한다. 휘티어는 그 정열과 결백 때문에 사랑하며, 특히 그와는 친분이 있어 그리운 우정으로 그의 시를 읽고 두 배의 기쁨을 느낀다. 나는 마크 트웨인을 사랑한다. 누가 그를 사랑하지 않을 수 있을까? 신들도 그를 사랑하여 그의 마음속에 온갖 지혜를 주고, 그가 염세주의자가 되지 않도록 신앙을 주었다. 그리고 참신함과 활력과 정직함을 지닌 스콧을 좋아한다. 나는 로웰처럼 낙천주의 빛을 받아 화끈거리는 마음을 소유한 모든 문학자 - 때로는 분노를 느끼면서도 동정과 슬픔이 한데 뭉쳐 훨훨 타오르는 정열적인 작가를 사랑한다.

그리하여 문학은 나의 유토피아가 되었으며, 이곳에서는 나는 어떤 권리도 박탈당하지 않는다. 또한 감각 기관의 장애 때문에 이런 친구들과 즐거운 대화를 나누는 데 방해가 되는 일이 없다. 그들도 전혀 불편을 느끼거나 어색함을 느끼지 않고 나에게 이야기를 들려주었다. 내가 외우고 배운 것을 다 합쳐도 그들의 '큰 사랑과 타고난 자비'와 비교하면 부끄러울 정도로 초라하기 짝이 없다.

22
자연에서 받은 즐거운 인상

지금까지 내가 쓴 것을 제대로 보았다면 내가 책을 읽는 것 이외에 다른 즐거움을 누리지 못했으리라 생각하는 사람은 없을 것이다. 나의 기쁨이나 즐거움은 이 밖에도 얼마든지 있다.

나는 이미 여러 번 전원과 야외 활동을 즐겼다는 이야기를 했다. 내가 아직 꼬마일 때부터 노를 젓고 헤엄치는 것을 배우며 매사추세츠의 렌담에서 보낸 여름에는 거의 보트 위에서 살다시피 했다. 그 당시에 나로서는 놀러 온 친구들을 배에 태우고 노를 저으며 돌아다니는 것보다 더 즐거운 일은 없었다. 물론 보트의 방향을 잘 잡을 수 없었으므로 언제나 누가 보트의 한끝에 앉아서 내가 노를 젓는 동안 키를 잡아 주었다.

부평초나 연꽃이나 강변에 자라는 풀숲의 향기에 의지하고 배를 저어 나가는 것은 무엇보다도 즐거운 일이다. 나는 물의 저항으로 잘 저어 나가는지 또는 물에 거슬러 배를 이끌어가는 것이 아닌지 쉽사리 알 수 있었다. 그리고 바람이나 파도와 싸우는 것도 재미있었다. 나의 의지와 근육에 얌전히 따르는 조그마한 보트로 반짝거리는 배를 드러내면서 밀려오는 파도 위를 가볍게 미끄러져 달아나거나 여유 있게 물이랑을 타는 것보다 더 짜릿한 일은 없었다.

나는 카누를 타는 것도 좋아했다. 내가 달 밝은 밤에 카누를 물 위에 띄우는 것을 특히 좋아했다고 하면 모두 웃을지도 모른다. 나는 소나무 가지 사이에서 밝은 빛을 던지면서 조용히 하늘 높이 떠오르는 달을 눈으로 볼 수 없지만 달이 하늘 높이 떠 있는 것을 알고, 자리에 누워서 뒹굴며 손을 물에 적실 때 스쳐 가는 달의 여신의 치맛자락을 비추는 달빛을 만질 수 있을 것만 같았다. 때때로 대담한 작은 물고기가 나의 손가락 사이를 빠져나가기도 하고, 연꽃이 부끄러운 듯이 살짝 내 손을 만지기도 했다. 그리고 간혹 작은 만이나 강기슭의 후미진 곳에서 배를 저어 나올 때, 나는 갑자기 내 주위에서 풍겨오는 대기를 의식하고 일종의 밝은 온기가 나를 에워싸는 듯이 생각되었다. 그것이 햇살을 담뿍 받은 나무에서 오는 건지 아니면 물에서 오는지 도저히 알 수 없었지만, 이와 마찬가지로 이상한 감각을 도시의 한복판에서 느끼기도 했다. 싸늘한 폭풍은 - 한낮이나 밤이나 그것을 느낄 때가 있었는데 - 마치 내 양 볼에 입을 맞추는 따뜻한 입술 같은 감촉이었다.

내가 좋아한 또 하나의 놀이는 돛단배를 타고 항해하는 것이었다. 1901년의 여름에 나는 노바스코샤에서 처음으로 바다와 친해질 기회가 있었다. 롱펠로우(1807~1882, 유명한 미국 시인. 〈에반젤린〉은 그의 아름다운 전원시-역주)의 아름다운 시로 마법과 같은 매력을 우리에게 주고 있는 〈에반젤린〉의 나라에서 며칠 동안 머문 설리번 선생님과 나는 다시 핼리팩스에 가서 여름의 대부분을 보냈다. 항구는 우리들에 기쁨을 담뿍 안겨주는 낙원이었다. 베드포드 만이나 맥내브 섬이나 요크 리다우트나 노스웨스트 암을 향해 범선으로 얼마나 즐거운 항해를 했는지 모른다. 그리고 밤마다 산더미 같은 조용한 군함 그늘에서 우리는 무척 한가롭고 멋진 시간을 보냈다. 그것은 실로 즐겁고 아름다운 한때로, 그 추억은 언제나 변치 않는 광채로 빛나고 있다.

그런데 언제인가 우리는 크게 혼난 일이 있었다. 노스웨스트 암에서 보트 레이스를 열어 각 군함에 소속된 배들이 참가했으므로, 우리도 다른 많은 사람들과 함께 범선으로 구경하러 갔다. 수백 개의 작은 범선들이 조용한 파도 위에 떠서 출렁거리고 있었는데, 갑자기 거센 바람이 몰아치면서 성난 파도가 장해물을 향해 덮치기 시작했다. 우리의 작은 보트는 대담하게 이 바람을 뚫고 앞으로 미끄러져 달아났다. 돛은 바람을 잔뜩 안고 밧줄은 철사처럼 팽팽하여 배는 마치 바람을 타고 날아가는 듯했다. 당장 큰 파도에 휩쓸리는가 싶더니, 다음 순간에는 높은 파도 위에 덜렁 솟아올랐다가 곧 성난 바람의 울부짖음에 아래로 푹 가라앉았다. 이리하여 파도를 가로지르기도 하고 진로를 변경하기도 하면서 우리는 노호하는 바람과 싸웠다. 우리의 심장은 심하게 고동쳤으며, 손은 두려움에서가 아니라 흥분한 나머지 부르르 떨렸다. 우리 핏줄에는 바이킹의 피가 뛰고 있었다. 우리는 선장이 능히 이 위기를 극복할 수 있는 훌륭한 분이라는 것을 잘 알고 있었다. 그는 태연스럽게 강한 팔과 바다에 익숙한 눈초리로 허다한 폭풍을 정복해 온 분이었다. 항구에서 큰 배와 전함들이 우리 곁을 지나면서 격려해 주었다. 선원들은 폭풍을 개의치 않고 앞을 헤쳐가는 작은 배의 선장에게 갈채를 보냈다. 이리하여 우리는 추위와 굶주림과 피로로 녹초가 되어서 드디어 목적지인 부두에 도달할 수 있었다.

지난여름은 뉴잉글랜드의 어느 아름다운 마을에서 보냈다. 그곳은 참으로 조용하고 아늑한 시골이었다. 매사추세츠의 렌담에는 나의 온갖 기쁨과 슬픔이 연결되어 있다. '필립 왕의 연못' 근처에 있는 레드 농장은 체임벌린 씨와 그 가족의 집일뿐 아니라, 나의 집이기도 했다. 나는 이들 친구의 친절과 이들과 함께 보낸 즐거운 날을 진심으로 감사하면서 돌이켜본다. 이 가족의 따뜻한 우정이 나에게는 매우 귀중한 것이었다. 나는 아이들의 놀이에 언제나 한몫 끼어 숲속을 산책하거나 물속에서 뛰어 놀았다. 내가 이야기하는 요정이나 난쟁이, 영웅, 곰 등에 관한 이야기를 듣고 꼬마들이 좋아하던 일을 추억하는 것도 즐거운 일이 아닐 수 없다. 체임벌린 씨는 나무나 들의 화초가 지닌 신비로운 세계에 나를 인도해 준 분으로서 덕분에 나는 작은 사랑의 두 귀로 참나무 속을 흐르는 진액의 소리를 듣기도 하고, 태양이 잎사귀마다 어루만지는 것을 볼 수 있게 되었다.

땅속 깊이 묻힌 나무뿌리도
높은 나뭇가지의 환희에 공명하고,
햇살과 하늘과 새들을, 자연의 공감으로
가슴에 새로 새긴다. 나도 또한 그렇듯이.

이런 의미에서 나는 눈에 보이지 않는 것의 존재를 확인할 수 있게 되었다.

나로서는 인간이 유사 이래로 경험해 온 인상이나 감정을 이해하는 능력이 인간에게 주어진 것으로 생각된다. 인간은 누구든 푸른 대지나 소근거리는 물에 대하여 일종의 잠재적인 기억이 있으며, 눈이 멀고 귀가 먹어도 인간에게서 지난날의 선물을 빼앗을 수 없다고 본다. 이 유전적인 능력은 일종의 육감이라고도 할 수 있으며, 하나에서 일체를 보고, 듣고, 느끼는 영감이다.

나는 렌담에서 많은 나무와 친구가 되었다. 그중에서도 아름다운 한 그루의 참나무는 나의 자랑이었다. 나는 가끔 친구들을 모두 데리고 이 나무의 임금을 보러 가곤 했다. 그것은 '필립 왕의 연못'을 내려다볼 수 있는 언덕 위에서 자라고 있었는데, 나무에 대하여 잘 아는 사람의 말에 의하면 800년에서 1000년 전부터 여기에 서 있었을 것이라고 했다. 이 나무 아래서 인디언 추장 필립 왕이 죽었다는 전설이 남아 있다.

나에게는 또한 거대한 참나무보다는 한결 가까이하기 쉬운 나무의 친구들이 있었는데, 그것은 레드 농장의 뒤에 있는 보리수였다. 그 사나운 소낙비가 내린 오후에 나는 벽에 무엇이 크게 부딪치는 소리를 느끼고 누가 나에게 가르쳐 주기도 전에 보리수가 쓰러진 것을 알아차렸다. 몇 번이나 심한 비바람에 견디어온 이 나무의 영웅이 용감하게 싸우다가 장렬하게 쓰러진 것을 보고, 나는 가슴이 미어지는 것만 같았다.

시험이 끝나자, 설리번 선생님과 나는 이 녹음이 우거진 시골로 갔다. 그곳에는 렌담의 이름을 세상에 널리 선전해 준 세 개의 호수가 있으며, 그 하나의 호반에 우리들의 작은 집이 있었다. 그리고 공부와 대학과 시끄러운 거리를 잊어버리고 렌담에서는 세상에서 일어나고 있는 일 - 전쟁과 동맹, 사회적인 투쟁 등 - 들은 간혹 바람결에 주워들을 뿐이었다. 우리는 먼 태평양에서 처참한 전쟁이 쓸데없이 일어나고, 자본가와 노동자들 사이에 투쟁이 전개되고 있다는 소식을 들었다. 우리는 이 낙원의 울타리 한집 저쪽에서 사람들이 푹 쉬는 편이 좋을 듯싶을 때도, 이마에 땀을 흘리면서 역사를 만들어 나가는 그런 일에는 전혀 관심이 없었다. 그런 이들은 조만간 사라지게 마련이니까 말이다. 여기에는 호수와 숲과 어린 국화로 수놓은 광야와 신선한 향기가 그윽이 풍기는 목장이 있다. 그리고 그것들은 모두 영원하다.

인간의 감각이 모두 눈과 귀를 통해서만 전해진다고 생각하는 사람들은 내가 길이 있고 없음을 알뿐더러 도시의 넓은 길과 시골길을 분간할 줄 아는 것을 보면 놀라고는 한다. 이들은 나의 전신이 주위의 상황에 대하여 민감하게 작용한다는 것을 모르고 있다. 도시 소음과 혼잡은 내 얼굴의 신경을 건드리고, 눈에 보이지 않는 군중들의 끊임없는 발소리는 내 몸에 전달되며, 비음악적인 소음은 내 신경을 자극한다. 딱딱한 포장도로 위를 굴러가는 무거운 짐수레나 단조로운 기계의 울림은 내 신경에 한결 강하게 작용한다. 눈으로 볼 수 있는 사람들은 이 소란한 거리가 언제나 보여주는 저 파노라마에 주의를 빼앗기는 일이 없기 때문이다.

시골에서는 단지 자연의 아름다운 작품만 보게 되므로 우리 영혼을 혼잡한 도시에서 볼 수 있는 바와 같이 살기 위한 참혹한 투쟁도 모르고, 슬픔도 모르고 살아간다. 나는 몇 번이고 가난한 사람들이 살고 있는 비좁은 거리를 찾아갔다. 생각건대 상류층에 속하는 사람들은 자기네들만 훌륭한 저택에서 호화롭게 살아가지만, 햇빛도 잘 들지 않는 초라한 집에서 움츠리고 살아가는 비참한 사람들이 있다는 사실에 나는 분노를 감출 수 없다. 헐벗고 영양부족으로 더러운 길모퉁이에 우글거리고 있는 아이들은 구걸을 위해 내미는 손을 당신이 때리기라도 하지 않을까 무서워하면서 몸을 피한다. 가엾은 꼬마들, 그들은 내 마음 속에 숨어서 언제나 나를 괴롭힌다. 그리고 거기에는 뼈마디가 뒤틀린 것 같은 남녀가 있다. 나는 그들의 거친 손을 만져보고 이들의 살아가기 위한 끊임없는 투쟁이 어떤 것인지 알 만했다. 그것은 고된 투쟁과 헛된 노력의 연속이다. 그리고 이들의 생활은 노력과 기회의 끊임없는 연속이라고 하겠다. 태양과 공기는 신이 만인에게 주신 선물이라고 하지만, 과연 그럴까? 저 도시의 더러운 골목은 햇살도 잘 들지 않고 공기마저 탁하기 짝이 없다. 오, 인간이여! 어찌하여 그대들은 동포를 잊어버리고 행복을 가로막아 그들이 아무것도 갖고 있지 않을 때 "우리에게 일용할 양식을 주시옵소서 아멘!" 하고 말하는가. 그대들이 돈을 버리고 번거롭고 화려하고 요란스러운 도시를 떠나 삼림이나 들에 돌아가 간소하고 진실한 나날을 보낸다면 얼마나 좋을까. 그렇게 하면 그대들의 자식은 고귀한 수목처럼 믿음직스럽게 자라고, 그들의 사상도 노방의 꽃처럼 아름답고 깨끗하게 될 것이다. 나는 도시에서 1년 동안 공부하고 시골로 돌아갔을 때, 이런 것을 절실히 느꼈다.

나는 산책 다음으로 2인용 자전거를 타고 돌아다니는 것을 무척 좋아했다. 바람을 헤치면서 페달을 밟는 상쾌한 기분, 바퀴가 미끄러져 달아나면 몸도 마음도 설레고 입에서 금방 노래가 흘러나왔다.

나는 길을 걸을 때나 산책할 때나 심지어 배를 탈 때도 되도록 개를 데리고 다녔다. 나는 많은 개를 친구로 삼고 있다. 몸집이 큰 마스티프, 눈이 예쁜 스패니얼, 숲에 대해 민감한 세터, 정직하고 무뚝뚝한 불테리어 등이 전부 내 친구였으며, 그중에서 특히 마음에 드는 것은 불테리어였다. 그 개는 유서 있는 혈통을 지니고 있다. 하늘로 추켜세운 꼬리 하며, 개의 세계에서는 제일 우스꽝스러운 얼굴을 하고 있다. 이 친구는 나의 부자유를 알고 있었던지, 언제나 내가 혼자 있을 때도 내 곁에 바짝 붙어 다녔다. 나는 그들의 정든 모습과 꼬리치는 것을 무척 좋아한다.

비가 와서 외출을 못 하는 날이면 나는 보통 소녀와 마찬가지로 뜨개질을 하거나, 닥치는 대로 책을 주워 읽거나, 친구들과 체커(바둑의 일종-역주), 체스 같은 것을 하기도 한다. 나에게는 특별한 체스판이 있다. 눈이 하나하나 깊이 패여, 말이 그 속에 들어가 박히게 되어 있다. 말의 크기가 달라서 흰말이 검은 말보다 크므로 나는 한 수를 둘 적마다 판 위를 손으로 가볍게 만져보면서 상대방 말의 움직임을 알 수 있었다. 또 말을 한 구멍에서 다른 구멍에 바꿔 놓을 때의 움직임으로 내 순번을 알 수 있었다. 가끔 혼자 있게 되면, 심심풀이로 오른쪽 구석에 브라유식 점자로 점수가 표시된 카드를 가지고 놀기도 했다.

그래도 어린이들과 함께 노는 것처럼 재미있는 일은 없었다. 나는 아주 어린 꼬마들하고도 곧잘 놀아 주었으며, 그들은 거의 대부분 나를 좋아했다. 그들은 나를 여기저기 끌고 돌아다니면서 그들이 좋아하는 것을 내게 보여 주려고 애썼다. 물론 그들은 내 손바닥에 글씨를 쓸 줄 모르지만, 그들의 입에서 그 의사를 알아낼 수 있었다. 가끔 그들이 무슨 말을 하는지 내가 잘 모를 때는 실수하여 잘못 알고 당치도 않는 대답을 하기도 한다. 그러면 그들은 한바탕 깔깔대며 웃음을 터뜨리고 나서 다시 알려주었다.

박물관과 미술 골동품 상점들도 나에게 기쁨과 감격을 안겨주는 곳이다. 눈의 도움을 받지 않고 싸늘한 대리석을 만져가며 그 형태와 정서 및 아름다움을 느낄 수 있다면, 이상하게 생각할 수도 있을 것이다. 그러나 내가 그 위대한 예술품을 만져보는 것만으로도 순수한 기쁨을 느끼는 것은 사실이다. 내 손가락은 대리석의 신이나 육체에서 예술가가 표현한 사상이나 정서를 찾아내고 또 느낄 수 있다. 나는 신들이나 영웅의 얼굴에서 내가 만져보는 것이 허용된 살아 있는 사람들의 얼굴과 마찬가지로 증오, 용기, 애정 등을 느낄 수 있다. 나는 다이애나 여신의 모습에서 숲속의 자유와 아름다움을 발견하고 사자를 굴복시키고, 심한 분노까지도 진정시키는 힘을 느낀다. 내 영혼은 비너스의 너그러운 자애가 넘치는 곡선을 좋아하고 바레의 청동상 속에서 숲의 은밀한 제시를 찾아볼 수 있다.

지금 시인 호머의 큰 메달이 내 서재의 벽에 걸려 있다. 그것도 일부러 야트막하게 걸어놓았으므로 쉽사리 손을 뻗쳐 그 사랑과 존경에 가득 차고 우수를 품은 아름다운 얼굴을 만질 수 있다. 지금은 그 위엄 있는 넓은 얼굴의 주름살을 하나하나 모조리 알고 있다. 생명 없는 석고 속에서도 그가 사랑한 희랍의 푸른 하늘과 빛을 찾는 그 공허한 눈동자(그도 시각장애인이었다-역주), 굳게 다문 진실하고 아름다운 입술도 읽을 수 있다. 그것은 시인의 얼굴, 즉 슬픔을 아는 사람의 얼굴이다. 아, 나는 얼마나 시각장애인으로서 그의 슬픔을 잘 이해할 수 있었던가. 그가 살던 영원한 밤!

오, 어둠 속의 어둠,
정오의 빛 속에 있으면서

돌이킬 수 없는 어둠에 묻힌

헤아릴 수 없는 일식(日蝕).

한낮의 소망은 그림자도 찾을 길 없다.

　나는 상상의 세계에서 호머가 불안하고 머뭇거리는 발걸음으로 여기저기 돌아다니면서 부르던 노랫소리를 들을 수 있다. 그것은 고귀한 민족의 생활과 사랑과 전쟁의 놀라운 노래이며, 이는 눈먼 시인의 머리 위에 불멸의 왕관이 씌워 있어 영원히 찬탄을 받게 되었다.

　나는 조각의 아름다움에 대해서는 눈보다도 손이 더 민감하지 않나 하고 생각할 정도다. 직선이나 곡선의 음악적인 흐름은 눈으로 보기보다도 손으로 만지는 편이 더욱 미묘한 부분까지 느낄 수 있다. 나는 대리석으로 된 신들과 여신들 속에서 옛날 희랍인의 심장이 고동치는 것을 느낄 수 있다.

　다른 기쁨에 비하여 그다지 자주 느끼는 것은 아니지만, 나의 또 하나의 기쁨은 극장 구경을 가는 것이다. 나는 책상 위에서 각본을 읽는 것보다는 무대 위에서 실연하는 동안 설명을 듣는 것을 더 좋아한다. 그렇게 하면 마치 나도 그 연출자들 축에 끼어 있는 것처럼 생각되고는 한다. 구경하는 사람으로 하여금 시간과 장소를 잊어버리게 하고, 낭만을 다시 화려했던 먼 옛날로 되돌려주는 매혹적인 힘을 갖고 있는 남녀 명배우들을 알게 된 것은 나의 커다란 특권이다. 엘렌 테리(유명한 영국 배우-역주)가 이상적인 왕후로 분장하고 나타났을 때, 나는 그녀의 입술과 옷을 만져도 좋다는 허락을 받았다. 그녀는 참으로 고귀한 비애를 지닌 거룩한 기품을 간직하고 있었다. 그녀의 옆에는 왕으로 분장한 헨리 어빙(영국 근대 최대 명배우의 한 사람-역주)이 서 있었다. 그의 언동에는 총명과 위엄이 깃들어 있고, 그의 민감한 얼굴 곡선에는 영원히 잊을 수 없는 우수의 그림자가 서려 있었다.

헬렌 켈러 자서전　〈나의 인생〉

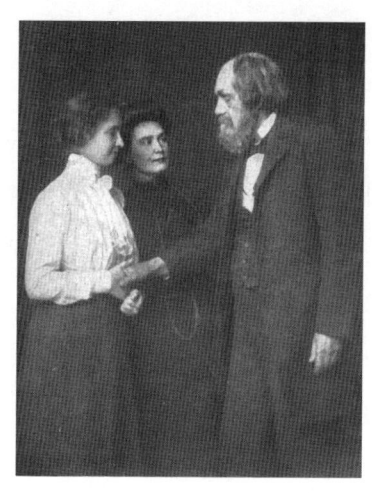

나는 또한 조셉 제퍼슨(1829~1905, 미국의 희극배우-역주)도 알고 지냈다. 이분을 친구로 삼은 것은 나의 크나큰 자랑거리이다. 그가 연출할 때는 반드시 구경하러 갔다. 내가 처음으로 그의 연극을 구경한 것은 뉴욕의 학교에 있을 때였다. 그는 〈립 밴 윙클〉(워싱턴 어빙 작, 우화 소설-역주)을 연출했는데, 나는 이 이야기를 몇 번이나 읽었지만 립의 침착한 호인다운 매력을 이때처럼 실감한 적이 없다. 제퍼슨 씨의 아름다운 애수를 띤 연기는 내 마음을 완전히 사로잡아 버렸다. 나는 손가락 끝에, 노인이 다 된 립의 모습을 언제나 간직하고 있다. 연극이 끝난 후에 설리번 선생님은 그를 만나기 위해 나를 무대로 데려가 주었다. 나는 그의 이상한 의상이나 길게 늘어뜨린 머리털 그리고 턱수염을 만져보았다. 그는 얼굴도 만져보게 해주었으므로 나는 그가 1년이라는 기나긴 이상한 잠에서 깨어났을 때의 장면을 연출할 때 어떤 표정을 지을지 상상할 수 있었다. 그리고 그는 노인이 되어버린 가엾은 립이 비틀거리면서 자리에서 일어나는 모습도 연출해 보여주었다.

나는 제퍼슨 씨가 출연한 또다른 작품 〈연적〉(영국 문학자 세리단의 〈라이발즈〉라는 희극-역주)도 보았다. 하루는 내가 보스턴에서 그를 방문했을 때 그는 나를 위해 일부러 『연적』 중에서 제일 흥미 있는 장면을 연출해 보여주었다. 우리가 앉아 있던 응접실이 그대로 무대가 되어 그와 그의 아들이 커다란 테이블을 마주하고 앉아 밥 에이커스(극 중의 등장인물-역주)가 도전장을 쓰는 장면을 보여주었다. 나는 그의 연기를 모조리 손으로 만져보고, 지화만으로는 도저히 알 수 없는 그의 세밀한 동작을 일일이 알게 되었다. 이윽고 두 사람은 자리에서 일어나 격투를 시작했다. 나는 검의 날카로운 공격과 반격이 되풀이되다가 가엾은 밥의 용기가 손가락 끝에서 빠져나갈 때의 비틀거리는 동작도 낱낱이 느낄 수 있었다. 그리고 이 위대한 배우가 겉저고리를 잡아당기고 입을 씰룩거리자 곧 폴링 워터 촌에 있는 느낌이 들었으며, 슈나이더의 덥수룩한 머리가 내 무릎에 놓이는 것을 느꼈다.

제퍼슨 씨는 〈립 밴 윙클〉 중에서 제일 재미있는 대사도 들려주었는데, 그것은 웃음이 가시자 곧 눈물이 보이는 그런 성질의 것이었다. 그는 나에게 대사에 따라 동작을 해보라고 일렀다. 나는 이와 같은 연기에 대해서는 전혀 엄두를 내본 적이 없어 적당히 얼버무려 보일 수밖에 없었지만, 그는 교묘히 내 동작이 대사와 일치하도록 맞춰주었다. 립이 "인간이란 한 번 죽어버리면 그처럼 빨리 잊는 것일까?" 하고 중얼거릴 때의 깊은 한숨, 오랜 잠에서 깨어난 후에 개와 총을 찾을 때의 놀라움, 데릭과 맺은 계약서에 서명할 때 그의 주저함 - 이 모든 것은 진실한 인생, 즉 우리가 생각하는 이상적인 생활에서 직접 오는 것으로 생각되었다.

나는 처음으로 연극을 보러 갔을 때의 일을 잘 기억하고 있다. 그것은 12년 전의 일이며, 소녀 여배우 엘시 레슬리가 보스턴으로 왔을 때 설리번 선생님을 따라 〈왕자와 거지〉를 보러 갔다. 나는 이 아름다운 연극 속에 흐르고 있는 기쁨과 슬픔 그리고 그것을 연기해 낸 놀라운 꼬마 여배우를 잊을 수 없다. 연극이 끝나고 무대 뒤에 가서 그녀를 만나보았다. 여태까지 많은 관객들 앞에서 연기를 보여주고서도 피로한 기색이나 수줍어하는 티도 없이 탐스러운 금발을 어깨까지 늘어뜨리고 유쾌하게 웃으며 서 있는 엘시처럼 아름답고 귀여운 소녀는 좀처럼 찾아보기 어려울 것이다. 나는 간신히 말을 배우기 시작한 무렵이었으므로 그녀의 이름을 똑바로 발음할 수 있도록 미리 몇 번이나 연습해 두었다. 내가 입 밖에 낸 몇 마디 말을 그녀가 알아듣고 나에게 거리낌 없이 손을 내밀었을 때, 내가 얼마나 기뻐했을지 상상해 보라.

이것만 봐도 아직 내가 자유스럽지 못한 생활을 하고 있기는 하지만, 여러 가지 점에서 아름다운 세계를 접했다고 볼 수 있다. 세상 만물은 다 각각 신비성을 띠고 있다. 어둠도 침묵도 그리고 나는 설사 어떠한 처지에 있더라도 만족해야 한다는 것을 배우게 되었다.

물론 때때로 혼자서 인생의 닫힌 문 앞에 앉아 무작정 기다리고 있을 때, 고독감이 싸늘한 안개처럼 나를 에워쌀 때가 있기는 하다. 그 닫힌 문 저쪽에는 빛이 눈부시고, 음악이나 즐거운 교우도 있다. 그러나 나에게는 그리로 가는 것이 허락되지 않는다. 무자비한 무언의 운명이 길을 가로막고 있다. 나는 가능하다면 그의 멋대로의 선언에 대하여 반항하고 싶다. 내 마음은 이렇듯 아직도 훈련되어 있지 않고 감정에 사로잡혀 있다. 그러나 내 혀는 입술에 맴도는 쓴 말을 토해낼 수 없으므로 몰래 삼켜버린 눈물처럼 다시 마음속에 되돌아올 뿐이다. 내 영혼 위에는 언제나 침묵이 도사리고 있다. 그러나 이윽고 희망이 미소와 함께 '자기를 잊어요. 그러면 기쁨을 얻을 수 있어요!' 하고 소곤거린다. 그래서 나는 다른 사람이 볼 수 있는 빛을 내 태양으로 여기고, 남의 귀에 들리는 소리를 내 음악으로 간주하며, 남의 입술에 떠오르는 미소를 내 행복으로 삼으려고 노력한다.

23
영원한 생명

나는 나에게 행복을 가져다준 사람들의 이름을 모두 적어서, 이 글이 보다 풍성하게 되기를 바란다. 그런 분들 중에는 미국 문단에 적을 두어 많은 사람들에게 알려진 작가도 있고, 또 거의 모든 독자에게 전혀 낯선 사람도 있을 것이다. 그러나 높은 명성은 얻지 못했다고 하더라도, 그들이 나에게 준 감화로 인해 고결하고 행복하게 살게 된 사람들의 삶 속에 영원한 생명이 될 것이다. 돌이켜보면 아름다운 시처럼 우리의 마음을 불타게 하는 사람이나 손을 잡고 말로 표현할 수 없는 동정을 표시해 준 사람 또는 우리의 불안한 마음에 신에게서 오는 것과 다름없는 신비로운 안위를 줄 수 있는 풍부한 천성을 갖고 있는 사람들을 만날 때, 그것은 우리들의 생애에 하나의 축제라고 할 수 있을 것이다. 우리 마음을 점령하고 있던 걱정이나 조바심 또는 번민 같은 것은 불쾌한 꿈결처럼 사라지고 우리 마음은 잠에서 깨어나 새로운 눈과 귀로 신이나 참된 세계의 아름다움을 알게 되고, 그윽한 음악을 들을 수 있게 된다. 이럴 때 우리들의 일상생활을 가득 채우고 있는 엄숙한 무(無)가 갑자기 눈부신 꽃으로 피어난다. 요컨대 이와 같은 친구가 우리 가까이 있는 한 우리는 모든 사물이 다 바람직하다는 느낌을 강하게 느낄 수 있다. 우리는 아마 한번 만났을 뿐, 그 후 다시는 만난 적이 없고 또 그럴 기회도 없을지 모른다. 그럼에도 불구하고 그들의 온유하고 원만한 천성에서 오는 감화는 우리들의 불평이나 불만 위에 부어진 한 잔의 술과 같은 것으로 그들의 따뜻한 손길을 자애로운 어머니의 그것처럼 느끼게 된다.

나는 때때로 "사람들이 당신을 귀찮게 하지는 않나요?" 하는 질문을 받는다. 나로서는 그 의미를 잘 알 수 없으나 어리석은 사람이나 호기심이 많은 사람, 특히 신문 기자의 방문은 누구도 반가워하지 않을 것이다. 그리고 나는 나를 위해 특별히 말에 가감하여 이야기하는 사람도 좋아하지 않는다. 마치 당신과 함께 걸어갈 때 당신의 걸음에 맞추어 걷기 위해 일부러 발을 좁혀서 내딛는 사람처럼 그 가식이 마음에 들지 않는다.

내가 만나 악수를 하는 사람들의 손길은 무언의 웅변으로 나에게 이야기를 걸어온다. 그러나 어떤 손의 감촉은 너무나 몰염치하다. 그리고 즐거운 감정이 결여된 사람을 만나 그들의 싸늘한 손가락을 잡을 때, 나는 북극의 찬 바람을 손에 휘어잡은 듯한 느낌이 든다. 그런가 하면 손아귀에 햇빛을 감추고 악수로 내 가슴을 따뜻하게 해주는 분도 있다. 그것이 단지 매어 달리는 어린아이의 손에 불과할지라도 보통 사람으로서 애정 어린 눈처럼 나에게는 강한 햇빛으로 느껴진다. 다만 한번 진심에서 잡아주는 악수나 한차례의 친절한 편지도 나에게는 커다란 기쁨을 안겨준다.

나에게는 멀리 떨어져 있고 아직 만나보지 못한 많은 친구가 있다. 그런데 그들의 수가 너무 많아서 보내주는 편지에 일일이 답장을 보내지 못하는 경우가 가끔 있다. 그러나 내 표현력이 아무리 불충분하더라도, 그들이 나에게 베풀어주는 친절에 대해 내가 언제나 고맙게 생각하고 있다는 것을 나는 이 자리를 빌려 말씀드리려고 한다.

나는 천성이 뛰어난 많은 사람과 알게 되고, 또 이야기를 나누게 된 것을 생애의 가장 행복한 특권으로 생각하고 있다. 브룩스 주교(Phillips Brooks, 미국 매사추세츠 주의 주교이며 대 설교가-역주)와 우정을 나누는 사람이 얼마나 행복한가는 주교를 알고 있는 사람들만이 진정으로 이해할 수 있을 것이다. 내가 아직 어릴 때 나는 그의 무릎 위에 올라앉는 것을 무척 좋아해서 그 커다란 손으로 내 한쪽 손을 잡으면, 설리번 선생님이 다른 손을 잡고 그가 신과 영혼의 세계에 대하여 이야기하는 아름다운 말을 손에 써주곤 했다. 나는 어린이다운 놀라움과 기쁨에 넘쳐 그의 이야기를 열심히 들었다. 내 영혼은 그의 영혼과 같은 높이에 오를 수는 없었지만, 이분이야말로 나에게 참된 인생의 기쁨을 준 사람이다.

나는 주교와 헤어질 때면 항상 아름다운 사상을 간직했다. 그리고 그 아름다운 사상은 해를 거듭할수록 아름다움과 깊은 의미를 더해가고 있다. 한번은 내가 세상에 어찌하여 이처럼 많은 종교가 있느냐고 물었더니, 주교께서는 이렇게 대답하셨다. "헬렌, 모든 사람을 위한 종교는 오직 하나뿐이오. 사랑의 종교가 그것이오. 당신은 마음과 영혼을 다 바쳐 당신의 하늘 아버지를 사랑해야 하오. 다음에는 힘을 다하여 모든 하나님의 자녀들을 사랑해야 하고요. 그리고 선의 힘이 악의 그것보다 크다는 것과 당신은 하늘나라에 들어가기 위한 열쇠를 쥐고 있다는 것을 잊어서는 안 되오." 아닌 게 아니라 이분의 생애는 이 위대한 진리의 훌륭한 실천자이기도 했다. 그의 숭고한 영혼 속에는 사랑과 해박한 지식이 모든 사물을 통찰하는 힘을 가진 신앙과 융화되어 있었다.

그는 보았다.

해방하는 것, 고상하게 만드는 것,
겸손한 것, 화평을 이루는 것,
위로하는 모든 것에 계시는 하나님을.

브룩스 주교는 나에게 특별한 신앙 개조(個條)와 교의(敎義) 같은 것을 가르쳐 주지 않고, 두 가지 위대한 사상을 마음속에 아로새겨 주었다. 그것은 신이 아버지이며 인간이 동포라는 것으로 어떠한 신앙 개조나 예배의 형식도 그 근저에는 반드시 두 가지 사상이 놓여 있다고 가르쳐 주었다. 신은 사랑이고, 우리는 신의 아이이며, 따라서 어둠 속에 있더라도 드디어 구름이 걷히고 설사 한동안 올바른 일이 좌절되는 일이 있더라도 악이 최후의 승리를 거두지는 못한다는 것이었다.

나는 현재 이 세상에서 매우 행복하게 살고 있으므로 미래의 생활에 대하여 별로 관심을 두고 있지 않다. 다만 내가 사랑하는 사람들이 신의 아름다운 나라에서 나를 기다리고 있는 것이라고 생각할 뿐이다. 그들이 죽은 지 오래되었음에도 나는 매우 친근하게 생각되므로, 설사 어디서 그들이 생전에 나에게 보여 준 것처럼 내 손을 잡고 상냥한 말을 걸어와도 전혀 이상하게 생각하지 않을 것이다.

브룩스 주교가 세상을 떠난 후 나는 성경을 처음부터 끝까지 읽어 나갔다. 그리고 종교철학에 관한 책도 몇 권 읽었다. 스베덴보리(1688~1772, 스웨덴 태생의 철학자-역주)의 『천국과 지옥』, 드러먼드의 『인간의 향상』 같은 책을 읽었지만, 브룩스 주교의 사랑의 가르침 이상으로 내 영혼을 살찌게 해주는 신앙개조나 학설은 찾아볼 수 없었다. 그의 억센 그리고 따뜻한 악수의 기억은 일종의 기도와 같은 것이었다. 그는 가장 동정심이 많은 친구로 매우 박식하며, 또 성격이 쾌활하여 그와 자리를 같이하면 전혀 심심하지 않았다.

나는 처음으로 올리버 웬델 홈스 박사(미국의 저술가이며 의사-역주)를 만났을 때의 일을 지금도 분명히 기억하고 있다. 그는 어느 일요일 오후에 설리번 선생님과 나를 초대했다. 봄도 아직 이른 무렵, 내가 더듬더듬 말하기 시작한 때였다. 우리는 곧 박사의 서재에 안내되었는데, 그는 불길이 활활 타오르는 난롯가의 커다란 안락의자에 앉아 있었다. "지난날의 일을 생각하고 있었지요." 하고 박사가 말하자 "선생님은 혼자 조용히 찰스 강에 잔잔히 흐르는(보스턴과 케임브리지 사이를 흐르는 강-역주) 물의 속삭임에 귀를 기울이고 계셨나 봐요?" 하고 내가 입을 열었다. "그렇지요. 찰스 강은 나에게 그리운 많은 추억을 안겨 주었소." 그 방에는 책이 가득 쌓여 있는 증거로, 잉크와 가죽 냄새가 풍겨왔다. 나는 무의식중에 손을 내밀어 더듬었으나, 내 손가락은 우연히 아름다운 데니슨의 시집 위에 얹혔다. 설리번 선생님으로부터 그것이 데니슨의 시집이라는 말을 듣고 나는

오, 바다여, 부서져라, 부서지고 또 부서져라.
너의 잿빛 바위 위에 오, 바다여!

하고 읊기 시작했으나 곧 중단해 버렸다. 때마침 손등에 눈물이 쏟아져 내리는 것을 느꼈기 때문이다. 나는 사랑하는 시인을 울게 해 매우 서글퍼졌다. 그는 나를 자기 안락의자 위에 앉히고, 여러 가지 진귀한 물건들을 가져다가 내 손에 쥐여 주었다. 나는 그의 요구에 따라, 당시 내가 제일 좋아하던 〈방이 있는 앵무조개〉라는 시를 읊었다. 그 후에도 나는 여러 번 박사를 만났지만 시인으로는 두말할 것도 없고, 인간으로서도 그를 사랑하고 있다는 것을 알게 되었다.

나는 홈스 박사를 만난 지 얼마 되지 않은 어느 맑게 개인 한 여름의 오후에 설리번 선생님과 함께 메리맥의 강변에 있는 조용한 집으로 휘티어 씨를 찾아갔다. 그의 조용한 예의범절과 특이한 화술은 나를 완전히 매혹해 버렸다. 그에게는 점자책으로 된 자작시집이 있었으므로 나는 그중 〈학창 시절〉을 낭독했다. 내 발음이 제법인 것을 알자 그는 크게 기뻐하면서 내 말을 쉽

게 알아들을 수 있다고 칭찬해주었다. 나는 그 말에 용기를 얻어 이 시에 대해 여러 가지 질문을 하고, 그의 입술에 손을 대어 답변을 읽었다. 그는 이 시에 나오는 소년이 바로 자기 자신이며, 소년의 이름은 샐리라는 등 여러 가지 재미있는 이야기를 들려주었지만, 지금은 거의 다 잊어버렸다. 나는 〈신을 찬미한다〉라는 시도 낭독했는데, 마지막 귀절을 내가 읊는 동안 그는 내 손에 하나의 노예상을 올려주었다. 그것은 몸을 웅크린 노예의 몸뚱이에서 사슬이, 마치 천사가 베드로를 감옥에서 끌어낼 때 사슬이 그 손발에서 스르르 풀린 것처럼 방금 풀리려고 하는 그런 노예상이었다. 우리는 그의 서재에 들어갔다. 그는 설리번 선생님을 위해 스스로 펜을 들어 그녀의 활동을 찬양하는 말('당신의 사랑하는 제자의 마음을 사슬에서 풀어 준 장하고 고귀한 가르침에 대하여 찬미하고, 나는 진실로 당신의 친구인 것을 맹세한다.' 존 G. 휘티어)을 쓰면서, 나에게 "선생님은 당신의 영혼을 해방해주었소." 하고 말씀하셨다. 나는 이듬해 여름에 다시 그를 찾아오겠다고 약속했으나, 그 약속이 이루어지기 전에 그는 세상을 떠났다.

에드워드 에버렛 헤일 박사(1822~1905, 미국의 의사이며 저술가-역주)는 나의 가장 오랜 친구 중 한 사람이다. 나는 여덟 살 때부터 줄곧 그와 친밀했으며, 그에 대한 나의 사랑은 해를 거듭할수록 더욱 깊어졌다. 그의 총명하고 친절한 동정은 시련에 허덕이고 슬픔에 잠겨 있던 나와 설리번 선생님을 받쳐준 기둥이 되어주었고, 그의 강한 팔은 여러 차례의 위태로운 고비에서 우리를 도와주었다. 그가 우리에게 행한 일은 세상에서 괴로움에 시달리는 많은 사람들에게 그가 해준 것과 같은 일이었다. 그것은 조국에의 사랑과 동포의 극히 보잘것없는 사람에게도 미치는 인애와 향상과 진보가 따르는 생활의 간절한 기원이었다. 그는 예언자이고, 영혼의 고무자이며, 말씀의 강력한 실천자이고 또한 모든 동포의 친구이기도 했다. 신이여, 그에게 축복을 내리소서!

내가 알렉산더 그레이엄 벨 박사를 처음 만났을 때의 이야기는 전에 언급한 적이 있다. 그 후로 나는 행복한 여러 날을 박사와 함께 워싱턴과 찰스 더들리 워너(1829~1900, 미국의 저술가-역주)의 소설로 유명한 배덱 마을의 부근 케이프브레튼 섬에 있는 아담한 그의 집에서 보냈다. 나는 벨 박사의 실험실이나 커다란 브라도르 호수의 기슭에서 그의 실험에 관한 이야기를 듣기도 하고, 미래의 비행선을 지배하는 힘을 발견하는 수단으로써 연날리기 실험을 도와주기도 하면서 많은 시간을 즐겁게 보냈다. 벨 박사는 여러 과학 분야에 조예가 깊은 학자여서 그가 손을 대는 모든 문제는 물론이고, 매우 추상적인 이론조차도 흥미 있었다. 그의 이야기를 듣고 있는 동안에는 인간에게 시간 여유만 있으면 혼자서도 발명가가 될 수 있을 것 같다는 생각이 들었다. 그는 유머를 즐기는 시적인 성격의 소유자이기도 하지만, 역시나 그의 강한 염원은 약한 자에 대한 사랑이다. 그는 어린 청각장애인 아기를 두 팔에 안고 있을 때처럼 행복한 때가 없는 듯 보였다. 귀가 먼 사람들을 위해 미래의 그와 같은 운명을 지닌 아이들을 영원히 축복할 것이다. 우리는 그가 독창적으로 완성한 일은 물론, 다른 동기에서 성취한 일에 대해서도 애착을 느낀다.

 뉴욕에서 보낸 2년 동안, 나는 이름만 듣고 직접 만날 기회가 있으리라고는 꿈에도 생각하지 못한 유명한 사람들과 가끔 만나서 이야기를 나누게 되었다. 이들은 거의 대부분 나의 친절한 친구인 로렌스 허튼 씨의 집에서 알게 되었다. 그 아담한 집주인 허튼 씨와 그 부인을 방문하여 이들 부부를 위해 재능이 뛰어난 친구들이 써 보낸 아름다운 감상이나 훌륭한 사상을 도서실에서 발견하게 되는 것은 나의 커다란 특권이었다. 허튼 씨는 만나는 모든 사람들로부터 훌륭한 사상과 아름다운 감정을 끌어내는 능력을 갖고 있었다. 그를 이해하기 위해 굳이 『내가 알던 소년』 같은 책을 읽을 필요는 없었다. 그는 내가 지금까지 알고 있는 가장 너그러운, 그리고 마음이 부드러운 영원의 소년으로 인간뿐만 아니라 개의 삶에 대한 그 사랑의 발자취를 더듬어 볼 수가 있으며 모든 사람의 훌륭한 벗이 되는 분이다.

허튼 부인은 진실하고 믿음직스러운 친구로서, 내가 가장 즐겁고 소중하다고 마음속에 간직하고 있는 대부분은 부인에게서 온 것이다. 나의 대학생활을 통하여 누구보다도 나를 격려해 준 사람도 부인이었다. 공부가 어려워 낙심하면 부인은 편지를 보내 나에게 용기와 기쁨을 아울러 제공해 주었다. 한 가지 난관을 돌파하면 다음에 오는 문제는 더 간단히 그리고 손쉽게 넘길 수 있다는 사실을 가르쳐 준 것도 부인이었다.

허튼 씨는 내게 문학 친구들을 소개해 주었다. 그중에서 가장 유명한 분은 윌리엄 딘 하우얼스 씨와 마크 트웨인 씨이다. 나는 또 리차드 왓슨 길더, 에드먼드 클레런스 스테드먼 씨도 만나고, 찰스 더들리 워너 씨도 소개 받았다. 워너 씨는 매우 쾌활하고 말주변이 좋은 친절한 분으로, 이분의 사랑은 실로 광범위하게 미치고 있다. 이웃 사람이나 모든 생물을 자기와 마찬가지로 사랑하는 것은 이분이 아니면 할 수 없는 일이다. 그는 언젠가 숲의 시인 존 버로스 씨를 데리고 나를 찾아왔다. 이들은 매우 친절하고 동정심이 강했다. 나는 그들의 수필이나 시의 아름다움을 느낄 정도로 그들의 태도에 매력을 느꼈다.

나는 이들 문학가들이 한 가지 문제에서 다른 문제로 계속해서 고상한 이론을 전개하여 나갈 때나 경구와 교묘한 익살로 담소할 때, 그들의 이야기를 쫓아갈 수 없었다. 마치 강대한 운명의 신을 향해 당당히 활보하며 진군하는 아이네이아스의 뒤에서 허둥지둥 따라가는 아스카니아스와 같은 꼴이었다. 그러나 그들은 나에게 언제나 친절히 대해 주었다. 길더 씨는 날이 밝은 밤, 사막을 횡단하여 피라미드를 돌아본 여행의 이야기를 들려주었다. 그리고 그는 나에게 보낸 편지에서 서명 아래 기호를 깊이 파주었으므로 손끝으로 곧 알아차릴 수 있었다. 이와 관련하여 생각나는 것은 헤일 박사가 언제나

나에게 보내는 편지에 서명을 점자로 파서 친밀함을 주던 일이다. 나는 마크 트웨인 씨의 입술에서 그의 아름다운 이야기를 읽었다. 그는 사고방식이나 말씨와 행동이 독특했다. 나는 그와 악수하면서 그의 눈이 깜박이는 것을 느낄 수 있다. 그가 매우 소탈한 목소리로 신랄한 경구를 마구 토해낼 때도 주위 사람들은 그가 매우 친절하고 인간적인 동정심으로 가득 차 있다는 것을 느꼈다.

이들 외에도 내가 뉴욕에서 만난 사람 중에는 「성 니콜라스」의 편집자인 메이프스 도지 부인, 『펫시』의 작가 릭스 부인 등 많은 흥미로운 분들이 있다. 나는 이들에게서 여러 가지 선물을 받았다. 그것은 그들 자신의 사상을 부어 넣은 책인 경우도 있고, 영혼의 빛으로 나를 일깨워주는 편지 또는 내가 몇 번이고 설명해 달라고 졸라댄 사진인 경우도 있었는데, 이 모두가 친절한 마음의 표시임에 틀림이 없다. 그러나 나는 여기에서 친구들을 다 이야기할 여유가 없다. 아닌 게 아니라 그들에 대해서는 천사의 날개 그늘에 숨어 있는 것이거나 생명이 없는 싸늘한 활자로 옮기기에는 너무나 신성한 것들도 있다. 로렌스 허튼 부인에 대한 것도 나로서는 입 밖에 내어 말하는 것을 망설이게 된다.

끝으로 나의 친구 중에서 딱 두 분만 더 말씀드리려고 한다. 한 사람은 피츠버그의 윌리엄 소 부인으로 린드허스트에 있는 부인의 집을 때때로 방문하고는 했다. 부인은 언제나 다른 사람을 행복하게 하기 위해 무슨 일이든 하는 분이다. 부인은 오랫동안 우리에게 너그럽고 현명한 조언을 아끼지 않았다.

또 한 사람에게도 마찬가지 은혜를 입고 있다. 그는 방대한 사업을 관리하는 유능한 수완으로 이름난 사람이며, 그의 놀라운 재능은 뭇사람들의 존경을 한 몸에 집중시키고 있다. 그는 모든 사람에게 친절을 베풀고 곳곳에서 몰래 선행을 베풀고 있다. 그러나 나는 여기서 그의 이름을 밝혀서는 안 되는 처지에 있는데, 대학에서 공부할 기회를 준 그분의 친절과 사랑에 진심으로 감사하고 있다.

결국 내 생애의 이야기를 구성하고 있는 대부분은 '사람'이라는 것을 알 수 있다. 나를 기르고 가르치고 도와준 많은 사람들은 여러 가지 방법으로 나의 결함을 아름다운 특전으로 바꾸고, 나의 눈과 귀의 손실이 빚어낸 어둠과 침묵의 골짜기를 덮은 그늘 속에서도 조용히 행복하게 자라도록 항상 나를 감싸주었다.

제 2부
서간집

믿음은 산산조각난 세상을
빛으로 나오게 하는 힘이다.

이 서간집은 헬렌 켈러의 자서전 <The Story of My Life>의 후반부에 실린 부록으로써 그녀가 1887년부터 1901년까지 쓴 약 400여 편의 편지로 구성되어 있다. 헬렌이 설리번 선생님을 만나고 말과 글을 배우면서 어떻게 성장했는지 상세하게 보여주는 훌륭한 자료이며, 대부분 가족, 친구, 선생님에게 보내는 편지 형식이다. 이 책에서는 주요한 사건을 중심으로 발췌해 수록했다.

1887년 3월 3일, 설리번 선생은 헬렌 켈러에게 글을 가르치기 시작했고, 놀랍게도 헬렌은 석 달 보름 후 손으로 처음 배운 단어를 엮어 연필로 이 편지를 썼다.

사촌 안나에게 (조지 T. 터너 부인)

1887년 6월 17일, 앨라배마 터스컴비아

안나, 보아요. 조지가 나에게 사과를 주겠다고 해요. 의사는 밀드레드에게 약을 주려고 하고, 어머니는 밀드레드에게 새 옷을 만들어 주셔요.

그 후 25일이 지나서 그녀가 잠시 집을 떠났을 때 어머니에게 다음과 같은 편지를 써 보냈다. 단어 두 개는 거의 알 수 없고, 모가 난 활자체 글자는 여러 방향이 기울어졌지만, 상당히 장문의 편지였다.

어머니에게

1887년 7월 12일, 앨라배마 헌스빌

어머니! 아버지는 나에게 약을 주셨어요. 밀드레드는 그네를 타게 될 거예요. 밀드레드는 나에게 키스를 했어요. 선생님은 나에게 복숭아를 주었어요. 조지는 팔을 다쳤어요. 안나는 나에게 레몬즙을 주었어요. 개가 일어나 섰어요. 차장이 차표를 잘랐어요. 아버지는 나에게 차 안에서 마실 물을 주셨어요. 카를로타가 나에게 꽃을 주었어요. 안다는 예쁜 새 모자를 사 줄 거예요. 나는 어머니에게 키스하고 싶어요. 나는 집으로 돌아갈 거예요. 할머니도 나를 사랑하셔요. 안녕히!

그해 9월이 되자 헬렌은 생각하는 것이 더 너그러워졌고, 구성에도 두드러진 진보를 보이고 있다.

보스턴 남쪽에 있는 퍼킨스 학교의 눈먼 소녀들에게

1887년 9월, 터스컴비아

나는 눈먼 소녀들에게 편지를 쓰려고 해요. 나는 선생님과 눈먼 소녀들을 보러 갈 거예요. 나는 선생님과 함께 기선을 타고 보스턴에 갈 거예요. 나는 눈먼 소녀들과 즐겁게 놀 거예요. 나는 아나그노스 씨를 만나게 되겠지요. 아나그노스 씨는 나를 사랑하여 키스할 테지요. 나는 눈먼 소녀들과 학교에 가게 될 거고요. 나는 다른 눈먼 소녀들과 마찬가지로 책을 읽기도 하고, 계산을 하기도 하고, 철자법을 배울 수도 있어요. 밀드레드는 보스턴에 가지 않을 거예요. 밀드레드는 큰소리로 프린스를 불렀어요. 잠보는 보스턴에 갈 거예요. 아버지가 총으로 집오리를 쏘자 오리는 물속에 빠졌어요. 잠보와 마미가 헤엄쳐 들어가 오리를 꺼내 왔어요. 나는 개와 함께 놀고 있어요. 나는 선생님과 함께 올라탔어요. 나는 핸디에게 쥐고 있던 풀을 주었어요, 선생님은 빨리 가라고 핸디를 때려줬어요. 나는 시각장애인이에요. 나는 눈먼 소녀들에게 쓴 편지를 봉투에 넣으려고 해요.

안녕히!

헬렌 켈러

몇 주일 후 그녀의 문체는 더욱 자연스럽고 분명해졌다. 그녀가 아직도 관사를 빼고 단순한 과거를 쓸 때는 'did'라는 구조로 써왔지만, 이제는 관용어도 쓸 정도로 진보했다.

퍼킨스 학원에 있는 눈먼 소녀들에게

1887년 10월 24일, 터스컴비아

귀여운 눈먼 소녀들, 나의 편지를 받아보아요. 보내준 책상은 잘 받았어요. 나는 멤피스에 계신 어머니께 책상에 관한 이야기를 적어 보냈어요. 어머니와 밀드레드는 수요일에 집으로 돌아왔어요. 어머니는 나에게 고운 옷과 예쁜 모자를 사다 주었어요. 나는 선생님과 함께 보스턴에 가서 여러분들을 만나게 될 거예요. 나의 인형은 낸시예요. 나는 인형이 울면 달래어서 재우곤 해요. 밀드레드는 병이 났어요. 의사는 그에게 약을 줄 거예요. 나는 선생님과 함께 일요일에 교회에 갔어요. 레인 씨는 성경을 읽고 설교를 하셨어요. 숙녀가 오르간을 쳤어요. 나는 바구니 속의 돈을 꺼내어 어른에게 드렸어요. 선생님은 내 머리를 예쁘게 만들어주실 거예요. 나는 여러분을 껴안고 키스하고 싶어요. 아나그노스 씨는 나를 만나러 올 거예요.

안녕히!

헬렌 켈러

퍼킨스 학원 미카엘 아나그노스 원장에게

1887년 11월, 터스컴비아

친애하는 아나그노스 씨, 편지를 받아 보세요. 나와 설리번 선생님은 사진을 많이 찍었어요. 선생님은 그 사진을 원장님에게 보낼 거예요. 사진가는 사진을 찍어요. 목수는 새로 집을 지어요. 정원사는 땅을 파고 삽질을 하여 채소를 심어요. 나의 인형 낸시는 자고 있어요. 낸시는 병이 났어요. 밀드레드는 건강해요. 프랭크 아저씨는 사슴사냥을 나갔어요. 우리는 그가 돌아오면 아침에 사슴 고기를 먹게 될 거예요. 나는 두 바퀴가 달린 차를 탔어요. 그리고 선생님은 그것을 밀었어요. 심프슨은 나에게 옥수수와 호도를 주었어요. 사촌 로자는 자기 어머니를 보러 갔어요. 일요일이면 사람들은 교회에 나가요. 나는 책에서 여우와 상자에 관해 쓴 글을 읽었어요. 여우는 상자 속에 숨어 있을 거예요. 나는 책 읽는 것을 좋아해요. 당신은 나를 사랑하고, 나는 당신을 사랑해요.

안녕히!

헬렌 켈러

알렉산더 G. 벨 박사에게

1887년 11월, 터스컴비아

친애하는 벨 박사님!

　나는 당신에게 편지를 쓰게 된 것이 무척 기뻐요. 아버지께서 박사님에게 사진을 보내실 거예요. 나는 아버지와 아주머니와 함께 박사님을 만나러 워싱턴에 갔지요. 나는 당신의 시계를 갖고 놀았어요. 감사해요. 나는 워싱턴에서 의사를 만났어요. 그는 나의 두 눈을 들여다보았어요. 나는 책에서 이야기를 읽을 수 있어요. 나는 글을 쓸 수도 있고, 철자법을 외울 줄도 알고, 셈을 할 줄도 알아요. 마음씨도 곱지요. 내 동생은 걷기도 하고 뛰기도 해요. 잠보와 나는 모두 돈을 갖고 있어요. 프린스는 착한 개예요. 그는 새를 잡지 못해요. 쥐가 새끼 비둘기를 죽였어요. 참 가엾어요. 쥐는 무엇이 나쁜 짓인지 모르나봐요. 나와 어머니와 선생님은 6월에 보스턴에 갈 거예요. 나는 어린 눈먼 소녀들을 만나게 되겠지요. 낸시는 착한 인형이에요. 나는 그를 데리고 갈 거예요. 아버지는 나에게 예쁜 시계를 사주실 거고요. 사촌 안나는 나에게 예쁜 인형을 주었어요. 새 인형의 이름은 앨리(Allie)예요.

　안녕히!

헬렌 켈러

다음 해가 되자 그녀의 표현력은 더욱 능란해졌다. 형용사를 많이 쓰게 되었을 뿐만 아니라 색에 대한 표현도 쓰게 되었다. 그는 색에 감각적인 지식은 없지만, 인상에서 얻은 것이 아니고 대부분의 어휘를 사실에 따라 지성적으로 우리가 쓰고 있는 것과 다름없이 쓸 수 있게 되었다. 이 편지는 퍼킨스 학교에 있는 동창생에게 쓴 것이다.

사라 톰린슨 양에게

1888년 1월 2일, 앨라배마 터스컴비아

친애하는 사라!

오늘 아침 너에게 편지를 쓰게 되어 무척 기뻐! 아나그노스 씨가 나를 만나러 와 줬으면 해. 6월에는 보스턴에 갈 거야. 그러면 아버지의 장갑과 제임스의 좋은 칼라(collar)와 심프슨의 커프스를 사려고 해. 나는 배티 선생님과 그의 학생들을 만났어. 그들에겐 좋은 크리스마스 나무가 있었어. 그 날은 어린이들을 위한 훌륭한 선물들이 많이 있더라. 나는 오리와 새와 과자를 받았지. 나는 크리스마스 날에 가지고 놀 여러 가지 장난감이 많이 있어. 아주머니는 나에게 낸시를 넣어 둘 트렁크와 옷을 많이 주셨어. 나는 선생님과 어머니와 함께 파티에 나갔어. 우리는 춤을 추고 놀았지. 어린 소년 소녀들과 함께 호두와 과자, 오렌지 등을 먹으며 즐겁게 놀았어. 홉킨스 부인은 나에게 예쁜 반지를 보내 주었어. 나는 그 부인과 어린 눈먼 소녀들을 사랑해. 남자들과 소년들이 공장에서 양탄자를 만들고 있어. 양털은 양의 몸에서 자라나고 있어. 어른들은 양털을 가위로 깎아내고, 공장에서 옷감을 짜. 목화는 밭의 나무에서 자라게 마련이야. 목화가 되면 어른이나 아이 할 것 없이 목화를 따지. 그것으로 실과 무명옷을 만들거든. 목화 나무는 붉고 꽃은 희고 예뻐. 선생님은 옷이 찢어졌어. 밀드레드가 울었지. 나는 낸시를 보살펴 주어야겠어. 어머니는 나를 보스턴에 데려가기 위해 새

앞치마와 새 옷을 사주시겠대. 나는 아버지와 아주머니와 함께 녹스빌에 갔었지. 베씨(Bessie)는 몸이 약하고 조그마했어. 톰프슨 부인의 병아리가 레일라(Leila)의 병아리를 죽였어. 에바는 내 침대에서 자고 있어. 나는 착한 소녀들을 사랑해. 안녕!

헬렌 켈러

다음의 편지 두 편은 헬렌이 테네시의 멤피스에 살고 있는 친척 집을 방문한 내용이다. 그녀는 목화 거래소에 들렀고, 그녀가 지도와 칠판을 만져보자 사람들은 그녀에게 학교에 다니느냐고 물었다. 그녀는 칠판에 출근하고 있는 신사들의 이름을 모두 적었다. 멤피스에 있는 동안 그녀는 기선을 타고 미시시피 강을 건너갔다.

에드워드 E. 헤일 박사에게

1888년 2월 15일, 앨라배마 터스컴비아

친애하는 헤일 씨,

    오늘 아침에 당신에게 편지를 쓰게 되어 즐거워요. 선생님은 저에게 친절한 신사에 관한 이야기를 들려주셨어요. 재미있는 이야기를 읽게 되면 얼마나 즐거우시겠어요. 나는 지금 호랑이와 사자와 양 떼들이 나오는 책을 읽고 있어요. 6월에는 보스턴의 어린 눈먼 소녀들을 보러 갈 거예요. 그리고 당신도 뵈러 가겠어요. 나는 할머니와 내니 아주머니를 뵈러 멤피스에 간 일이 있어요. 선생님은 나에게 예쁜 옷과 모자와 앞치마를 사다 주셨어요.

나탈리는 무척 연약한 꼬마 아이예요. 아버지는 우리를 데리고 기선 구경을 가셨어요. 강은 무척 컸어요. 보트는 집과 비슷하고요. 밀드레드는 나의 동생이에요. 착한 아이지요. 나는 그 애와 노는 것을 좋아해요.

내가 멤피스에 갔을 때 낸시는 착한 소녀가 아니었어요. 그 애는 큰소리로 울고 있었으니까요. 오늘은 이만 그치겠어요. 몸이 피곤하네요.

    안녕히!

                                             헬렌 켈러

미카엘 아나그노스 씨에게

1888년 2월 24일, 앨라배마 터스컴비아

친애하는 아나그노스 씨, 나는 점자로 당신에게 편지를 쓰게 되어 너무나 기뻐요! 오늘 아침에 루시언 톰프슨(Lucien Thompson)이 오랑캐꽃과 크로카스 그리고 황수선으로 된 아름다운 꽃다발을 나에게 보내 주었어요. 일요일에는 아델린 모지스가 나에게 예쁜 인형을 선물로 주었어요. 그 인형은 뉴욕에서 태어났어요. 그녀의 이름은 아델린 켈러예요. 그녀는 눈을 감을 수도 있고 팔을 굽힐 수도 있으며 앉거나 설 수도 있어요.

그녀는 빨갛고 예쁜 옷을 입고 있어요. 그녀는 낸시의 동생이고 나는 그녀들의 엄마예요. 엘리는 그녀들의 사촌이에요. 낸시는 나쁜 아이예요. 그녀는 내가 멤피스에 갔을 때 큰 소리로 울어서 때려 주었어요. 밀드레드는 어린 병아리들에게 빵조각을 먹였어요. 나는 어린 동생과 노는 것을 좋아해요.

선생님과 나는 내니 아주머니와 할머니를 뵈려고 멤피스에 갔어요. 루이스는 나니 아주머니의 아이예요. 선생님은 나에게 예쁜 옷과 장갑, 양말 그리고 칼라를 사주셨어요. 할머니는 푹신푹신한 플란넬로 옷을 만들어 주셨어요. 내니 아주머니는 나에게 앞치마를 만들어 주시고, 가정부는 예쁜 모자를 만들어 주었어요. 나는 로버트 그레이브 씨, 그레이브 부인과 어린 나탈리 그리고 페리 씨, 메이요(Mayo) 씨, 메리(Mary) 그밖에 많은 사람들을 만나보러 갔어요. 나는 로버트와 선생님을 사랑해요. 선생님은 내가 오늘 더 많은 편지를 쓰는 것을 싫어하세요. 피곤할 테니 그만 쓰라는 거예요.

그레이브 씨 호주머니 속에 과자 상자가 있는 것을 보았어요. 아버지는 우리에게 집과 같은 기선을 보여주신다고 데리고 가셨어요. 배가 강 위에 있었어요.

예이츠(Yates)는 잔디를 심으려고 마당에 왔어요. 뮬(Mule)은 쟁기를 끌었어요. 어머니가 채소밭을 만들려고 하세요. 아버지는 밭에 수박과 완두콩을 심는다고 하셨어요. 사촌 벨은 토요일에 우리를 만나보러 올 거예요.

저녁에 어머니가 아이스크림을 만들어주신대요. 우리는 아이스크림과 케이크를 맛있게 먹었어요. 그리고 꽃과 나무가 어떻게 자라나는지도 배웠어요. 해는 동쪽에서 뜨고 서쪽으로 넘어가지요. 그림자가 지는 곳은 북쪽이고, 터스컴비아는 남쪽이고요. 6월이 되면 우리는 보스턴에 갈 거예요. 나는 소녀들과 즐겁게 놀 수 있게 되었어요.

  안녕히!

헬렌 켈러

다음 편지에 나오는 모리 아저씨는 켄터키에 사는 노르망디 출신인 모리슨 헤디 씨이다. 그는 어렸을 때 눈이 멀고 귀가 먹었으나 훌륭한 시를 다수 썼다.

모리슨 헤디 씨에게

1888년 3월 1일, 앨라배마 터스컴비아

친애하는 모리 아저씨!
　나는 이 편지를 쓰게 되어 매우 기뻐요. 나는 당신을 사랑해요. 당신을 만나면 나는 껴안고 키스를 하겠어요. 아나그노스 씨는 월요일에 나를 보러 오신대요.
따뜻하고 밝은 햇볕 아래에서 로버트와 함께 뛰어노는 것을 좋아해요. 나는 켄터키의 렉싱턴에 있는 한 소녀를 알고 있어요. 이름은 캐서린 홉슨이에요.
6월이 되면 나는 어머니와 선생님과 함께 보스턴에 가게 될 거예요. 나는 소녀들과 재미있게 놀 거예요.
헤일 씨가 근사한 이야기책을 보내주신대요. 나는 사자와 호랑이, 곰들에 관한 이야기를 읽고 있어요. 밀드레드는 보스턴에 가지 않겠대요. 그 애는 울고 있어요. 나는 어린 동생과 같이 노는 것이 즐겁지만 그 애는 몸이 약해요. 에바의 병은 좀 나았어요. 예이츠는 개미 떼를 죽였어요. 그러자 개미 떼가 예이츠를 깨물었어요. 예이츠는 땅을 파고 있어요. 아나그노스 씨는 오렌지를 살펴보았어요. 오렌지는 모두 황금사과처럼 보여요.
로버트는 햇볕이 내려쪼이는 일요일에 나를 찾아올 거예요. 나는 그와 함께 재미있게 놀 거예요. 사촌인 프랭크는 루이스빌에서 살고 있어요. 페리 씨와 그레이브 부인과 그레이브 씨 그리고 메이요 씨를 만나러 다시 멤피스에 오겠어요. 나탈리(Natalie)는 착한 소녀예요. 그녀는 울지도 않아요. 이제는 많이 컸을 거예요. 그레이브 부인은 그 애에게 짧은 옷을 만들어 주었어요. 나탈리는 조그마한 마차를 갖고 있어요. 메이요 씨는 덕힐(Duck Hill)에 다녀왔어요. 오는 길에 아주 예쁜 꽃을 갖고 왔어요.

    사랑과 키스를 보내요!

헬렌 켈러

소풍을 갔던 이야기를 쓴 이 편지를 통해 설리번 선생의 뛰어난 교수법을 엿볼 수 있다. 헬렌이 쓰는 말도 이 시기부터 부쩍 늘어났다.

미카엘 아나그노스 씨에게

1888년 5월 3일, 앨라배마 터스컴비아

친애하는 아나그노스 씨에게

오늘 당신에게 편지를 쓰게 되어 무척 기뻐요. 사랑하는 당신으로부터 맛있는 과자와 편지를 두 통이나 받아서 얼마나 행복한지 몰라요. 머지않아 당신을 보러 가겠어요. 그리고 시골에 대한 여러 가지 질문을 해야겠어요.

당신은 착한 어린이들을 사랑하시겠지요. 어머니께서는 내가 보스턴에서 입을 새 옷을 만들어 주시겠다고 하셨어요. 나는 어린 소녀들과 소년들 그리고 당신을 정답게 바라볼 거예요.

설리번 선생님과 나는 금요일에 어린아이들과 함께 소풍을 다녀왔어요. 우리는 장난을 치고 나무 밑에 앉아서 점심을 먹었어요. 그리고 고사리며 들꽃들을 재미있게 보았어요. 또 숲속에 들어가 나무 이름들을 많이 배웠죠. 포플러, 삼나무, 소나무, 떡갈나무, 물푸레나무, 히코리나무, 단풍나무 등이 특히 많이 있었어요. 나무들은 그늘을 만들어 편히 쉴 수 있게 했으며 작은 새들은 나뭇가지에 앉아서 아름다운 노래를 부르고 있었어요. 토끼는 깡충깡충 뛰어다니고 다람쥐는 달음박질을 하는가 하면 징그러운 뱀은 숲 사이를 누비고 있었어요.

제라늄이며 장미, 재스민, 동백꽃이 활짝 피어 웃고 있었어요. 나는 어머니를 도와 드렸어요. 설리번 선생님은 저녁 식사를 하기 전에 언제나 화초에 물을 주세요.

사촌 아서는 물푸레나무에 그네를 매어 주었어요. 이브 아주머니는 멤피스로 갔대요. 프랭크 아저씨는 이곳에 계시고요. 그분은 저녁에 먹을 딸기를 따고 계세요. 낸시는 또 병이 났어요. 이가 새로 나와서 앓고 있어요.

애들은 모두 별일 없어요. 그러므로 월요일에는 나와 함께 신시내티에 갈 수 있을 거예요. 이브 아주머니는 남자 인형을 보내주시겠대요. 해리는 낸시와 다른 애들의 오빠가 될 거예요. 지금 나는 피곤해서 아래층으로 내려가고 싶어요. 편지와 함께 많은 키스와 포옹을 보내주겠어요.

    당신이 사랑하는 어린이

헬렌 켈러

5월 말경에 헬렌 켈러와 설리번 선생은 보스턴을 향해 출발했다. 그들은 도중에 워싱턴에서 며칠 머물렀으며, 그곳에서 그들은 알렉산더 G. 벨 박사를 만나게 되었고, 이를 계기로 클리블랜드 대통령을 방문했다. 그들은 5월 26일에야 보스턴에 도착하여 퍼킨스 학교를 방문했다. 헬렌은 그곳에서 전부터 편지를 주고받던 어린 시각장애인 소녀들과 만나게 되었다.

헬렌은 7월 초순에 매사추세츠의 브루스터로 갔다. 그리고 그곳에서 남은 여름을 보냈다. 그녀는 거기서 처음으로 바다를 보게 되었다. 그 후 그녀는 바다에 대한 것들을 글로 옮겼다.

메리 C. 무어 양에게

1888년 9월, 매사추세츠 보스턴

친애하는 무어 양!

당신의 사랑스러운 어린 친구로부터 재미있는 편지를 받는 것이 즐거우신가요? 나는 나의 친구이기 때문에 당신을 무척 사랑해요.

귀여운 동생도 잘 놀고 있어요. 그 애는 나의 요람 의자에 앉기를 좋아해요. 그리고 고양이를 곧잘 재워주지요. 어린 밀드레드가 보고 싶지 않으세요? 그 애는 무척 예뻐요. 눈은 크고 푸르며 뺨은 둥글고 야들야들하며 장밋빛을 띠고 있어요. 또 머리카락은 황금빛으로 빛나요. 밀드레드는 큰 소리를 내어 울지 않으면 매우 착한 아기이지요. 내년 여름에는 밀드레드를 데리고 정원에 나가서 달콤한 딸기를 따려고 해요. 그러면 밀드레드는 무척 좋아할 거예요. 그 애가 과일을 너무 많이 먹지 않았으면 좋겠어요. 배탈이 나면 안 될 테니까요.

한 번 저를 보러 앨라배마에 오지 않으실래요? 제임스 아저씨가 귀여운 말과 예쁜 마차를 사주신다고 하셨어요. 당신과 해리를 그 마차에 태우고 싶어요. 해리가 나의 말을 보고 무서워하지 말아야 할 텐데요. 아마 아버지께서도 나에게 잘 생긴 어린 남동생을 마련해 주실 거예요. 그렇게 되면 나는 새 어린 동생을 친절하게 보살펴 주고 어떤 일도 참아 나갈 수 있을 거예요. 내가 여러 지방을 방문할 때면 동생과 밀드레드는 할머니와 함께 집에 있어야 할 거예요. 그 애들은 많은 사람들을 상대할 수 있을 정도로 자라지는 못했으니까요. 그리고 요란하게 파도치는 바다 위에서 고함을 치며 울지도 모르니까요.

베이커 대위님의 건강이 좋아지면 나를 그분의 배에 태워 아프리카로 데려다줄 거예요. 그곳에 가면 사자, 호랑이, 원숭이들을 보게 될 테지요. 나는 아기 사자와 흰 원숭이와 점잖은 곰을 집으로 데리고 올 거예요.

브루스터에서는 재미있게 지냈어요. 나는 거의 날마다 물놀이를 했어요. 캐리와 프랭크와 어린 헬렌과 나는 참 재미있게 놀았어요. 우리는 물 속에 들어가서 물을 튀기기도 하고 점프도 하고 저벅저벅 걷기도 했어요. 이제는 물 위에 떠 있어도 겁나지 않아요. 해리도 물 위에 뜨거나 헤엄칠 수 있나요?

우리는 지난주 목요일에 보스턴에 도착했어요. 아나그노스 씨가 우리를 무척 반겨주었어요. 그분은 나를 껴안고 키스해 주셨어요. 다음 주 수요일에는 어린 소녀들도 학교로 돌아올 거예요. 해리를 만나면 저에게 긴 편지를 써 보내라고 당부해 주시지 않겠어요?

당신께서 나를 만나러 터스컴비아로 오실 때 나는 아버지께서 맛있는 과자와 싱싱한 복숭아, 맛 좋은 배, 포도 그리고 커다란 수박 등을 사 오셨으면 해요. 나도 착한 어린이니까요. 언제나 나를 기억하고 사랑해 주세요. 많은 사랑과 키스를.

  당신의 어린 친구로부터

                헬렌 켈러

헬렌은 이처럼 친구들을 자주 방문했기 때문에 그 사고력은 여덟 살짜리 정상적인 아이들과 비슷하게 되었다. 사람을 유난히 좋아한 것은 그녀의 특성이라고 하겠다.

케이트 애덤스 켈러 부인에게

1888년 9월 24일, 매사추세츠 보스턴

친애하는 어머니!

어머니께서는 내가 웨스트 뉴턴에서 겪은 여러 가지 이야기를 들으시면 아마도 무척 기뻐하실 거예요. 선생님과 나는 친절한 여러 친구와 함께 재미있게 놀았어요. 웨스트 뉴턴은 보스턴에서 별로 멀지 않아요.

우리는 발동선을 타고 재빨리 그곳에 갔어요. 프리먼(Freeman) 부인과 켈러, 에델, 프랭크 그리고 헬렌이 큰 자동차를 타고 우리를 맞으러 역으로 나왔어요. 나는 사랑스러운 친구들을 보자 무척 기뻤어요. 나는 그들을 껴안고 키스해 주었어요. 그리고 우리는 그곳의 독특한 아름다운 고장들을 구경하려고 여러 시간 차를 타고 다녔어요. 훌륭한 집도 많이 있고, 그 주위에는 넓고 푸른 잔디밭이며 아름다운 꽃, 여러 가지 나무들이 있었고 샘물도 있었어요.

프린스라는 말도 있었어요. 그 말은 얌전한데 뛰기를 좋아했어요. 우리는 집에 가는 도중에 여덟 마리의 토끼 떼와 살찐 강아지를 두 마리 보았어요. 그리고 좋은 망아지와 두 마리의 고양이, 돈이라고 부르는 예쁜 곱슬머리 개도 보았지요. 말의 이름은 모리(Molie)였어요. 나는 그 말을 타고 놀았지만 조금도 무섭지 않았어요. 아버지가 나에게 하루속히 귀여운 말과 마차를 사주시면 좋으련만, 클리프톤은 어린 소녀에게 키스하는 것을 싫어하기 때문에 나에게도 키스해 주지 않았어요.

그는 무척 수줍어해요. 프랭크나 클레어렌스(Clarence), 로비, 에디, 찰스 그리고 조지 등이 수줍어하지 않는 것은 다행한 일이에요. 나는 여러 꼬마 친구와 재미있게 놀았어요. 특히 캐리의 삼륜 자전거를 즐겁게 탔어요. 꽃도 꺾고 과일도 먹고 달음박질도 하고 줄넘기도 했어요. 그리고 춤을 춘 다음에 다시 자전거를 타러 갔어요.

여러 신사 숙녀들이 우리를 만나러 왔어요. 루시와 도라와 찰스는 중국에서 태어났대요. 나는 미국에서 나고, 아나그노스 씨는 그리스에서 태어났어요.

드루(Drew) 씨는 중국에서는 어린 소녀들이 자기 손가락으로 이야기를 하지 못한다고 하셨어요. 그렇지만 내가 만일 중국에 간다면 그곳 애들에게 가르쳐 주려고 해요. 중국인 간호사가 나를 만나러 왔어요. 그 여자의 이름은 아수라고 해요. 그녀는 나에게 작은 신발을 보여주었어요. 그 신발은 중국의 부잣집 숙녀들이 신는 것으로 신발이 그처럼 작은 것은 그들의 발을 크게 자라지 못하게 만들었기 때문이래요. 아마라는 말은 간호사란 중국말일 거예요.

공휴일이면 발동선이 곧잘 쉬기 때문에 우리는 마차를 타고 집에 돌아왔어요. 차장과 운전수는 몹시 피곤해하면서 쉬기 위해 집으로 돌아갔어요. 나는 차 안에서 꼬마인 윌리 스완(Willie Swan)을 만났어요. 그는 나에게 싱싱한 배를 주었어요. 그는 여섯 살이었어요. 나는 여섯 살일 때 무엇을 했을까요? 아버지께 선생님과 나를 만나러 기차를 타고 오시라고 말씀해 주세요.

에바와 베시가 앓아서 걱정이군요. 내 생일에는 근사한 파티를 열어 주셨으면 해요. 그러면 나는 캐리와 에바 그리고 프랭크와 헬렌을 앨라배마로 초대할 수 있을 테지요. 나는 집으로 돌아오면 밀드레드와 함께 잘 거예요.

많은 사랑과 키스를.

    당신의 사랑하는 어린 딸로부터

헬렌 A. 켈러

헬렌이 플리머스에 간 것은 7월이다. 그녀가 3개월 후 쓴 이 편지는 처음으로 배운 역사 공부에 대해 얼마나 잘 기억하고 있는지 보여준다.

모리슨 헤디 씨에게

1888년 10월 1일, 매사추세츠 남보스턴

친애하는 모리 아저씨!

저에게서 편지를 받으면 당신은 매우 기뻐하겠지요. 나는 당신을 생각하고 사랑하기 때문에 이 편지를 쓰는 것이 무척 즐거워요.
보내주신 책에서 좋은 이야기를 많이 읽었어요. 그리고 찰스와 그의 배(船), 아서와 그의 꿈 그리고 로자와 잠에 대해서는 여러 번 읽어보았어요.
나는 큰 보트에 들어가 본 일이 있어요. 큰 배와 비슷하더군요. 어머니와 선생님, 홉킨스 부인과 아나그노스 씨, 로도카나치 씨 그리고 여러 다른 친구들은 오래된 고적을 보려고 플리머스에 갔어요. 여러 해 전에 영국에는 많은 사람들이 살았어요. 그런데 왕과 그의 친구들은 선량한 사람들에게 친절하지 않고, 점잖게 대하지도 않았으며, 참을성도 없었어요. 왕은 백성들이 자기에게 복종하지 않는 것을 싫어했기 때문이지요.
백성들은 왕과 함께 교회에 가는 것을 싫어했어요. 그러나 백성들은 자신들을 위해 아담하고 조그마한 교회를 지었으면 하는 생각을 하고 있었어요. 왕은 백성들에게 몹시 화를 내었어요. 백성들은 무척 걱정하면서 이렇게 생각했어요. 우리가 앞으로 살아가기 위해서 또는 고약한 왕과 멀어지기 위해 친구와 정든 고향을 버리고 낯선 나라로 가야겠다고요.
그리하여 그들은 짐을 꾸린 후 안녕! 하고 작별했지요. 그들은 무척 많이 울었어요. 참 가엾어요. 그들이 네덜란드에 갔을 때 아는 사람이라고는 하나도 없었어요.

그들은 네덜란드 사람들의 말을 알아들을 수 없었어요. 그러나 얼마 안 가서 그 나라 말을 조금이나마 배우게 되었지요. 그렇지만 그들은 자기 나라 말을 사랑했으므로 어린 소년 소녀들이 자기 나라 말을 버리고 남의 나라 말을 배우고 공부하는 것을 원치 않았어요.

그들은 새 나라로 더 멀리 가서 그곳에서 교회와 집과 학교를 세워야겠다고 생각했어요. 그리하여 그들은 물건을 챙겨서 모두 상자에 넣고 짐을 싼 후 새로 사귄 친구들에게 인사를 나누고, 큰 보트를 타고 새 나라를 찾아 나섰지요. 그러나 가엾게도 그들은 미국에 대하여 전혀 알지 못했기 때문에 가슴 속엔 슬픔이 가득 차고 불안하기만 했어요.

어린이들은 아마도 넓은 바다를 무서워했겠지요. 바닷물은 큰 보트를 억세게 흔들어 어린이들은 물에 빠질 뻔하거나 머리를 다칠 뻔했을 거예요.

그들은 여러 주일을 맑은 하늘과 푸른 물결밖에는 보지 못했을 거예요. 끝없는 바다 위에서만 살고 있었으니 나무나 꽃이나 숲을 어떻게 볼 수 있겠어요? 사람들은 아직 기계나 증기 기관에 대해서는 잘 몰랐기 때문에 배를 빨리 몰고 갈 수 없으므로 자연히 시간이 오래 걸리게 되었지요.

사람들은 날마다 육지를 보려고 갑판 위에 올라갔어요. 어느 날 배 안이 야단법석이었어요. 육지가 보였으므로 그들은 기쁨에 넘쳐 어쩔 줄을 몰랐어요. 그들은 이제 안전하게 새 나라에 도착할 수 있었던 거지요. 어린 소년 소녀들은 손뼉을 치면서 기뻐했어요. 그들은 모두 커다란 바위 위에 올라가 기뻐서 입이 벌어졌지요.

나는 플리머스에서 바위와 메이플라워 같은 조그마한 배와 귀여운 아기 페리그린이 자던 요람 그리고 메이플라워에 있던 여러 가지 유물을 보았어요. 당신도 나중에 플리머스에 오셔서 그것들을 구경하지 않으시겠어요?

이제 피곤해서 자야겠어요.

    많은 사랑과 키스를, 당신의 꼬마 친구로부터

                                      헬렌 켈러

다음 두 통의 편지에는 여러 개의 외국어가 섞여 있는데, 그중 첫 번째로 나오는 외국어는 눈먼 아이들을 위한 유치원을 방문하는 동안 쓰여졌다. 전부터 들었던 단어를 자연히 기억한 것이다. 헬렌은 단어를 이해하여 자기 것으로 만드는 연습을 거듭하고, 때로는 그 말을 재치 있게 쓰기도 하며 앵무새처럼 반복함으로써 자기 것으로 만들었다. 가령 그녀가 단어나 개념을 완전히 이해하지 못할 때는 늘 하는 버릇대로 모르는 단어들을 기재해 두었다. 이 같은 방법으로 미처 경험하지 못한 사고력을 나타내는데 음성과 청각을 이용하여 단어를 분명하게 배웠다.

미카엘 아나그노스 씨에게

1888년 10월 17일, 매사추세츠 록스베리

Mon Cher Monsieur Anagnos(친애하는 아나그노스 씨)!

나는 창가에 앉아 있어요. 아름다운 햇빛이 나를 비춰 주어요. 선생님과 나는 어제 유치원으로 갔었어요. 그곳에는 27명의 시각장애인 어린이가 있더군요. 그 애들은 눈이 있으면서도 보지 못하니 정말 가엾어요. 나중에라도 잘 볼 수 있게 되겠지요.

에디스는 가엾게도 시각장애인이고 청각장애인이고 농인이래요. 나와 에디스 생각을 하면 당신도 마음이 서글퍼지겠지요. 머지않아서 어머니와 아버지 그리고 귀여운 동생을 보러 집으로 돌아갈 거예요. 앨라배마로 나를 보러 오셨으면 좋겠어요. 그러면 나의 작은 마차를 태워 드릴게요. 작은 망아지 등에 탄 나를 보시면 아마도 무척 기뻐하시겠지요. 나는 예쁜 모자와 새 승마복을 입을 거예요. 나는 햇빛이 잘 나면 당신을 모시고 레일라(Leila)와 에바와 베씨(Bessie)를 보러 가겠어요. 나는 열세 살이 되면 아름다운 고장을 여러 곳 여행하려고 해요. 노르웨이에서는 높은 산에 올라가서 얼음과 눈도 볼 거예요. 넘어지지도 않고 다치지도 않았으면 좋으련만, 영국에 있는 젊은 폰트레로이 경을 방문하려고 해요. 그분은 내가 가면 자기의 커다란 옛집을 기꺼이 보여줄 거예요. 그리고 우리는 사슴과 함께 뛰기도 하고 토끼에게 먹이를 주며 다람쥐를 잡으러 쫓아다닐 테지요. 도우갈이라는 큰 개도 무서워하지 않겠지요.

폰트레로이가 나에게 친절한 여왕을 만나게 해주었으면 해요. 내가 프랑스에 간다면 나는 그 고장 사람을 데리고 오겠어요. 프랑스 소년은 나에게 물을 거예요. "Parlez-vous Francais(당신은 불어를 쓸 줄 알아요)?" 그러면 나는 다음과 같이 말하겠어요. "Oui, Monsieur, vous avez un joli chapeau. Donnez moi un baiser(네, 당신은 근사한 모자를 썼군요. 나에게 키스해주세요)."

그런데 또 한 가지 청이 있어요. 아테네의 소녀를 만나러 당신도 나와 함께 그곳에 갈 수 있을까요? 그 소녀는 매우 아름답겠지요. 나는 그곳에 가면 그녀에게 그리스 이야기를 해주려고 해요. "Se agapo." 그리고 "Pos eahete"라고 말이에요. 그 소녀는 아마도 "kalos"라고 대답하겠지요. 그러면 나는 다시 "chaere"라고 하겠어요. 어서 오셔서 극장에 데리고 가주세요. 나는 당신이 오시면 "Kale emera"라고 말할 거예요. 또 집에 돌아가면 "Kale nykta"라고 말하겠어요. 너무 피곤해서 이제 더 쓸 수가 없네요. 그럼 다시 만날 때까지.

  당신의 사랑하는 꼬마 친구로부터

                  헬렌 켈러

에벨리나(Evelina) H. 켈러에게

1888년 10월 29일, 매사추세츠 보스턴

친애하는 아주머니!

나는 곧 집에 돌아갈 거예요. 사람들은 선생님과 나를 보고 무척 반가워하겠지요. 그동안 배운 것을 보여드릴 생각에 너무나 기뻐요. 나는 불어·독일어·라틴어·희랍어를 공부하고 있지요.

'Se agapo'는 희랍어예요. 그것은 '나는 당신을 사랑한다'라는 뜻이지요. 'J'ai une bonne petite soeur'은 불어이고, 이 문장은 '나는 예쁜 여동생이 있습니다'라는 뜻이에요. 'Nous avon un bon pere et une bonne mere'는 '나는 좋은 아버지와 어머니가 있다'라는 뜻이죠. 'Puer'는 '소년'이라는 라틴어고요. 'Mutter'는 독일어로 '어머니'예요. 나는 집에 돌아가면 밀드레드에게 많은 말을 가르쳐 줄 거예요.

헬렌 켈러

소피아 C. 홉킨스 부인에게

1888년 12월 11일, 앨라배마 터스컴비아

친애하는 홉킨스 부인!

사랑하는 비둘기들에게 방금 모이를 주고 왔어요. 지난 일요일에 오빠 심프슨이 나에게 선물해 주었어요. 나는 이 비둘기를 애니라고 불러요. 나의 강아지는 저녁을 먹고 자려고 집으로 들어갔어요. 나의 토끼도 잠자고 있어요. 나도 곧 자려고 해요. 선생님은 친구들에게 편지를 쓰고 계세요. 어머니 아버지와 그 친구들은 커다란 용광로를 구경하러 가셨어요. 용광로에서 쇠붙이를 만든대요.

금속은 땅속에 묻혀 있지요. 그러나 쇠붙이는 용광로 속에서 녹이기 전에는 쓸 수 없어요. 용광로에 녹이면 나쁜 것은 모두 떨어져 나가고 순수한 철만 남게 돼요. 그리하여 그 쇠는 비로소 기계나 난로 또는 주전자 등 여러 가지 물건을 만들어내요.

석탄도 역시 땅에 묻혀 있어요. 오래 전, 그러니까 사람들이 이 땅에 살기 전에는 큰 나무와 수풀 또는 커다란 양치류와 아름다운 꽃이 땅 위에 덮여 있었지요. 그런데 나무들이 쓰러지고 물과 흙이 그 위를 뒤덮었어요. 그래서 나무가 흙 밑에 파묻혀 말라 버렸죠. 이처럼 수천 년 동안 모든 나무가 자라지 못했으나 그 후 겨우 자라서 사람들이 불을 땔 수 있게 되었어요.

석탄에서 나무껍질이나 양치류 탄을 캐내지요. 증기 기관차는 그것을 도시로 운반하여 땔감으로 사람들에게 팔아요. 그것은 추울 때 사람들을 따뜻하게 해주지요.

부인은 외롭고 쓸쓸하지 않으세요? 나를 만나보러 오셨으면 해요. 그리고 오시거든 오래 머물러 주세요.

당신의 꼬마 친구로부터, 많은 사랑을!

헬렌 켈러

델라(Della) 베넷 양에게

1889년 1월 29일, 앨라배마 터스컴비아

친애하는 베넷 양!

이 아침에 당신에게 편지를 쓴다는 것이 나는 무척 즐거워요. 방금 아침 식사를 마쳤어요. 아래층에서는 밀드레드가 뛰어다니고 있어요.

그동안에 나는 책에서 천문학자에 대한 이야기를 읽고 있었어요. 천문학자란 말은 라틴어 'Astra'에서 온 말이지요. 그것은 별을 가리키는 말이므로 별에 대하여 공부하는 사람을 천문학자라고 해요.

우리가 조용히 침대에서 잠자고 있을 때 그들은 망원경을 통해 아름다운 하늘을 살펴보고 있지요. 망원경은 굉장히 날카로운 눈과 같아요. 별은 너무도 멀리 떨어져 있기 때문에 아주 좋은 기구가 없이는 별에 대한 이야기를 할 수 없어요. 당신도 창밖의 작은 별을 보고 싶지 않으세요? 설리번 선생님은 창밖에서 비너스를 보았는데 그것은 크고 아름다운 별이라고 하셨어요. 별들은 지구의 오빠이고 언니라나요.

천문학자들이 사용하는 기구 외에도 많은 기구들이 있지요. 칼은 물건을 자르는 도구예요. 초인종도 하나의 기구이지요. 초인종에 대하여 내가 알고 있는 것을 이야기해 드릴게요. 어떤 종은 음악적이지만 어떤 종은 아니에요. 어떤 것은 매우 작고 어떤 것은 상당히 커요. 나는 웰즐리(Wellesley)에서 매우 큰 종을 보았어요. 그것은 일본에서 가져왔다더군요. 종은 여러 가지로 사용해요. 아침 식사가 마련되었을 때도 우리에게 알려주고, 교회에 갈 때나 학교에 갈 때 또는 불이 났을 때도 우리에게 알려주거든요.

그 밖에도 사람들이 일을 하려고 나갈 때나 집에 돌아와서 쉴 때도 쓰이지요. 기차를 타려고 역으로 승객들이 갔을 때나 교통이 차단되었을 때도 사람들에게 필요해요. 종은 울려도 가끔 무서운 사고가 일어나요.

많은 사람들이 불에 데이기도 하고 물에 빠지기도 하며 다치기도 해요. 지난번에 인형의 머리를 깨뜨렸어요. 그러나 그것은 별로 무서운 사고는 아니에요. 인형은 생명이 고통을 없어서 느낄 줄 모르니까요.

나의 비둘기는 잘 있어요. 그리고 나의 작은 새도요. 나는 진흙이 갖고 싶어요. 선생님께서 이제 공부할 시간이 되었다고 하셨어요. 그럼 안녕히!

   많은 사랑과 많은 키스를

헬렌 켈러

에드워드 E. 헤일 박사에게

1889년 2월 21일, 앨라배마 터스컴비아

친애하는 헤일 박사님!

  제가 박사님과 사촌들을 모두 잊었다고 생각하지 않으실까 몹시 염려하고 있어요. 그렇지만 내가 언제나 당신을 생각하고 사랑한다는 것을 아신다면 이 편지를 받고 기뻐하시겠지요.

나는 여러 주일 동안 집에 머물러 있었어요. 보스턴을 떠나온 것은 여간 슬픈 일이 아니었어요. 특히 친구들이 없으니까 무척 쓸쓸해요. 그렇지만 정든 집으로 돌아온 것이 기쁘기도 해요. 귀여운 어린 동생은 무럭무럭 자라고 있어요. 가끔 짧은 단어를 조그마한 손가락으로 쓰려고 애를 써요. 그렇지만 그 애는 아직 어리기 때문에 단어를 외우기가 힘들죠. 나는 동생이 더 자라서 참을성이 생기고 말을 잘 들으면 여러 가지를 가르쳐 주려고 해요. 선생님은 아이들이 어렸을 때 꾸준한 성격이 있고 얌전하면 커서 신사나 숙녀가 되어도 친절함과 용기를 지니려고 노력한다고 말씀하셨어요. 나는 언제나 용기를 갖고 싶어요.

박사님은 크리스마스를 재미있게 보내셨는지요? 나는 선물을 많이 받았어요. 한번은 근사한 파티가 열렸죠. 다정한 친구들이 모두 나를 만나보러 왔어요. 우리는 게임을 하고 아이스크림, 케이크, 과자 등을 먹었어요. 무척 재미있었어요. 오늘은 햇볕이 반짝거렸어요. 길이 말랐으면 말이 타고 싶어요.

며칠만 있으면 화창한 봄이 찾아올 거예요. 나는 따뜻한 햇볕과 향기로운 꽃을 사랑하기 때문에 봄이 오면 무척 기뻐요. 꽃들은 아마도 사람의 마음을 즐겁고 행복하게 해주려고 자라나는 모양이에요.

세드릭은 내 꼬마 친구예요. 폰트레로이 경 대신에 부르는 이름이지요. 그는 커다란 갈색 눈에 금발 머리를 길게 늘어뜨리고 둥글고 예뻐요. 아이다는 나의 아기지요. 파리에서 한 숙녀가 사다 준 거예요. 그 인형은 진짜 애기처럼 우유를 마셔요. 루시는 훌륭한 젊은 숙녀예요. 그 애는 아름다운 레이스 옷을 입고 매끄러운 슬리퍼를 신고 있어요. 낸시는 점점 나이를 먹어서 가엾게도 몸이 약해졌어요. 그녀는 병자나 거의 다름이 없어요.

나는 얌전한 두 마리의 비둘기와 한 마리의 작은 카나리아를 갖고 있어요. 점보(Jumbo)는 무척 튼튼하고 충실하지요. 그는 밤이면 무엇이든지 우리에게 해를 끼치지 못하도록 살피고 있어요. 나는 날마다 학교에 다녀요. 읽기와 쓰는 법 그리고 수학, 지리, 어학 공부 등을 하고 있어요. 어머니와 선생님께서 박사님과 헤일 부인에게 안부를 전하세요. 밀드레드는 당신에게 키스를 보내고요.

　　　　많은 사랑과 키스를, 당신의 사랑하는 사촌
　　　　　　　　　　　　　　　　　　　헬렌 켈러

설리번 선생과 그의 학생들은 겨울 동안에 터스컴비아에 있는 헬렌의 집에서 공부를 하면서 보냈다. 목표를 분명히 세우고 봄이 올 때까지 헬렌은 영어의 관용어적 용법을 공부했다. 1889년 5월이 지난 후부터는 잘못 쓴 몇 개의 단어를 제외하면 틀리는 부분을 거의 찾아볼 수 없다. 그녀는 단어를 분명히 쓰게 되고, 쉽고 유창하게 글을 쓰고 있다.

미카엘 아나그노스 씨에게

1889년 5월 16일, 앨라배마 터스컴비아

친애하는 아나그노스 씨!

어제 저녁 당신에게서 온 편지를 받고서 얼마나 기뻐했는지 당신은 미처 상상조차 못 하실 거예요. 당신이 그처럼 멀리 가 계시다니 무척 섭섭하군요. 당신이 안 계시면 우리는 쓸쓸하게 되겠네요.

나는 당신과 함께 아름다운 도시를 여러 군데 가보고 싶어요. 헌스빌에 있을 때 브리슨 씨를 만났는데, 그분은 언젠가 아테네와 파리, 런던, 로마 등지에 간 일이 있다고 말씀했어요. 스위스에서는 높은 산에 올라가 보기도 하고, 이탈리아와 프랑스에서는 큰 교회를 방문한 일도 있으며, 고대의 성곽을 구경하기도 했어요.

당신도 도시를 방문할 때마다 나에게 소식을 보내주셨으면 해요. 네덜란드에 가시면 사랑스러운 빌헬미나(Wilhelmina) 공주님에게 나의 사랑을 전해주세요. 그녀는 귀여운 소녀예요. 공주님은 나이가 많아지면 장차 네덜란드의 여왕님이 될 거예요.

루마니아에 가시면 당신은 엘리자베스 여왕님과 병든 어린 남동생에게 안부를 전하더라고 말씀해 주세요. 그리고 여왕님이 사랑하시던 귀여운 따님이 죽어서 섭섭해하더라고도 전해주세요. 나폴리에 사는 어린 왕자 비토리오(Vittorio)에게 키스를 보내고 싶지만, 선생님께서 책망하시는군요. 내가 전할 말이 너무 많아서 저쪽에서 잊어버리지 않겠느냐고요.

나는 열세 살이 되면 혼자서 그들을 모두 방문하게 될 거예요. 폰트레로이 경에 대한 재미있는 이야기책(소설 『소공자』를 뜻한다-편집자 주)을 보내주셔서 감사해요. 선생님께서 고맙다고 하셨어요.

오는 여름에는 에바가 나와 함께 지내기 위해 이리로 온다니 무척 기뻐요. 우리는 함께 재미있게 놀 거예요. 하워드에게 나의 사랑을 전해 주시고, 내 편지에 회답을 보내라고 일러주세요.

우리는 지난 목요일에 소풍을 갔어요. 그늘진 나무 밑에서 노는 것이 무척 즐거웠지요. 밀드레드는 바깥마당에서 놀고 있어요. 그리고 어머니께서는 맛있는 딸기를 따고 계세요. 아버지와 프랭크 아저씨는 다운타운에 계세요. 심프슨은 곧 집으로 돌아올 거예요. 나와 밀드레드는 헌스빌에 있을 때 사진을 찍었어요. 당신에게도 한 장 보내겠어요. 장미꽃이 아름답게 피었어요.

어머니께서는 예쁜 장미꽃을 많이 갖고 계세요. 라 프랑스와 라 마르크는 가장 향기로운 꽃이에요. 그렇지만 마레샬 닐(Marechal Neil), 솔파테르(Solfaterre), 자크미노(Jacqueminot), 니헤오(Nipheots), 에트왈르 드 리온(Etoile de Lyon), 파파 곤티에(Papa Gontier), 가브리엘르(Gabrielle), 드레베(Drevet), 페르레 데 자르댕(Perle des Jardines) 등도 모두 아름다운 장미꽃이죠.

어린 소년 소녀들에게 나의 사랑을 전해주세요. 나는 날마다 그들을 생각하고 그들을 사랑하고 있어요. 당신이 유럽에서 집에 돌아오실 때는 건강하고 행복한 모습을 보여주세요. 칼리오페 케하이아(Calliope Kehayia) 양과 프란시스 디메트리오 칼로포타케스(Francis Demetrios Kalopothakes) 씨에게 나의 사랑을 전해 주실 것을 부탁드려요.

   친애하는 당신의 친구

                 헬렌 켈러

헬렌 켈러가 처음에 쓴 많은 편지와 마찬가지로 이것은 그녀의 불어 선생님에게 쓴 것이다. 그 발전 과정에 있어서 편지를 쓰는 것이 얼마나 도움이 되었는가를 보여주고 있다.

페니 S. 마레트 양에게

1889년 5월 17일, 앨라배마 터스컴비아

친애하는 마레트 양!

지금 나는 몹시 울던 어린 소녀를 생각하고 있어요. 그녀의 오빠는 그 소녀를 마구 놀려 댔어요. 나는 당신에게 그가 어떻게 했는지 이야기해 드리겠어요. 당신도 이야기를 들으면 아마도 그 소녀가 가엾게 생각될 거예요.
그 소녀는 무척 아름다운 인형 하나를 선물 받았죠. 그녀의 오빠는 키가 크고 몸이 튼튼한 남자예요. 그 인형이 하도 아름다우니까 빼앗아서 정원에 있는 높은 나무 위에 올려놓고는 달아나 버렸어요.
어린 소녀는 키가 작아서 인형이 있는 데까지 손이 닿지 않았어요. 그래서 인형을 내릴 수 없었지요. 그녀는 울음을 터뜨렸어요. 인형도 함께 울었어요. 그리고 푸른 나뭇가지 사이로 팔을 뻗고 괴로운 듯이 내려다보고 있었어요. 그러자 곧 어두운 밤이 되었어요. 인형은 혼자 나뭇가지에 앉아서 한잠도 못 자고 밤을 새웠어요. 어린 소녀는 도무지 참을 수 없었어요. 비록 그녀에게 용기는 없었지만 소녀는 인형에게 말했어요. "내가 너와 함께 있어 줄게."
소녀는 어느새 뾰족한 모자를 쓰고 어두컴컴한 골목길에서 춤을 추며 숲 사이를 들여다보고 있는 많은 요정들을 보았어요. 그들은 점점 가까이 다가오는 것 같았어요. 그리고 인형이 앉아 있는 나무를 향해 손을 뻗으며 웃고 있었어요. 그녀는 인형에 손가락질을 했어요. 그러니 어린 소녀는 얼마나 무서웠을까요. 그렇지만 이 요정은 건드리지만 않으면 사람들에게 결코 해를 끼치지 않거든요. "내가 무슨 나쁜 짓이라도 했나요? 아, 맞다." 소녀는 말했어요. "다리에 붉은 헝겊을 감은 불쌍한 오리를 보고 웃었어요. 오리가 절름거리며 가는 것을 보자 웃음이 터졌어요. 하지만 가엾은 집오리를 보고 웃는 것은 옳지 못한 일이지요."
불쌍한 이야기를 들은 아버지가 꼬마 소년에게 벌을 주셨으면 해요. 다음주 목요일에 우리 선생님을 만나러 오시지 않겠어요? 선생님이 쉬려고 집에 가시니까요. 그렇지만 내년 가을에는 다시 이리로 오실 거예요.

   친애하는 당신의 꼬마 친구

                헬렌 켈러

설리번 선생은 여름이 되자 석달 보름간 헬렌의 곁을 떠났다. 헬렌과 선생님이 처음으로 떨어지게 된 것이다. 그 후로 15년 내에 그들이 며칠 이상 떨어져 지낸 것은 이번이 유일하다.

앤 M. 설리번(Anne Mansfield Sullivan) 선생님에게

1889년 8월 7일, 앨라배마 터스컴비아

그리운 선생님!

오늘 저녁에 선생님께 편지를 쓰게 되어 무척 행복해요. 저는 날마다 선생님 생각을 하고 있어요. 지금 저는 뒷마루에 앉아 있고, 하얀 나의 비둘기는 내 의자 뒤에 앉아서 편지를 쓰고 있는 나를 바라보아요.

갖가지 아름다운 꽃이 한창 피고 있어요. 재스민, 헬리오트로프, 장미 등의 꽃향기가 주위에 가득 차 있죠. 날씨가 점점 더워 와요. 8월 20일경에 아버지께서 우리를 데리고 쿼리(the Quarry)에 간다고 하셨어요. 시원하고 상쾌한 숲 속에 가면 아마도 무척 즐겁게 놀 수 있겠죠.

우리가 한 것을 모조리 선생님께 알려 드릴게요. 레스터와 헨리는 착한 아이이기 때문에 나는 무척 기뻐요. 나 대신 그 애들에게 많은 키스를 보내세요. 아름다운 별을 사랑하고 있는 소년의 이름이 무엇이었지요? 에바는 하이디(Heidi)라는 소녀의 이야기를 들려주었어요. 그 이야기책을 나에게 보내주시지 않겠어요? 나에게 타이프라이터가 있다면 참 좋을 텐데.

어른들은 어제 사냥을 가셨어요. 아버지는 새를 서른여덟 마리나 잡았죠. 우리는 그것을 요리해서 저녁에 먹었어요. 맛이 참 좋았어요. 심프슨은 지난주 월요일에 예쁜 학을 총으로 잡았어요. 학은 커다랗고 튼튼한 새지요. 그 날개는 나의 팔 만큼이나 길었어요. 주둥이는 나의 발만큼이나 크고요. 그 새는 작은 물고기나 다른 작은 동물들을 잡아먹는대요. 아버지께서는 학이 쉬지 않고도 거의 날

마다 날 수 있다고 말씀하셨어요.

밀드레드는 세상 여기서 가장 정답고 귀여운 소녀예요. 그렇지만 장난꾸러기이기도 하죠. 그녀는 가끔 어머니 모르게 포도원으로 달려가서 맛있는 포도를 앞치마에 가득 따서 와요. 그 애도 아마 자기의 두 팔로 선생님의 목을 껴안고 싶어 할 거예요.

오늘은 교회에 갔어요. 친구들을 많이 만나게 되어 즐거웠어요. 한 신사가 예쁜 카드를 주었어요. 그 카드에는 시냇가에 물방앗간이 있는 그림이 그려져 있었어요. 물 위에 보트가 떠 있고, 물방앗간에서 얼마 떨어지지 않은 곳에는 나무가 울창하게 둘러싸인 낡은 집이 있었어요. 지붕 위에는 여덟 마리의 비둘기가 앉아 있고, 계단에는 한 마리의 큰 개가 누워 있었어요.

그러고 보니 필은 이제 제법 어미 개가 되어서 뽐내고 있어요. 강아지를 여덟 마리나 갖고 있으니까요. 필은 세상에서 자기 강아지들보다 잘생긴 것은 없다고 생각하나 봐요.

저는 날마다 책을 읽고 있어요. 제발 하루속히 내 곁으로 돌아와 주세요. 선생님이 안 계셔서 얼마나 쓸쓸한지 모르겠어요. 사랑하는 선생님이 여기 계시지 않으니 도저히 여러 가지 일들을 알 수 없어요. 저는 선생님께 키스를 오천 번은 보냈어요. 말로 다할 수 없는 사랑을 보내드려요. H 부인에게도 사랑과 키스를 보내겠어요.

      당신의 사랑하는 꼬마 제자

                                   헬렌 켈러

헬렌과 설리번 선생은 가을에 남보스턴에 있는 퍼킨스 학원으로 돌아왔다.

밀드레드 켈러에게

1889년 10월 24일, 남보스턴

나의 소중한 어린 동생!

잘 잤니? 나는 이 편지와 함께 너에게 생일 선물을 보내 주려고 해. 선물을 보내는 내가 이처럼 기쁘니 너도 이것을 받으면 무척 좋아하겠지.

때때옷은 너의 눈동자처럼 새파란 빛이란다. 과자도 너처럼 달콤해. 어머니께서는 너에게 새 옷을 만들어 주실 테지. 네가 그 옷을 입으면 장미꽃처럼 아름답게 보일 거야. 그리고 그림책은 신기한 이야기와 동물에 관한 이야기를 너에게 많이 해줄 거야. 너는 그것들을 무서워해서는 안 돼. 그들이 그림 속에서 튀어나와 너를 해치려고 하지는 않을 테니까.

나는 날마다 학교에 나가. 여러 가지로 배우는 것이 많지. 여덟 시에 산수 공부를 하는데 난 이 과목을 좋아해. 아홉 시가 되면 어린 소녀들과 함께 체육관에서 재미있게 놀다가 오지. 만일 네가 나와 함께 조그마한 다람쥐와 비둘기 두 마리와 같이 재미있게 놀고 로빈의 둥지를 만들어 준다면 얼마나 좋을까?

홍내지빠귀라는 새는 추운 북쪽 지방에서는 살지 못한대. 열 시가 되면 나는 지구에 대한 공부를 하지. 열한 시에는 선생님과 함께 이야기를 나누고, 열두 시엔 동물에 관해서 공부해. 그런데 오후에는 무엇을 해야 좋을지 아직 모르겠다. 나의 사랑하는 꼬마 밀드레드 안녕!

어머니 아버지에게 나 대신 많은 사랑과 키스와 포옹을 해드려. 선생님도 안부를 전하시네!

너의 사랑하는 언니

헬렌 켈러

존 G. 휘터 씨에게

1889년 11월 27일, 매사추세츠 남보스턴 맹아학교

사랑하는 시인에게!

    알지 못하는 소녀에게서 편지를 받아서 약간 놀라셨을 거예요. 그래도 당신의 시가 날 행복하게 만들어 주었다는 것을 아시면 기뻐하시겠지요. 저는 <학교 시절>과 <나의 어깨동무>를 읽고 매우 행복했어요. 저는 그 갈색 눈을 가진 금발 소녀가 죽은 것을 유감스럽게 생각하고, 이와 같은 아름다운 세상에서 사는 것이 얼마나 즐거운지 모르겠어요. 비록 눈으로는 보지 못하지만 마음으로는 다 볼 수 있어요. 그러므로 하루하루가 너무 즐겁고 행복해요.
    공원을 산책하더라도 아름다운 꽃들을 보지 못하지만, 그것들이 내 주위에 있다는 것은 분명히 알아요. 공기가 꽃향기로 가득 차 있으니까요. 나는 작은 백합꽃들이 그 동무들에게 속삭이고 있는 것을 잘 알아요. 그렇지 않다면 그처럼 행복하게 보일 까닭이 없지요.
    당신은 나에게 꽃과 새와 사람들에 대하여 사랑스러운 것을 많이 가르쳐 주셨어요. 내가 당신을 사랑하는 것은 이 때문이에요. 이제는 그만 쓰려고 해요. 추수감사절을 즐기시기를!

    당신을 사랑하는 꼬마 친구

헬렌 켈러

아래 편지에서 언급되는 휘터 씨의 회답은 아쉽게도 분실되었다. 그리고 '암사자'는 개의 이름이다.

케이트 A. 켈러 부인에게

1889년 12월 3일, 매사추세츠 남보스턴

사랑하는 어머니에게,
 이 아름다운 아침에 어머니에게 편지를 쓰는 당신의 작은딸은 얼마나 행복할까요? 오늘 이곳은 날씨가 춥고 비가 내리고 있어요. 어제 미스(Meath) 백작 부인은 또다시 나를 만나러 왔어요. 부인은 나에게 오랑캐꽃을 한 다발 주셨어요. 부인의 딸들은 바이올렛(Violet)과 메이(May)라고 해요.
백작께서는 다음에 미국에 오시면 터스컴비아를 방문하시겠대요. 미스 부인은 어머니가 보내주신 꽃을 보시고 흉내지빠귀의 노래를 듣고 싶대요. 나더러 영국에 가면 그들을 방문하고 몇 주일 묵으라고 했어요. 그때 나를 여왕에게 안내하신대요.
아, 시인 휘터 씨로부터 친절한 편지를 받았어요. 그는 정말 친절해요. 웨이드 씨는 내년 봄에 선생님과 나에게 자기를 방문해 달라고 했어요. 갈까요? 그는 '암사자'를 어머니께서 직접 기르시면 어떻겠냐고 해요. 그 개가 다른 개들하고 함께 먹지 않으면 더욱 점잖아진다나요. 저번 화요일에 윌슨 씨가 우리를 방문했어요.
나는 집에서 꽃을 받게 되어 무척 기뻤어요. 아침 식사를 할 때 친구들이 와서 그 꽃을 즐겼어요. 우리는 추수감사절에 매우 맛있는 만찬을 먹었어요. 칠면조, 플럼 푸딩 등이 식탁에 올랐어요. 나는 여러 가지 조각상들을 보았는데, 윌슨 씨는 나에게 천사의 상을 주었어요.
일요일에는 큰 배를 타고 교회에 갔어요. 예배가 끝난 다음에 군인인 선원은 우리를 데리고 여기저기 구경을 시켜 주었어요. 선원이 460명이나 되었는데 그들은 하나같이 나에게 친절하게 대해 주었어요. 어떤 선원은 나의 발이 물에 닿지 않도록 안아서 건네주었어요. 그들은 푸른 제복을 입고 괴상한 모자를 쓰고 있었어요. 그런데 목요일에는 큰 불이 났어요. 상점이 여러 개 타 버리고 사람도 넷이나 죽었다고 해요. 아버지께 나에게 편지 좀 보내시라고 말씀해 주세요. 이제 그만 써야겠어요.

　　　　많이 사랑하는 당신의 어린 딸
　　　　　　　　　　　　　　　　　　　헬렌 켈러

케이트 A. 켈러 부인에게

1889년 12월 24일, 매사추세츠 남보스턴

사랑하는 어머니에게,

　나는 이제야 어머니에게 조그마한 크리스마스 상자를 보냈어요. 좀 더 일찍 보냈더라면 좋았을 것을! 내일 받도록 하지 못한 것이 안타까울 뿐이에요. 그렇지만 아무리 부지런을 부려도 시계 주머니를 더 일찍 끝마칠 수는 없었어요. 아버지의 손수건 이외에는 모두가 내 손으로 만든 선물들이죠. 아버지에게도 직접 만든 선물을 드리려고 했지만 시간이 없었어요.

시계 주머니가 어머니 마음에 들었으면 해요. 어머니를 위해 무언가를 만든다는 것이 무척 즐거웠으니까요. 어머니의 몬트레(Montre) 시계를 그 주머니 속에 넣어서 다니세요. 터스컴비아는 사랑스러운 동생이 장갑을 끼기에는 너무 덥겠지요. 그 애가 제 선물을 버리지 말아야 할 텐데요. 아마 작은 장난감 인형과 재미있게 놀겠지요. 장난감을 흔들라고 일러주세요. 그러면 인형이 나팔을 불 거예요. 돈을 보내주신 아버지께 감사를 드려야겠어요. 그 돈으로 친구들의 선물을 사라고 하셨거든요.

나도 모든 사람을 즐겁게 하기를 원해요. 어머니, 나의 나무에 매달 선물을 좀 보내주세요. 크리스마스 아침에 나도 집에 있었다면 모두 얼마나 좋아했을까요? 나는 대기실에 크리스마스트리를 만들겠어요. 설리번 선생님께서는 나에게 온 모든 선물을 거기에 매달겠지요. 그렇게 되면 그 나무는 얼마나 근사할까요.

모든 소녀들이 크리스마스를 보내기 위해 집으로 돌아갔어요. 선생님과 나만이 남아서 홉킨스 부인이 시중을 들게 되었죠. 설리번 선생님은 며칠 동안 병이 나서 침대에 누워 계셨어요. 목이 몹시 아프시대요. 의사는 병원에 가야 한다고 했지만 이제는 조금씩 나아가고 있어요.

다행히 저는 아프지 않았어요. 어린 소녀들도 건강해요. 나는 금요일에 친구 캐리(Carrie)와 에델(Ethel) 그리고 프랭크(Frank)와 헬렌 프리먼(Helen Freeman) 등과 함께 지내겠어요. 그날은 무척 재미있을 거예요.

엔디코트(Endicott) 씨와 그의 딸이 나를 찾아와 마차를 타고 그들을 따라갔어요. 그분들은 나에게 훌륭한 예물을 주려고 했지만, 나는 그것이 무엇인지 알 수 없었어요.

새미(Sammy)에게 예쁜 남동생이 생겼대요. 아기는 토실토실하고 예쁘겠죠. 아나그노스 씨는 지금 아테네에 계시지만 내가 여기 있는 것을 무척 기뻐하신대요.

오늘은 이만 쓰겠어요. 어머니, 저는 편지를 더 잘 쓰고 싶지만 쓰는 것도 어려우며 나를 도와주시는 선생님도 여기 계시지 않아요. 동생을 많이 사랑해 주세요.

어머니의 사랑받는 딸, 헬렌

홈즈 박사에게 보낸 이 편지는 박사를 만난 이후 얼마 안 되어 쓴 것이며, 박사는 이 편지를 『오버 더 티컵(Over the Teacups)』에 실었다.

올리버 W. 홈즈 박사에게

1890년 3월 1일, 매사추세츠 남보스턴

친애하는 친절한 시인에게!

박사님과 헤어진 일요일 아침은 매우 상쾌했어요. 그 후 여러 번 선생님을 생각하고 또 선생님께 편지를 쓰고 싶었어요. 선생님은 아기가 없어서 때로는 쓸쓸한 것같이 보였으나, 그 대신 많은 책과 우리처럼 여러 어린 동무들과 함께 즐거움을 나눌 수 있을 테니까 행복하실 수 있을 거예요.

워싱턴 생일에 각처에서 모여든 많은 사람이 이곳에 있는 눈먼 어린이들을 만나러 왔을 때 나는 그들에게 선생님이 쓰신 시를 낭독해 주었어요. 그리고 내가 가지고 있는 조개껍질도 보여주었어요. 그 조개껍질은 팔로스 가까이 있는 작은 섬에서 가져왔던 거예요.

나는 『작은 재키』라는 아주 슬픈 이야기책을 읽었어요. 선생님이 생각하신 예쁜 재키는 가난한 집에서 태어난 눈먼 아이였어요.

내가 어려서 아무것도 읽지 못하던 시절에는 모든 사람이 행복하다고 생각했어요. 그러던 내가 처음으로 고통과 슬픔을 알게 된 것은 매우 서글픈 일이었어요. 그러나 지금에 와서는 생각이 달라졌어요. 만일 이 세상에 기쁨만 있다면 우리는 굳이 용감할 필요도 없고, 또 고통을 참는 것도 전혀 배우지 못했을 거예요.

나는 동물원에서 곤충에 관해 공부하면서 여러 가지 나비를 상세히 조사해 보았어요. 나비는 벌처럼 꿀을 만들지는 않지만, 그들이 즐겨 찾아드는 꽃처럼 아름답고 또 어린이의 마음을 기쁘게 해주어요.

나비는 내일을 걱정하지 않고 이 꽃에서 저 꽃으로 옮겨 다니며 꿀을 빨아 마시면서 즐겁게 살고 있어요. 나비는 마치 공부를 저버리고 쨍쨍 내리쬐이는 햇빛을 온몸에 받으며 들로, 숲으로 꽃을 찾아 뛰어다니기도 하고, 향기로운 백합꽃을 따려고 진구렁에 빠지기도 하는 소년 소녀와도 같아요.

오는 6월에 귀엽고 예쁜 내 동생이 보스턴에 오면 선생님에게 데리고 가겠어요. 동생은 아주 자랑스러운 아이예요. 그 애를 보시면 선생님께서도 분명 귀여워하실 거예요. 안녕, 잠들기 전에 집에도 편지를 쓰려고 해요.

  당신이 사랑하는 어린 친구

              헬렌 켈러

사라 풀러 양에게

1890년 4월 3일, 매사추세츠 남보스턴

  친애하는 풀러 양!

  오늘 아침 나는 전에 없이 무척 기뻐요. 우선 여러 개의 새로운 말을 배웠을 뿐만 아니라, 글도 몇 줄 썼어요. 간밤에는 밖에 나가 달과 이야기를 주고받았어요. 나는 말했어요. "달아, 내게로 가까이 오너라!"

내가 한 말을 선생님은 이해하시겠지요. 8월이 되면 어머니가 동생을 데리고 나를 만나러 오신다는데, 그때까지 어떻게 기다려야 할지 모르겠군요. 어머니는 얼마나 기뻐하시겠어요. 나도 물론 기쁘지만요.

밀드레드는 내가 손가락으로 쓰는 글을 이해하지 못해요. 그러나 나는 이 아이를 무릎 위에 앉히고 즐거운 이야기를 해줄 수 있어요. 우리 사이는 이처럼 행복해요.

선생님은 매우 친절하고 부지런한 분인 줄 알고 있어요. 내가 어찌하여 달과 이야기를 하고 싶은 생각이 들었는지 알고 싶어 한다는 것을 설리번 선생님이 화요일에 내게 말씀해 주실 테지요. 그날 저녁의 광경을 지금도 눈앞에 훤히 그려

볼 수 있으므로 그것에 대해 말씀드리겠어요.

내가 어렸을 때 나는 혼자 떨어져 있기가 싫어 언제나 어머니의 무릎 위에 앉아 있었어요. 내 작은 손을 어머니 얼굴에 갖다 대면 무슨 말씀을 하시는지 입술이 움직이는 것으로 짐작할 수 있었어요. 그러나 그때는 아무것도 모르는 어린애였으므로 내용은 잘 알 수 없었어요.

내가 자라서 유모와 흑인 아이들과 함께 놀게 되었을 때, 나는 그들의 입이 마치 어머니의 입처럼 생각되어 때때로 나를 불쾌하게 하는 친구가 있으면 그의 입을 꼭 눌러 말을 못 하게 한 것을 지금도 기억하고 있어요. 그때는 그렇게 하는 것이 지나친 일인 줄 몰랐어요.

선생님께서는 손가락으로 의사소통을 할 수 있다는 것을 가르쳐 주셨어요. 그것이 나에게는 얼마나 만족스럽고 또 행복한 일이었는지 몰라요. 나는 보스턴에 와서 비로소 농인이 성한 사람들과 함께 말을 주고받을 수 있다는 것을 알게 되었어요.

하루는 노르웨이에서 어떤 부인이 찾아오셨는데 그분은 눈먼 농인들이 말을 하도록 가르치고 또 눈에 보이지 않는 것을 이해하도록 가르쳤다고 해요. 이 소식을 듣고 나는 무척 기뻤어요. 그리고 나도 그들처럼 배울 수 있다고 믿게 되었어요. 나는 친구들과 소리를 내어 보려고 했으나, 목소리는 아름답고 감각적인 것이라 무리하게 소리를 지르면 음성이 나빠진다고 선생님께서 일러주셨어요. 그리고 나를 가르쳐 주실 친절하고 상냥한 분을 만나게 해주겠다고 약속했어요. 그분이 바로 이 편지를 받으실 풀러 선생님이에요.

지금 나는 나뭇가지에서 노래하는 어린 새들처럼 행복해요. 그들처럼 노래하고 이야기할 수 있으니까요. 친구들은 내가 이렇게 변한 것을 보고 놀라며 또 기뻐하겠지요.

선생님이 귀여워하시는 헬렌 켈러

헬렌 켈러 자서전 〈서간집〉

퍼킨스 학교의 여름 방학이 되자 헬렌과 설리번 선생은 터스컴비아로 돌아갔다. 헬렌이 소리를 내어 말하게 된 후 처음으로 집에 가게 된 것이다.

필립스 브룩스 목사에게

1890년 7월 14일, 앨라배마 터스컴비아

존경하는 필립스 브룩스 목사님! 친절한 친구이신 당신에게 편지를 쓰는 것은 너무나 즐거운 일이에요. 저는 집에 온 지 3주일이 되었어요. 그동안 사랑하는 가족들과 지내는 일상이 너무나 행복했지요.
보스턴에서 함께 지내던 친구들과 헤어지는 것이 무척 쓸쓸하고 힘들었지만, 기차를 타고 집으로 오는 동안 예쁜 여동생을 만날 생각을 하니 시간을 보내기가 무척 지루했어요. 밀드레드는 내가 보스턴에 갈 때보다 키도 훨씬 크고 힘이 세어서 세상에서 제일 예쁘고 귀여운 아기가 되었어요.
어머니와 아버지께서는 내가 말하는 것을 들으시고는 무척 기뻐하셨어요. 저는 부모님에게 그와 같은 기쁨을 드리게 된 것을 행복하게 생각하고 있어요. 여러 사람들을 즐겁게 한다는 것은 얼마나 기쁜지 몰라요.
하늘에 계신 사랑하는 하나님 아버지께서는 사람은 어찌하여 가끔 심한 슬픔을 당해야 하는가를 염려하고 계신지 모르겠어요.
나와 귀여운 폰트레로이는 언제나 행복했지만, 어린 재키(Jakey)의 생활은 슬프기만 했어요. 하나님은 그의 눈에 빛을 주지 않았으므로 앞을 볼 수 없었으며, 그의 아버지마저 재키에게 친절하게 대하지 않고 귀여워하지도 않았어요. 재키는 그의 아버지가 친절하지 않았기 때문에 하늘에 계신 아버지를 더 사랑했다고 생각하시나요? 하나님은 하늘에 모든 사람이 편히 쉴 영원한 집이 있다는 것을 어떻게 설명하실까요? 세상에 사는 사람들이 악해지고 짐승들을 쏴 죽이며 어린이들을 푸대접할 때 하나님은 슬퍼하신대요. 그렇지만 하나님은 사람이 무엇을 해야 하고 서로 어떻게 살아가야 한다는 것을 가르쳐 주시지요.

하나님은 세상 사람들을 무척 사랑하시며, 또한 그들이 착하고 행복하게 살아가기를 원한다고 믿고 있어요. 그리고 세상 사람들은 그들을 무척 사랑해 주시는 하나님 아버지를 섭섭하게 해드리기를 원치 않고, 그들의 생활이 하나님을 기쁘시게 해드리기를 원하기 때문에 서로 사랑하고 누구나 친절하며 짐승들까지도 귀여워하는 것이 아니겠어요?

목사님, 저는 하나님에 대해 더 많이 알고 싶어요. 목사님께서 아시는 것을 더 이야기해 주세요. 선량하고 슬기로운 하나님에 대해 더 많이 안다는 것은 얼마나 즐거운 일이겠어요.

목사님께서 시간이 바쁘지 않으시면 저에게 편지해 주셨으면 해요. 오늘 멀리서 목사님을 생각했어요. 이것은 기쁜 일이 아닐 수 없어요.

지금 보스턴은 몹시 덥겠지요. 저는 오늘 오후 서늘해지면 당나귀에 밀드레드를 태워주려고 해요. 그 당나귀는 웨이드 씨가 보내주셨어요. 무척 예쁜 당나귀예요. 심프슨은 어제 아름다운 백합꽃을 가져왔어요.

여기 계신 우리 선생님이 목사님에게 기념품을 보냈어요. 부모님께서는 인사를 대신 전해달라고 하세요.

    당신이 사랑하는 꼬마 친구

                    헬렌 켈러

브룩스 목사의 회답

1890년 8월 3일, 런던

친애하는 헬렌!

너의 편지를 받으니 정말 기쁘구나. 네가 보낸 편지는 바다를 건너 내게로 날아왔단다. 시간이 넉넉하여 이 편지를 길게 쓸 수만 있다면, 이 거대한 도시의 갖가지 이야기를 너에게 모조리 적어 보내고 싶단다.

나중에 네가 나를 만나러 보스턴에 오면 나의 서재에서 네가 듣고 싶어 하는 이야기를 들려줄 생각을 하니 마음이 흐뭇하구나. 지금은 집에서 행복한 시간을 보낸다니 다행한 일이다.

너의 아버지와 어머니 그리고 동생들과 너를 에워싼 아름답고 향기로운 것들이 모두 눈앞에 선하다. 그리고 나를 기쁘게 해준다. 게다가 요즈음 네가 생각하고 있는 문제에 관한 질문을 받으니 더욱 기쁘구나.

하나님은 언제나 우리에게 좋은 일만 해 주시는데, 우리는 하나님께 어떻게 하여야 옳을지 모르겠다. 그럼 내가 하나님 아버지를 알게 된 것을 어떻게 생각하고 있는가를 먼저 이야기하마. 그것은 우리 마음속에서 우러나는 사랑이며, 사랑은 어디에나 없어서는 안 되는 중요한 요소란다.

무엇이든지 사랑이 깃들어 있지 않다면 그 생활은 지루하고 싫증이 난단다. 햇빛이나 바람 그리고 나무 등도 어떤 방법으로든지 사랑할 힘이 있다면 얼마나 좋을까 하는 생각을 하게 된다. 그들이 사랑할 수 있다는 것을 안다면 행복하게 지낼 수 있겠지. 이 세상에서 가장 위대하고 가장 행복한 존재는 하나님이란다. 하나님은 또한 가장 사랑스러운 존재이기도 하지.

마치 꽃송이에 쪼이는 햇빛이 다 태양에서 오는 것처럼, 우리 마음속에 깃들어 있는 사랑은 다 하나님으로부터 왔단다. 우리가 좀 더 많이 사랑하면 그만큼 더 하나님에게, 즉 하나님의 사랑에 가까이 다가가는 것이지.

네가 행복하다니 나도 무척 다행스럽게 생각한단다. 아마도 너의 아버지 어머니와 친구들도 마찬가지일 테지. 네가 행복하니 하나님도 또한 행복할 것이라는 생각이 들지 않니? 분명히 그렇단다. 그런데 하나님은 우리보다 더 위대하고 또 우리처럼 하나님은 오직 자기 행복만을 지켜보고 계시지 않아. 분명히 하나님은 우리보다 훨씬 더 행복스러운 분이지.

태양이 장미꽃에 빛과 색깔을 주듯이, 하나님은 나에게 행복을 주신 것이란다. 우리는 친구들이 즐겨 노는 것을 목격할 뿐만 아니라, 그들에게 기쁨을 제공해 주기를 좋아하지. 그러나 하나님은 우리가 행복하게 되기만을 바라지 않고, 동시에 착한 사람이 되기를 바라고 계시단다. 무엇보다도 이것을 더 바라시지. 하나님은 우리가 착한 일을 할 때 참으로 행복할 수 있다는 것을 알고 계셔.

우리가 예수를 생각할 때 얼마나 많은 사람들이 괴로움에 시달리고 있는가를 알 수 있단다. 예수는 분명히 지금까지 살아온 사람 중에서 가장 큰 고통을 당해온 분이고, 가장 선량한 분이며 또 누구보다도 행복스러운 분이야.

나는 너에게 하나님의 이야기를 하는 것이 무척 즐겁구나. 그런데 만일 네가 하나님에게 물어보면, 하나님께서는 네 마음속에 사랑이 깃들게 하고 스스로에 대해 직접 말씀하실 거야.

하나님의 아들이고 그의 자녀인 우리보다 하나님의 곁에 더욱 가까이 계시는 예수께서는 하나님의 사랑에 관한 말씀을 우리에게 전하기 위해 이 세상에 오셨어. 만일 네가 예수의 말씀을 읽으면 하나님의 가슴속에 얼마나 많은 사랑이 가득 차 있는지 알 수 있을 거란다. 예수는 하나님이 우리를 사랑하신다고 항상 말씀하셨지.

헬렌, 예수는 아직도 여전히 모든 사람을 사랑하고 계셔. 그리고 우리에게 하나님을 사랑할 수 있다고 말씀하시지. 사랑은 모든 것을 포용한단다. 만일 누가 너 자신에게 하나님은 무엇인지 묻게 되면 "하나님은 사랑입니다." 하고 대답하렴. 그것이 성경이 주는 아름다운 대답이야.

이 모든 것에 대하여 너는 나이를 먹을수록 좀 더 깊이 이해해야 할 거야. 여기에 대해 잘 생각해 보아라. 친애하는 하나님께서 너에게 행복을 주시고 만물에게 더욱 큰 축복을 베풀도록 기도하렴.

내가 돌아가면 너도 곧 보스턴으로 돌아왔으면 한다. 나는 9월 중순까지 돌아가게 될 거란다. 그때 모든 문제에 대하여 나한테 이야기해다오. 나귀 이야기도 잊지 말고.

아버지와 어머니 그리고 너의 선생님에게 안부를 전해다오. 너의 어린 동생을 만나보고 싶구나. 안녕, 사랑하는 헬렌―곧 나에게 편지를 보내다오. 보스턴으로 보내면 되겠구나.

    너의 다정한 친구

필립스 브룩스

이 편지는 그녀의 이름을 따서 재목 운반선에 이름을 붙인 어떤 신사들에게 써 보낸 것이다.

브래드스트리트 신사분들에게

1890년 7월 14일, 앨라배마 터스컴비아

 친애하는 여러 친구들! 나는 여러분이 아름다운 목재 운반선에 내 이름을 붙여준 것에 대해 감사하게 생각하고 있어요. 나는 멀리 떨어진 메인주에 친절하고도 정다운 친구들이 있다는 것을 알고 행복한 마음을 금할 길이 없어요. 나도 메인주 삼림에 대해 공부했지만, 그때의 견고하고 아름다운 배가 그처럼 풍부한 삼림의 목재를 싣고 멀리 떨어진 여러 나라의 좋은 집과 학교와 교회 등을 세우기 위해 전 세계를 항해할 줄은 전혀 상상하지 못했어요.

 나는 태양이 그 새로운 헬렌 호를 사랑하여 푸른 물결 위를 무사히 항해하도록 도와주기를 기도하겠어요. 헬렌 호에 타시는 용감한 선원들에게 이 헬렌은 집에 앉아서 다정한 마음으로 가끔 그들을 생각하고 있다고 전해주세요.

 나중에 꼭 당신들과 만나 내 이름을 가진 아름다운 배를 보게 되기를 바라고 있어요. 안녕!

  당신들이 사랑하는 어린 친구

헬렌 켈러

헬렌과 설리번 선생은 11월 초에 퍼킨스 맹아학교로 돌아왔다.

케이트 A. 켈러 부인에게

1890년 11월 10일, 남보스턴

경애하는 어머니! 수요일 밤에 섭섭하게 집을 떠나온 후로 내 마음은 어머니와 아름다운 집 생각으로 가득 차 있어요. 나는 이처럼 아름다운 아침에 얼마나 어머니가 보고 싶은지 모르겠어요. 그리고 집을 떠나온 후에 일어난 여러 가지 일들을 말씀드리고 싶었어요.

또한 귀여운 어린 동생에게 얼마나 키스해 주고 싶은지! 아버지도 우리들의 여행에 대해 얼마나 궁금해하시겠어요. 그렇지만 나는 어머니를 뵐 수도 없고 말씀을 드릴 수도 없어요. 그러므로 생각나는 대로 모든 이야기를 편지로 써 보내겠어요.

우리는 토요일 아침에야 겨우 보스턴에 도착했어요. 기차가 여러 곳에서 머물렀기 때문에 뉴욕에 도착하는 것이 늦어졌어요. 그래서 금요일 오후 8시에 겨우 저지(Jersey) 시에 도착했어요. 하는 수 없이 우리는 나룻배로 할렘(Harlem)강을 건너야 했죠.

우리는 선생님이 짐작했던 것보다 훨씬 쉽게 배를 발견했고 열차를 찾아냈어요. 우리가 정거장에 도착했을 때 보스턴행 일반 열차는 열한 시 전에 떠나지 않지만 침대차는 아홉 시에 떠난다고 하더군요. 우리는 아홉 시에 침대차에 올라탔어요. 그리고 아침까지 침대에서 잠들었어요. 우리가 눈을 떴을 때는 벌써 보스턴에 도착해 있었죠.

아나그노스 씨의 생일날 도착하지 못해서 조금 실망했지만, 그래도 그곳에 무사히 도착하게 되어 기뻤어요. 그런데 친구들은 우리가 토요일에 도착하리라고는 생각하지 않았는지 무척 놀랐어요. 그러나 초인종이 울렸을 때 마벨 양은 문 밖에 누가 왔는지 짐작하고 홉킨스 부인은 아침 식사를 하다 말고 벌떡 일어나 우리를 맞으러 문으로 달려 나왔어요.

우리는 아침 식사를 하고 나서 아나그노스 씨를 만나러 갔어요. 오랜만에 친절한 친구를 만나게 되어 기뻤어요. 그분은 나에게 아름다운 시계를 하나 주셨어요. 나는 핀으로 그 시계를 옷에 매달았어요. 누가 시간을 묻기에 가르쳐 주었죠. 나는 그분이 여행한 여러 나라에 대해 많이 물어보았어요.

버지니아의 언덕들은 매우 아름다워요. 서리가 내려 그 언덕을 금빛과 진홍빛으로 물들였어요. 그 경치는 근사한 그림과 같아요.

펜실베이니아는 무척 아름다운 주예요. 풀들이 봄철과 같이 새파랗게 자랐어요. 넓은 들판에 무더기로 모아놓은 누런 옥수수알은 보기에 좋았어요.

해리스버그(HarrisBurg)에서는 네디를 꼭 닮은 당나귀를 보았어요. 나의 당나귀와 암사자가 무척 보고 싶어요. 그들은 제가 없는 것을 섭섭하게 생각하고 있지 않나요? 밀드레드에게 나 대신 친절히 해주어야 한다고 일러주세요.

우리 방은 기분이 좋고 편해요. 나의 타이프라이터는 운반하다가 많이 상했어요. 케이스가 깨어지고 열쇠는 거의 다 빠져나갔어요. 선생님께서는 그것을 고칠 수 있는지 알아보러 가실 거예요.

이곳 도서관에 새로운 책이 많이 있어요. 그 책들을 모두 읽으면 얼마나 신날까요? 나는 벌써 『새라 크루(Sara Crewe)』를 읽었어요. 그것은 좋은 이야기였어요. 나중에 어머니께 들려드리겠어요. 어머니, 오늘은 이만 줄이겠어요.

아버지와 밀드레드, 어머니 그리고 모든 친한 친구들에게 축복을 드리겠어요.

   어머니의 작은 딸

               헬렌 켈러

존 G. 휘터 씨에게

1890년 12월 17일, 남보스턴

친애하는 친절한 시인!

　오늘은 당신의 생일이에요. 아침에 눈을 뜨자마자 제일 먼저 생각났죠. 그리고 당신의 꼬마 친구들이 친절한 시인의 생일을 진심으로 축복하고 있으리라는 것을 생각하자 무척 기뻤어요.

오늘 저녁에 우리 꼬마 친구들은 당신의 시를 음악과 함께 즐기려고 해요. 그 듣기 좋은 멜로디를 메리맥(Merrimac) 시내 가까이 있는 아담한 서재의 당신에게 전해드릴 수 있도록 날개를 가진 사랑의 사자가 있다면 얼마나 좋을까요.

나는 처음에 해님이 어두컴컴한 구름으로 그 빛나는 얼굴을 가린 것을 무척 섭섭하게 생각했어요. 그러나 해님이 왜 그렇게 했는지 생각하고 매우 기뻤어요. 해님은 당신께서 흰 눈으로 덮인 아름다운 세계를 보기 좋아하시는 줄 알기 때문에 그 찬란한 빛을 감추어버린 거지요.

그리고 조그마한 수정 알들을 공중에 맺히게 한 거예요. 그것들이 준비되면 조용히 땅 위에 내릴 것이며, 모든 것을 덮을 거예요. 그런 후에야 해님은 햇볕을 비추어 온 세계를 가득 채우겠지요.

만일 내가 당신과 함께 있다면 당신이 살아 계신 동안 해마다 여든세 번의 키스를 해드릴 거예요. 83년이란 세월은 나에게는 무척 길게 생각되는군요. 그렇게 생각하지 않으세요?

나는 영원이란 몇 해를 가리키는 것인지 궁금해요. 그처럼 많은 시간에 대해 생각할 수 없다는 것을 두렵게 여기고 있어요,

지난여름에 보내주신 편지는 잘 받았어요. 그리고 아울러 감사를 드려요. 나는 지금 보스턴 맹아학교에 와 있어요. 그렇지만 나의 가장 친애하는 친구인 아나그노스 씨가 나에게 푹 쉬고 많이 놀라고 하시기에 아직 공부를 시작하지 않고 있어요.

설리번 선생님도 안녕하시며, 당신에게 안부를 전해달라고 하세요. 즐거운 크리

스마스를 즐기시기 바라면서 당신을 비롯한 모든 사람에게 희망과 기쁨이 흐르는 새해를 맞이하시기를 빌겠어요.

   당신의 작은 친구

                       헬렌 켈러

휘터 씨의 회답

  친애하는 어린 친구에게!

  나의 생일날 그처럼 즐거운 편지를 보내주어서 매우 기쁘게 생각한단다. 나는 2, 3백 통의 편지를 받았지만, 너의 편지가 그 모든 편지 중에서 가장 반가운 편지였어.

내가 오크놀(Oak Knoll)에서 그날을 어떻게 보냈는지 너에게 들려주어야겠구나. 물론 해는 뜨지 않았지만 우리들은 방안에서 난롯불을 피워놓고 멀리 떨어진 친구들로부터 보내온 장미꽃을 비롯하여 다른 여러 가지 꽃들과 캘리포니아와 그 밖의 지방으로부터 보내온 여러 가지 과일들을 받게 되어 무척 즐거웠어.

종일 친척들과 옛 친구들이 끊임없이 찾아왔지. 나는 네가 83년을 긴 세월이라고 생각하는 데 놀라기는커녕 오히려 이것이 내가 하이힐의 오래된 농장에서 놀던 어린 소년이던 시절로부터 셈하여 극히 짧은 시간이었다고 생각된단다. 너의 여러 가지 기원에 대하여 고맙게 여기며, 너에게도 같은 것을 비는 바이다.

네가 맹아학교에 다니는 것을 반갑게 생각한다. 그곳은 매우 좋은 곳이니까. 설리번 양에게 안부를 전해주기 바라며 이만 그친다.

   너의 늙은 친구

                        존 휘터

여기에서 가끔 나오는 토미 스트링거는 4살 때 눈과 귀가 멀었다. 어머니는 죽고 아버지는 가난해서 그를 보살필 수 없었기에 한동안 앨리게니(Allegheny)에 있는 일반 병원에 입원했다. 그 당시 펜실베이니아주에는 다른 전문병원이 없었기 때문에 그는 이곳에서 보내야만 했다. 헬렌은 J. G. 브라운 박사의 편지에서 그에 관한 이야기를 들었다. 알렉산더 G. 베일 박사는 토미의 친구에게 그를 보스턴으로 보내도록 충고했다. 그리고 퍼킨스 맹아학교 당국은 유치원에 넣기로 동의했다.

그동안 헬렌에게는 토미의 교육에 공헌할 기회가 찾아왔다. 작년 겨울에 헬렌의 개 암사자가 죽자, 친구들이 헬렌에게 다른 개를 사 주기 위해 돈을 모으기 시작했지만, 헬렌은 많은 사람이 보내오는 기부금을 토미의 교육비로 쓸 것을 요구했다. 그리하여 그 기부금은 빨리 모이게 되고 토미에게 지급되었다. 그는 유치원에 입학했다.

헬렌은 이 일에 대해 다음과 같이 쓰고 있다. "나는 어린 토미를 위해서 많은 가난한 아이들이 보내온 푼돈과 내가 만나본 일이 없는 사람들이 감금되어 있는 불우한 어린이의 원조를 요구하는 외침에 호응해 준 것을 절대로 잊지 않을 것이다."

조지 R. 크렐(George R. Krehl) 씨에게

1891년 3월 20일, 매사추세츠 남보스턴 맹아학교

친애하는 친구 크렐 씨!

나는 웨이드 씨를 통해 당신이 내게 좋은 개 한 마리를 사주겠다고 말씀하신 것을 듣고 매우 고맙게 생각합니다. 다른 나라에도 친구가 생기게 되어 정말 행복해요. 모든 사람이 다 선량하고 행복스럽게만 생각되는군요. 나는 미국 사람과 영국 사람은 서로 사촌간이 된다고 쓴 글을 전에 읽은 일이 있어요. 분명히 우리는 남매간처럼 생각되어요. 나의 친구가 당신의 크고 장엄한 도시에 관해 이야기를 들려주었어요.

그리고 나는 현명한 영국 사람들이 쓴 책을 많이 읽었어요. 요즘은 『이녹 아든(Enoch Arden)』을 읽기 시작했죠. 나는 위대한 시인들이 쓴 시를 대여섯 편은 외울 수 있어요. 넓고 넓은 바다를 건너간다면 얼마나 좋을까요. 그러면 나는 영국 사람들과 선량하고 현명하신 여왕님을 뵐 수 있을 테지요.

미드 백작이 나를 보러 오셔서 여왕님은 온유하셔서 사람들이 많이 따르고 사랑한다고 말씀하셨어요. 당신의 사무실을 찾아가는 낯선 어린 소녀를 보시면 놀라시겠죠?

그 애가 개나 다른 짐승들을 사랑한다는 말을 들으면 웃으실 거예요. 그러나 웨이드 씨처럼 그 애에게 키스를 해주세요. 웨이드 씨는 내게 주실 또 한 마리의 개를 가지고 계시지요. 그분은 말씀하셨어요. 내가 사랑하던 개 암사자처럼 그분의 개도 용감하고 충실하게 자랄 것이라고요.

미국에 사는 사람 중에서 개를 귀여워하는 사람들이 나에게 약간의 돈이라도 부쳐주려고 하고 계세요. 하지만 그 돈은 귀먹고 말 못 하는 가엾은 어린이에게 쓰여야 해요.

그 아이의 이름은 토미예요. 올해 다섯 살이 되었지만 그의 아버지와 어머니는 너무 가난하여 학교에 보낼 만한 돈이 없대요. 그래서 나에게 개를 한 마리 사주는 대신 토미가 즐겁고 명랑하게 살도록 도와주려고 해요.

이 얼마나 아름다운 계획이에요! 교육은 토미의 영혼에 빛과 노래를 가져다주고, 그 아이는 머지않아 행복하게 살 수 있을 거예요.

  당신이 사랑하는 친구

                 헬렌 켈러

올리버 W. 홈즈 박사에게

1891년 4월, 매사추세츠 남보스턴

친애하는 홈즈 박사님!

당신이 이즈음 명랑한 계절 4월에 관해 쓰신 아름다운 글은 나의 마음속에 즐거운 멜로디로 젖어 들게 됐어요.

봄에 대한 말은 모조리 사랑스러워요. 더구나 따뜻한 봄이 왔다는 소리를 들으면 얼마나 즐거운지 모르겠어요. 비록 나는 사람들을 부르는 아름답고 가냘픈 꽃을 볼 수 없고, 집으로 돌아오는 새들이 즐겁게 지저귀는 소리도 못 듣지만, 이 아름다운 시가 몸을 사랑하고 즐기도록 나를 이끌어준 이야기를 들으시면 당신도 아마 기뻐하실 거예요. 내가 "봄이 왔어요." 하고 책을 읽기 시작하면 보세요. 나는 이제 앞 못 보는 아이가 아니에요.

나는 당신의 눈, 당신의 귀로 볼 수도 있고 들을 수도 있어요. 나의 시인이 곁에 와 있을 때면 다정하신 자연의 어머니는 나에게 아무런 비밀도 가지고 있지 않으니까요. 내가 이 종이를 고른 까닭은 당신에게 사랑한다는 말을 전하려고 하기 때문이에요. 즉 멀리 떨어진 곳에서 오랑캐꽃 가지를 원하고 있기 때문이지요.

눈이 멀고 귀가 먹고 말 못 하는 어린 토미가 우리의 즐거운 정원으로 왔어요. 당신께서도 이 어린이를 만나보았으면 좋겠어요. 지금 그는 의지할 데 없는 불쌍하고 외로운 아이니까요. 그렇지만 교육의 힘은 내년 4월이 되기 전에 그를 명랑한 새 생활로 이끌어 줄 거예요. 만일 당신이 오시게 되면 보스턴 사람들이 토미가 즐겁게 살 수 있도록 도와주기를 바라요.

당신이 사랑하는 친구

헬렌 켈러

존 E. 밀레이스(John Everett Millais) 경에게

1891년 4월 30일, 매사추세츠 남보스턴, 퍼킨스 맹아학교

친애하는 밀레이스 경!

　미국에 있는 어린 소녀가 편지를 쓰는 까닭은 당신께서 토미에게 많은 관심을 가지고 그의 교육비까지 보내주신 것을 얼마나 고맙게 생각하는지 알려드리기 위해서예요. 멀리 떨어진 영국 사람인 당신께서 미국의 어린 토미를 그처럼 불쌍하게 생각하는 것은 얼마나 감사한 일인지 모르겠어요.

내가 당신의 나라에 대한 책을 읽었을 때와 그곳을 방문했을 때는 전혀 생소한 사람처럼 생각되었지만 지금은 그렇지 않아요. 여기저기 각각 흩어져 사는 낯선 사람들도 서로 사랑하며 친절하게 지낼 수 있다는 생각을 하게 되었어요. 영국의 친애하는 여러 친구를 만나고 아름다운 섬을 구경할 수 있는 시간을 언제쯤 갖게 될지 무척 기다려지는군요.

내가 몹시 좋아하는 시 중에는 내가 그리워하는 영국에 관하여 쓴 것도 있지요. 그 시를 당신이 좋아하실 것 같아서 적어 보겠어요.

　　밀려오는 푸른 파도에 안겨
　　바다의 해초에서 산속의 초원까지 뿌리 깊게 뻗은
　　영국의 참나무는
　　한 주먹에 쥐어지는 가냘픈 것들을 아울러 지닌 채
　　희끄무레한 낭떠러지는 푸른 초옥을 안으려고 밀려드는 바다.
　　등산과 그 골짜기의 시냇물
　　이것은 우리 어머니의 섬
　　하나님이시여, 축복을 내리소서!

어느 친절한 부인이 토미의 교육을 맡게 되었어요. 토미는 예쁘고 활동적인 어린이예요. 이 이야기를 들으면 당신은 기뻐하실 테지요. 그는 아직 공부하는 것보다 나무에 기어 올라가는 것을 훨씬 좋아해요. 그것은 그가 아직 말이라는 것이 무엇인지를 모르기 때문이 아니겠어요? 그가 생각하는 것을 표현하게 되고, 또 우리가 오래 그를 사랑했다는 것을 알게 된다면 얼마나 기뻐할는지 상상도 못 할 일이에요.

내일이면 4월이 눈물을 가리고 5월의 꽃 그늘에서 수줍은 듯이 방긋 웃을 거예요. 영국에서도 5월은 이곳처럼 아름다운 계절인가요?

오늘은 이만 실례하겠어요. 언제나 나를 사랑스러운 누이동생처럼 생각해 주세요.

헬렌 켈러

토미는 자기를 보살필 선생님을 구하면서 헬렌과 설리번 선생의 보호를 받고 있을 때, 유치원에서 그를 위한 환영회를 열었다. 브룩스 주교는 헬렌의 청으로 연설을 했고, 그녀는 신문에 우호적인 반응을 얻은 편지를 썼다. 그녀는 회담의 대부분을 자신이 직접 썼으며 또한 신문 지상을 통하여 일반적인 인사도 했다. 이 편지는 기증자 전체의 명부를 동봉하여 보스턴 헤럴드 편집자에게 보낸 것이다. 기부금은 1천6백 달러가 넘었다.

존 H. 홈즈 씨에게

1891년 5월 13일, 남보스턴

보스턴 헤럴드 편집자 앞!

　친애하는 홈즈 씨, 동봉한 명부를 당신이 편집하는 헤럴드지에 실어주시면 감사하겠어요. 그 신문의 많은 독자들이 토미에게 일어난 놀라운 일을 알린다는 사실이 너무 기뻐요. 그리고 그들은 토미를 도울 수 있는 즐거움을 서로 나누기를 원할 거예요.

토미는 유치원에서 매우 행복하게 지내며 날마다 이것저것 공부하고 있어요. 그는 굳게 잠긴 문의 열쇠 구멍에 종이나 막대기 같은 것을 쉽사리 넣을 수 있지만, 나중에 그것을 꺼내는 것은 잊어버리는 모양이에요.

그는 글씨를 쓰기보다는 침대 다리에 기어오르거나 스팀의 나사못을 뽑는 것을 더 잘하지요. 그러나 그와 같은 일을 하는 것은 글을 배우는 것이 새롭고 재미있는 발견이라는 것을 미처 이해하지 못하기 때문이지요.

토미의 형편이 나아질 때까지 착한 사람들이 그를 돕는 일을 계속해 주었으면 고맙겠어요. 그가 공부를 해서 그의 생활에 빛이 비치고 그의 입에서 즐거운 노래가 흘러나오기를 바라요.

　　당신의 어린 친구　　　　　　　　　　　　　　　　　　　　　헬렌 켈러

올리버 W. 홈즈 박사에게

1891년 5월 27일, 남보스턴

친애하는 시인에게!

　내가 박사님에게 너무 자주 편지를 써서 귀찮아하실까 염려되네요. 그렇지만 당신께서 꼬마 헬렌을 기쁘게 해 주실 때는 사랑과 감사의 메시지를 보냈으면 하고 얼마나 원했는지 몰라요.

당신이 어린 토미의 교육비에 보태 쓰라고 돈을 보내셨다는 이야기를 아나그노스 씨에게 들었을 때 나는 너무 기뻤어요. 당신의 따뜻한 동정심에서 우러난 선물을 보면 알 수 있지만, 아직도 사랑스러운 어린이를 잊지 않고 계셨군요.

그런데 토미는 아직 불과 몇 마디 말밖에 배우지 못해 걱정되네요. 그 애는 아직도 당신이 보았을 때와 마찬가지로 편안한 생활을 하고 있지 않아요. 그나마 명랑한 새집에서 즐겁게 놀며 장난을 하는 것은 정말 다행한 일이에요. 선생님이 점차 그 애가 아름다운 날개를 펼치게 하실 거예요. 또 지식의 나라를 찾으러 멀리 날아가겠지요. 말이란 마음의 날개라고 생각해요.

당신을 만난 후에 나는 앤도버(Andover)에 가 있었어요. 친구들이 필립스 아카데미에 관해 해준 이야기는 꽤 재미있었어요. 또한 당신이 그곳에 간 적이 있다는 것과 당신에게 정다운 곳이라는 사실을 알았기 때문에 더욱 관심을 두게 되었어요. 나는 친절한 시인의 학생 시절을 상상하려고 애쓰는데, 그분께서 새의 노래와 우드랜드의 수줍은 어린이들의 비밀을 앤도버에서 배웠는지 의심스럽군요. 분명히 그분의 마음속에는 언제나 음악 소리로 가득 차 있고, 하나님의 아름다운 세계에서 달콤한 사랑의 답변을 들으셨을 거예요.

설리번 선생님께서는 내가 집에 돌아왔을 때 『남학생』이란 책을 읽어 주셨어요. 그분에 관한 이야기가 내 책엔 없었기 때문이지요. 다음 주 화요일 오후에는 트레몬트 사원에서 눈먼 어린이들의 개학식이 있다는 것을 아시는지요!

당신이 오실 것을 기대하면서 입장권을 함께 넣어 보내겠어요. 모두 우리의 시인 친구를 환영하고 자랑할 거예요. 그때는 이탈리아의 아름다운 경치에 대한 시를 부탁드리지요. 엘리스 박사께서도 오셔서 토미를 안아 주시면 좋으련만. 많은 사랑과 키스를 올리면서.

　　　당신의 꼬마 친구

　　　　　　　　　　　　　　　　　　　　　　　헬렌 켈러

필립스 브룩스 목사에게

1891년 6월 8일, 남보스턴

친애하는 브룩스 목사님,

　약속한 대로 나의 사진을 부칩니다. 목사님이 올여름에 그 사진을 보시고 남쪽에 있기는 꼬마 친구로 생각하시길 바라겠어요. 나는 손으로 얼굴을 만지듯이 그림도 손으로 만져볼 수 있었으면 하고 늘 생각했어요. 그러나 나의 사랑하는 아버지께서 아름다운 그림과 함께 내 마음속을 흐뭇하게 해주셨으므로, 내가 비록 볼 수 없는 그림이지만 이제는 자주 그런 생각을 하지 않게 되었어요. 친애하는 목사님, 만일 당신의 눈에 빛이 없다면 꼬마 헬렌이 얼마나 행복한지를 아실 거예요. 선생님께서 나에게 설명을 해주시면 아무리 아름다운 것이라도 - 눈에 보이지 않지만, 오직 마음속으로 그 아름다움을 느끼게 되어요. 그러니 얼마나 다행한 일인지 모르겠어요.

날마다 나를 기쁘게 해 주는 일들이 많이 있어요. 오늘은 처음으로 움직이는 것이 얼마나 아름다운가를 생각했어요. 그리고 모든 것이 하나님께로 가까이 다가가려고 하는 것처럼 보였어요. 목사님은 그렇게 생각하지 않으시나요?

지금은 일요일 아침이에요. 내가 이곳에서 편지를 쓰고 있을 때, 목사님은 수많은 사람을 모아놓고 하늘에 계신 하나님 아버지에 대한 거룩하고도 아름다운 말씀을 가르치고 계시겠지요.

목사님은 진실로 행복하지 않으세요? 당신이 주교가 되시면 아마도 더 많은 사람들에게 설교하시게 되겠죠. 그리고 여러 사람을 더 기쁘게 해주실 거예요. 설리번 선생님이 안부를 전하시네요. 저도 제가 좋아하는 사진을 보내겠어요.

당신의 꼬마 친구

헬렌 켈러

퍼킨스 학원이 6월이 문을 닫자 헬렌과 설리번 선생은 터스컴비아로 갔다. 그들은 그곳에 12월까지 머물러 있었다.
헬렌과 설리번 선생은 〈서리왕〉에 대한 이야기를 듣고 우울한 인상을 받았으므로 몇 달 동안 편지를 쓰지 않았다. 당시 이 문제는 매우 중대했고, 그들을 불행하게 만들었던 것 같다.

앨버트 H. 뮌셀 씨에게

1892년 3월 10일, 브루스터

친애하는 뮌셀 씨!

당신의 편지가 얼마나 소중한 것인지는 말할 필요도 없어요. 말 한마디 한마디가 나를 기쁘게 해 주었어요. 좀 더 길었으면 하는 생각이 간절했어요. 당신께서 넵튠의 고약한 마음씨에 대하여 말씀했을 때 얼마나 웃었는지 몰라요. 우리가 브루스터(Brewster)에 온 이후로 그는 사실 무척 이상스럽게 행동했어요. 나는 무엇인지 상상할 수 없지만, 그의 위엄을 손상한 것은 분명해요. 그의 안색이 어찌도 험상궂은지 친절하신 당신의 소식을 전하기 두려울 정도였어요. 늙은 바다의 신이 해변가에 잠들어 누워 계실 때 아마도 만물의 부드러운 음악 소리를 들었을 테지요. 다시 말하면 대지의 품 안에서 삶의 약동을 느꼈을 테지요. 그의 동요하는 가슴은 에고이즘과 겨울이 지배해오던 시기가 거의 끝날 때가 되었으므로 몹시 화가 났던가 봐요. 그래서 불행한 자들이 서로 절망적인 싸움을 하면 연약한 분은 그들의 폭력으로 황폐해진 대지를 바라보고 돌아서서 도망쳐버릴 거라고 생각했겠지요.

그러나 보세요. 사랑스러운 아가씨는 방긋이 웃음을 띠고, 차디찬 문턱에서 숨을 쉬었어요. 원수들은 곧 사라지고, 기쁨에 넘치는 대지는 그를 무척 환영해 주고 있어요.

그러나 우리가 만날 때까지 이런 망상을 집어치워야겠군요. 당신의 어머님께 간곡한 나의 안부를 전해주세요.

설리번 선생님께서 사진을 즐겨 보시면서 우리가 돌아올 때 또 다른 것을 보았으면 좋겠다고 말씀하셨어요. 친애하는 친구여, 사랑하기 때문에 이처럼 쓰게 된 몇 마디를 모두 받아 주세요.

사랑하는 당신의 헬렌 켈러

이 편지는 1892년 6월에 성 니콜라스 출판사에서 복제되었다. 날짜가 쓰여 있지 않지만, 출판하기 3개월 전에 썼을 것으로 추정한다.

성 니콜라스에게

친애하는 성 니콜라스!

당신에게 나의 필적을 보내게 되니 무척 기쁜 일이군요. 성 니콜라스의 글을 읽는 소년 소녀들에게 눈먼 어린이가 어떻게 글을 쓰는지 알리고 싶은 마음이 앞서요. 아마 어떤 어린이들은 우리가 어떻게 줄을 맞춰서 똑바로 글을 쓰는지 이상하게 생각하겠죠. 그러므로 이번 기회에 우리가 글을 쓰는 방법에 대해 알려 주려고 해요.

우리는 글씨를 쓰려고 할 때, 종이 사이에 끼워두는 홈이 있는 판자를 사용해요. 그리하여 끝이 뭉툭한 연필로 글을 쓰면 낱말을 고르게 쓰기가 무척 쉬워요. 소문자는 모두 홈 안에서 쓸 수 있어요. 대문자는 홈 아래나 위로 연장해서 쓰게 되지요. 우리는 오른손에 연필을 쥐고 써요. 그리고 써놓은 모양이나 글자가 똑바로 띄어져 있는가를 보기 위해 왼손 둘째 손가락으로 주의 깊게 만져보죠.

처음에는 글자를 똑바로 쓴다는 것이 무척 어려워요. 그렇지만 계속해서 써 보면 점점 쉽게 되어요. 연습을 많이 한 후에는 친구들에게 글자를 똑바로 알아볼 수 있게 편지를 쓸 수 있죠.

그렇게 되면 얼마나 즐겁고 기쁜지 몰라요. 사람들은 장차 맹아학교를 방문하게 될지도 모르겠어요. 그들은 학생들이 글씨 쓰는 것을 보고 싶어 할 거예요.

당신의 꼬마 친구

헬렌 켈러

1892년 5월, 헬렌은 시각장애인들을 수용하는 유치원의 도움을 받아 다과회를 열었다. 그것은 오직 헬렌의 제의로 이루어진 것이다. 그 다과회에서는 2,000달러가 넘는 금액이 눈먼 어린이들을 위해 모금되었다.

캐롤라인 더비(Caroline Derby) 양에게

1892년 5월 9일, 남보스턴

친애하는 캐리 양!

　　당신의 친절한 편지를 반갑게 받아 보았어요. 당신께서 다과회를 즐기셨다는 말을 듣고 내가 더욱 기뻐했다는 것을 굳이 밝힐 필요가 있을까요? 나는 머지않아 햇볕이 내려쪼이는 먼 남쪽의 사랑하는 우리 집으로 가려고 해요. 보스턴에 있는 친절한 친구들이 나를 즐겁게 해주려고 애를 써준 지난날의 일들이 모두 보지 못하는 어린이들의 생활을 행복하고 선량하게 하는 데 큰 도움이 된 것을 생각하면 언제나 행복감에 젖어 들곤 해요.

그러므로 모든 따뜻한 동정은 친절한 행동으로 표현되어야 한다고 생각해요. 눈먼 어린이의 친구들이 우리가 그들의 행복을 위하여 일하고 있다는 것을 알게 된다면, 그들은 와서 우리의 다과회를 성공적으로 치르게 도울 거예요.

만일 그렇게 된다면 아마도 나는 이 세상에서 가장 행복한 어린이가 될 거랍니다. 죄송한 일이지만 브룩스 주교님께 우리의 계획을 알려 주세요. 그렇게 되면 그분께서는 우리와 함께 지내려고 준비를 하실지도 모르니까요. 엘리노어(Eleanor) 양이 기뻐한다니 다행한 일이군요. 그분에게도 나의 사랑을 전해 주세요.

내일 당신을 만나려고 해요. 우리의 나머지 계획을 짜려고 하니까요. 당신의 사랑하는 아주머니에게 설리번 선생님과 나의 안부를 전해주세요. 그리고 우리가 찾아가 뵌 것도 무척 즐겁게 생각하고 있다고 말씀해주세요.

　　　　　　　　　　　　　　　　　당신이 사랑하는 헬렌 켈러

헬렌 켈러 자서전 〈서간집〉

존 P. 스폴딩 씨에게

1892년 5월 11일, 남보스턴

친애하는 스폴딩 씨!

당신께서 이 편지를 읽으면서 당신의 꼬마 친구 헬렌이 귀찮은 존재라고 생각하실까 봐 몹시 염려되는군요. 그렇지만 내가 왜 걱정하고 있는지 당신에게 말씀드리면 나를 나무라지 않으리라고 믿고 있어요.

설리번 선생님과 내가 일요일에 말씀드린 일, 즉 유치원의 도움을 받아서 조그마한 다과회를 열고 싶다고 한 이야기를 잊지 않으셨는지요? 아마도 모든 준비가 다 된 것 같아요.

그런데 호우(Howe) 여사의 집이 매우 협소해서 우리가 50명 넘게 초대하는 것을 엘리오트(Elliott) 여사는 별로 달갑게 여기지 않는 것 같아요. 다과회에는 여러 사람들이 참석할 것이며, 눈먼 어린이들의 생활을 명랑하게 만들어 주기 위해 많은 협조가 있을 것으로 믿고 있어요.

그런데 한 친구는 장소가 더 넓은 집을 마련하기 전에는 다과회를 열 생각을 하지 않아야 한다고 말했어요. 그러자 설리번 선생님께서는 아마도 스폴딩 여사가 우리에게 기꺼이 그 아름다운 집을 연회 장소로 빌려줄 것이라고 하셨어요. 그래서 당신에게 이에 대한 것을 여쭈어보려고 해요.

만일 내가 여사에게 편지를 보내면 나를 도와주실까요? 나의 이 조그마한 계획이 실패로 돌아간다면 몹시 낙심할 거예요. 왜냐하면 나는 지금까지 오랫 동안 유치원에 들어가려고 기다리고 있는 가엾은 어린이들을 위해 무슨 일이라도 해 보려고 생각해 왔거든요.

죄송하지만 집 문제에 대하여 당신은 어떻게 생각하고 계신지 알려 주셨으면 해요. 그리고 당신을 괴롭혀 드린 것을 용서하세요.

　　　당신이 사랑하는 꼬마 친구

헬렌 켈러

에드워드 H. 클레멘트(Edward H. Clement) 씨에게

1892년 5월 18일, 남보스턴

친애하는 클레멘트 씨!

    나의 가슴은 행복이 넘쳐흘러 아름다운 이 아침에 당신에게 편지를 쓰려고 해요. 당신과 같은 사무실에 있는 친애하는 친구들이 나와 함께 재미있게 놀아 주었으면 하는 것이 나의 소원이에요. 내가 여는 다과회는 준비가 거의 다 되었어요.

나는 기쁨에 들떠 그날만을 기다리고 있어요. 실패하지 않으리라고 믿고 있어요. 사람들에게 무지와 암흑 속에서 사는 가엾은 어린이들을 도와주기 위해서 모처럼 여는 모임이라는 것을 설명하면, 나를 실망하게 하지는 않을 거예요. 그분들은 다과회에 와서 새로 알게 되는 사실이 적지 않을 것이며, 앞을 못 보고 친구가 없는 가엾은 어린이들을 사랑하게 되겠지요.

사랑하는 설리번 선생님께서 나에게 오신 때를 지금도 또렷이 기억하고 있어요. 그때의 나는 유치원에 들어가려고 기다리고 있는 저 어린이들과 조금도 다름이 없었어요. 그 어떤 것도 나의 영혼에 광명을 주지 못했죠. 이 훌륭한 햇볕과 아름다움을 지닌 세상은 감추어져 보이지 않았어요. 그러므로 그 아름다움을 꿈에서도 상상할 수 없었어요.

그러나 선생님이 오셔서 나의 조그마한 손가락으로 나를 가두어 놓은 감옥의 문을 여는 훌륭한 열쇠를 사용하는 법을 가르쳐 주시고, 나의 영혼을 자유롭게 하셨어요.

이런 나의 행복을 다른 사람들과 함께 나누는 것이 가장 큰 소원이에요. 그러므로 나는 보스턴의 친절한 사람들에게 눈먼 어린이들의 생활을 더 명랑하고 행복하게 만들기 위한 나의 일을 도와주십사 하고 부탁드려요.

    당신이 사랑하는 꼬마 친구

헬렌 켈러

헬렌 켈러 자서전 〈서간집〉

설리번 선생과 헬렌은 6월 말에 터스컴비아에 있는 집으로 돌아왔다.

캐롤라인 더비 양에게

1892년 7월 9일, 앨라배마 터스컴비아

친애하는 캐리,

오늘 내가 쓴 편지를 보시면 당신은 내 사랑의 분명한 증거를 믿으실 거예요. 터스컴비아에서는 한 주일 동안 날씨가 춥고 흐려서 몹시 지루했어요. 계속해서 내리는 비와 사나운 기후가 마음을 우울하게 하여 편지를 쓰는 일 외에도 색다른 일에 재미를 붙이게 되었어요. 우리는 현재 원기가 왕성해요. 무사히 집에 도착했으므로 매일 당신의 이야기를 하게 되고 당신께서 보내주신 편지를 즐겁게 읽었어요.

나는 헐튼(Hulton)에 있는 아름다운 곳을 찾아갔어요. 봄날처럼 모든 것이 신성했어요. 우리는 종일 야외에서 놀았죠. 아침 식사도 베란다에서 하고요. 선생님은 나에게 글을 읽어 주셨어요.

나는 거의 매일 저녁 말을 타고 5마일이나 떨어진 곳까지 달려가곤 했어요. 아, 너무나 재미있어요. 당신도 말타기를 좋아하세요? 지금 나는 조그마한 예쁜 마차를 갖고 있어요. 날씨만 좋아진다면 설리번 선생님과 나는 둘이서 매일 말을 탈 작정이에요.

그리고 멋진 마스티프가 한 마리 있어요. 전에 본 일이 없을 정도로 큰 개지요. 개는 우리를 보호하기 위해 따라올 거예요. 개의 이름은 유머(Eumer)예요. 이름이 이상하게 생각되지 않으세요? 아마도 색슨(Saxon) 쪽인 것 같아요.

다음 주일에는 등산을 하려고 해요. 동생 필립스는 건강이 좋지 못하므로 산의 맑은 공기가 그 애에게 필요할 거예요. 밀드레드는 착한 여동생이에요. 당신도 그 애가 사랑스러울 거예요.

당신이 보내주신 사진이 너무 좋아요. 비록 그들을 보지는 못하더라도 친구들의 사진을 갖고 싶었어요.

나는 당신이 점자로 쓰는 의도가 매우 흥미로워요. 당신이 생각하고 계신 것처럼, 나는 점자 서한으로 글을 쓰지 않고 동봉한 것과 같은 철선으로 된 판 위에 글을 쓰지요. 당신은 점자를 읽을 수 없을 테니까요. 그것은 여느 문자와는 전혀 다르고 점자로 쓰여 있지요.

더비 양에게 안부 전해 주시고, 그녀도 루스(Ruth)에게 사랑을 베풀어주기를 원한다고 일러주세요.

내 생일에 보내주신 책은 어떤 건지요? 나는 몇 권의 책을 받았는데 어느 것이 당신이 보내주신 책인지 알 수 없네요.

아, 특히 나를 기쁘게 해준 선물이 하나 있었어요. 그것은 나에게 맞도록 털실로 짠 예쁜 케이프였어요. 그것은 77세 되는 노인 신사가 짠 것이에요. 그분은 한 돌림을 짤 적마다 나의 건강과 행복을 축원했다고 써 보냈어요.

당신의 사촌들에게 선거가 끝날 때까지 나와 함께 형편을 살피는 것이 좋지 않겠느냐고 하더라고 전해주세요. 정당과 후보자들이 너무 많아서 젊은 정치가들이 선거를 현명하게 치를 수 있을지 의심스럽군요.

편지를 쓰시거든 로지에게 안부 전해 주시고 나를 믿어주세요.

   당신이 사랑하는 친구

               헬렌 켈러

   추신 – 타이프로 친 이 편지는 어떤지요?

그로버 클리블랜드(Grover Cleveland) 여사에게

1892년 11월 4일, 앨라배마 터스컴비아

친애하는 클리브랜드 여사님!

이처럼 아름다운 아침에 당신에게 짤막한 편지를 쓰려고 해요. 당신과 귀여운 루스(Ruth)를 진심으로 사랑하기 때문이에요. 그리고 더비 여사를 통해 전해주신 다정한 메시지에 감사하게 생각하기 때문이기도 하고요.

그처럼 친절하고 아름다운 여사께서 나를 사랑해 주신다니 정말 기쁘군요. 나는 오래전부터 당신을 사랑하고 있었어요. 그렇지만 전에는 당신께서 나에 대해 알고 계신 지 전혀 몰랐어요.

나 대신 당신의 귀여운 아기에게 키스해 주세요. 그리고 저에게도 거의 16개월이 된 남동생이 하나 있다고 전해 주세요. 그 애의 이름은 필립스 브룩스(Phillips Brooks)이지요. 그 이름은 내가 친한 친구의 이름을 따서 부르게 된 거예요.

이 편지와 함께 아름다운 책과 내 사진도 보내겠어요. 설리번 선생님께서 이 책을 받으시면 무척 좋아하실 것이라고 말씀하셨어요. 당신 친구의 사랑과 호의로 보내는 선물을 기꺼이 받아 주세요.

헬렌 켈러

여기까지는 편지의 내용이 빠짐없이 발표되었지만, 이후부터는 문장의 몇몇 구절이 생략되어 있다. 빠진 부분은 '…' 표시가 되어 있다.

존 히츠(John Hitz) 씨에게

1892년 12월 19일, 앨라배마 터스컴비아

친애하는 히츠 씨!

편지를 어디서부터 시작해야 좋을지 모르겠군요. 친절하게 부쳐주신 편지를 받은 후 오래간만에 펜을 들었어요. 될 수 있는 대로 하고 싶은 말을 다 써 보냈으면 좋겠어요.

왜 답장이 오지 않나 하고 이상하게 생각했겠지요. 아마도 설리번 선생님과 내가 예의가 없구나! 하셨을 거예요. 그러나 제 이야기를 듣고 나면 약간은 미안하게 생각하실 거예요. 사실 선생님이 눈을 다치셔서 아무에게도 편지를 쓸 수 없었거든요.

그러나 나는 작년 여름에 약속한 것을 이행하려고 노력해 왔어요. 보스턴을 떠나기 전에 '젊은 동지(The Youth's Companion)'를 위해 내 생애의 이야기를 써달라는 부탁을 받았어요. 나는 방학을 이용해 그것을 쓰려고 했지만, 건강이 좋지 못해서 친구에게도 편지를 쓸 수 없었어요.

당신께서도 아시다시피 내 이야기만 하는 것은 좋지 못하다는 것을 잘 알고 있어요. 그리하여 설리번 선생님의 견해를 참작하여 조금씩 부스러기를 모아서 엮어놓았어요. 그것은 결코 쉬운 일이 아니었죠. 날마다 조금씩 써 왔지만 일주일 전 토요일까지 했어요. 그것을 끝마치자마자 원고를 '컴패니언(Companion)' 사에 보냈어요. 그러나 그것이 잘 되어 받아들일지 모르겠군요.

그런데 그때부터 다시 건강이 안 좋아져서 할 수 없이 편지도 못 쓰고 쉬어야만 했어요. 요즈음에야 건강이 훨씬 나아졌어요. 내일이면 완전히 회복될 거예요. 당신이 신문에서 읽은 나에 대한 보도는 전혀 사실이 아니에요. 참, 당신이 보내주신 「사일런트 워커(Silent Worker)」는 잘 받았어요. 그런데 거기 잘못된 부분이 있어서 수정한 뒤 즉시 편집자에게 보냈어요.

당신의 친절하신 편지는 진실로 나를 기쁘게 해주었어요. 나에게 누구든지 아름다운 생각을 편지로 써서 보내주시면 즐거운 마음으로 영원히 나의 기억 속에

고이 간직하려고 해요. 내가 그것을 사랑한 것은 내가 갖고 있는 책에 러스킨 선생님의 말씀이 담뿍 실려 있기 때문이에요. 컴패니언 사에서 부탁한 원고를 쓰기 시작할 때까지는 그곳에서 나오는 책이 얼마나 값진 것이며, 나의 생활이 얼마나 복 받은 것인지를 분명히 알지 못했어요.

벨 씨에게는 편지와 내 사진을 보내려고 해요. 아마 그분은 너무 바쁘셔서 꼬마 친구에게 편지를 쓸 시간이 없는 것 같아요. 작년 여름 보스턴에서 여럿이 즐겁게 지내던 때가 가끔 머리에 떠오르는군요.

이제 나의 비밀을 말씀드릴게요. 아마 선생님과 아버지 그리고 동생과 나는 내년 3월에 워싱턴에 가게 될 거예요. 그렇게 되면 나는 당신을 만나게 되겠지요. 그리고 친애하는 벨 씨와 엘시(Elsie), 데이지도 만나게 되지 않겠어요? 프랫(Pratt) 여사가 만일 그곳에서 우리를 만나볼 수 있다면 얼마나 즐거운 일이겠어요. 그분에게도 편지를 써서 이 비밀을 알려 드려야겠어요.

당신이 사랑하는 꼬마 친구

헬렌 켈러

추신 - 설리번 선생님께서 내가 갖고 싶어 하는 동물의 종류를 당신이 알고 싶어 하실 것이라고 말씀하셨어요. 나는 살아 있는 모든 생명을 사랑해요. 아마 누구든지 그럴 거예요. 그렇지만 그것을 다룰 사람을 구할 수 없어요. 나는 예쁜 아기 말과 큰 개가 있어요.

그런데 나의 무릎 위에 앉힐 작은 강아지나 큰 고양이 - 터스컴비아에는 좋은 고양이가 없지만 - 또는 앵무새 같은 것을 갖고 싶어요. 앵무새가 말하는 것을 들어보았으면 해요. 얼마나 우스울까요. 그러나 당신이 보내주시는 동물이면 무엇이든지 즐겁게 사랑하는 마음으로 받아들이겠어요.   H·K

캐롤라인 더비 양에게

1893년 2월 18일, 앨라배마 터스컴비아

…이처럼 슬플 때면 내 마음은 당신 생각으로 가득 차요. 너무나 사랑하는 친구(필립스 브룩스, 1893년 1월 23일 사망)가 세상을 떠나 얼마나 마음이 아픈지 모르겠어요.

나는 나처럼 그를 사랑해 준 사람들과 함께 보스턴에서 살았으면 하고 여러 번 생각해 보았어요. 그는 나에게 좋은 친구였어요. 언제나 부드러운 마음으로 사랑해 주었으니까요. 그의 죽음을 너무 슬퍼하지 않으려고 애쓰고 있어요. 그가 아직도 내 옆에 가까이 있는 것처럼 생각하려고 해요.

그러나 가끔 그가 이 세상에 없어 보스턴에 가도 만나지 못하리라는 생각을 하면 커다란 슬픔의 파도가 내 마음속에 밀려와 어지러워지곤 해요. 그의 아름다운 모습과 나를 편안한 곳으로 이끌어 주는 그의 친절한 손길을 느끼고 싶어요. 작년 6월에 그와 함께 행복하게 지내던 때가 생각나지 않으세요? 언제나 하던 일이지만, 그분은 나의 손을 잡고 그의 친구 테니슨(Tennyson)과 우리의 친한 시인 홈즈 씨의 이야기를 들려주었지요. 그리고 나는 그분에게 수화 문자를 가르쳐주느라고 애를 썼어요. 그분이 실수할 때마다 모두 유쾌하게 웃었어요.

다과회에 대한 이야기를 그분에게 했더니, 반드시 나를 만나러 오겠다는 약속을 해주셨어요. 그분은 다과회가 좋은 성과를 거두었으면 하는 나의 소원을 듣고, "그야 물론 헬렌의 소원대로 될 거요. 좋은 일에 정성을 기울이는데 실패할까!" 하고 명랑하게 힘을 주어 말씀해주셨죠. 그 음성이 지금도 귀에 생생해요. 그를 기념하기 위한 비석을 세우려고 한다던데 정말 기쁜 일이에요…

헬렌 켈러 자서전 〈서간집〉

헬렌과 설리번 선생은 3월부터 몇 개월 동안 북부 지방을 여행하며 친구들을 방문했다.
이 편지는 나이아가라 여관에서 쓴 것인데, 이를 읽으면 헬렌이 거리의 형태를 안다는 것과 다리를 건너가 보고 엘리베이터로 내려가 본 경험으로 나이아가라의 크기를 짐작할 수 있다는 것을 알게 된다.
특히 창문에 손을 대 보고 물이 쏟아지는 것을 느끼는 것처럼 쓴 자세한 이야기는 매우 인상적이다.

케이트 A. 켈러 부인에게

1893년 4월 13일, 남보스턴

…아무 계획도 없이 갑자기 설리번 선생님과 프랫 부인, 존경하는 벨 박사와 웨스터벨트(Westervelt) 씨를 모시고 여행을 하기로 결정했어요. 웨스터벨트 씨는 로체스터에 맹아학교를 세우신 분인데, 아버지께서도 워싱턴에서 만나보신 적이 있어요.

어느 날 오후에 웨스터벨트 씨는 우리를 위해 환영회를 열어 주셨어요. 많은 사람들이 모여 들었고, 그들 중 어떤 사람은 이상한 질문을 했어요. 한 여인은 나더러 색깔을 볼 수 없을 텐데 꽃을 사랑한다면서 매우 놀라운 표정을 지었죠.

내가 정말 꽃을 좋아한다고 하자 그분은 이렇게 말했어요. "틀림없이 당신의 손가락으로 색깔을 알아볼 수 있나 보군요." 그렇지만 우리가 꽃을 사랑하는 것은 오로지 색만 가지고 말하는 것은 아니지 않겠어요? 어떤 신사는 "아름다움에 대하여 어떻게 생각하느냐"고 물었어요. 나는 처음에 당황했어요. 그러나 잠시 후에 "아름다움이란 선한 것의 형태"라고 대답했더니, 그는 가버리더군요.

우리는 환영회가 끝난 후에 호텔로 돌아왔어요. 설리번 선생님은 갑자기 놀라운 일을 꾸며놓은 것을 전혀 모르고 잠들어 있었어요. 벨 선생님과 내가 그것을 꾸며놓고 선생님에게 이야기를 하지 않았지요. 놀라운 일이란 바로 선생님을 모시고 나이아가라 폭포를 구경하는 즐거운 일이었어요.

호텔은 강에서 가깝기 때문에 창문에 손을 대면 물이 흘러내리는 것을 느낄 수 있어요. 이튿날 아침에 날씨가 좋아 우리는 기쁜 마음으로 일찍 일어났어요.

당신이 나이아가라 폭포 앞에 서서 그 신비를 체험하기 전에는 내가 어떤 심정으로 그곳에 있었는지 전혀 상상할 수 없을 거예요. 내 발밑에서 억세고 무섭게 마구 퍼붓는 것이 물이라고는 도저히 상상할 수 없었어요. 무시무시한 최후의 막다른 골목으로 돌진하는 생명체처럼 보였죠. 쏟아지는 폭포를 있는 그대로 - 절벽에서 내리퍼붓는 무시무시하고 저항할 수 없는 폭포를 사실 그대로 써 보았으면 얼마나 좋겠어요.

그처럼 어마어마한 힘 앞에 사람들은 압도되고 어찌할 바를 모르게 되지요. 전에 내가 해변가에 부딪치는 파도를 보았을 때와 꼭 같은 생각이 들었어요. 고요한 밤하늘의 반짝이는 별을 쳐다보면 당신도 그런 생각이 드실 거예요. 그렇지 않으세요?

우리는 폭포수 밑 깊숙한 곳에서 일어나는 여울과 물이 고인 곳을 보기 위해 승강기를 타고 120피트나 내려갔어요. 폭포에서 2마일쯤 떨어진 곳엔 훌륭한 다리가 있었어요.

다리는 강물에서 258피트나 높은 골짜기에 걸려 있었어요. 800피트쯤 떨어진 큰 바위 꼭대기에서 양쪽 언덕에 다리를 놓은 거예요. 우리가 캐나다 쪽으로 건너갈 때 나는 "하나님이시여, 여왕을 보호하소서!" 하고 외쳤어요.

그러자 설리번 선생님은 나더러 꼬마 반역자라고 하셨어요. 그렇지만 그런게 아니예요. 내가 캐나다에 있는 동안 캐나다 사람과 행복을 같이 한 것 뿐이지요. 나는 영국의 훌륭한 여왕을 존경해요.

어머니! 후커라는 젊은 여자가 나에게 말을 잘하게 하려고 노력하고 있다는 소식을 들으면 기뻐하시겠지요. 오! 나중에라도 내가 말을 잘할 수 있었으면 하고 얼마나 기도를 드리고 원하는지 모르겠어요.

먼셀(Munsell) 씨는 지난 일요일 저녁에 우리와 함께 지냈어요. 어머니께서 그가 베니스에 대해 하는 이야기를 들으셨다면 또 얼마나 기뻐하셨을까요? 그는 우리가 마치 산마르코(San Marco)의 그늘에 앉아 꿈을 꾸면서 달빛 아래 운하를 항해하는 듯 아름다운 이야기를 들려 주었어요.

나중에 베니스에 가게 되면 먼셀 씨와 꼭 같이 가려고 해요. 그것은 나의 공중누각(空中樓閣)이에요. 아시다시피 그분처럼 아름답게 눈에 보이듯이 나에게 설명해 주는 친구는 없으니까요.

헬렌은 만국 박람회 후기를 존 P. 스폴딩(John P. Spaulding) 씨에게 편지로 써 보냈고, 그것을 성 니콜라스사에서 출판했다. 그 내용은 다음에 나오는 편지와 거의 같다. 성 니콜라스사에 보낸 설리번 선생의 서문에는 사람들이 "헬렌은 우리가 눈으로 보는 것보다 더 많은 것을 그의 손가락으로 보는군요"라고 말했다고 되어 있다.

캐롤라인 더비(Caroline Derby) 양에게

1893년 8월 17일, 펜실베이니아 헐튼

…박람회에 계신 분은 모두 나에게 친절했어요. 출품한 분들은 거의 모두 기꺼이 그 훌륭하고 아름다운 물건을 나에게 만져보게 해주었어요. 또 그들은 나에게 모든 것을 자세히 설명해 주었죠.

이름은 잘 모르지만, 어느 프랑스 신사 한 분이 커다란 청동을 나에게 보여주었어요. 나는 여러 가지 구경을 했지만, 이것처럼 훌륭하게 만든 것은 없다는 생각이 들어요. 만져보니 이상하게도 생명이 있는 물체처럼 느껴졌어요.

벨 박사는 우리를 데리고 전기관으로 들어가서 몇 개의 전화기를 보여 주셨어요. 바로 돔 페드로(Dom Pedro) 황제가 전화기를 통해서 "존재하느냐, 그렇지 않으면 존재하지 않느냐?" 하는 말을 들었던 바로 그 전화기였어요.

일리노이에서 오신 길레트(Gillett) 박사는 우리를 부녀관과 문예관으로 안내해 주셨어요. 문예관에서는 티파니의 진열품을 보러 갔어요. 그곳에서 아름다운 다이아몬드를 손으로 만져보았어요. 그것은 10만 불이나 되는 비싼 보석이었죠.

그밖에 값진 여러 가지 물건을 만져보았어요. 그리고 루트비히(Ludwig) 왕의 안락의자에도 앉아 보았어요. 길레트(Gillett) 박사는 나더러 많은 충성스러운 부하를 거느리고 있다고 말씀하셨어요. 그 말씀을 들으니 나는 여왕이라도 된 것 같았어요. 부녀관에서는 러시아의 공주님 마리아와 아름다운 시리아의 숙녀를 만났어요. 두 분은 다 좋은 분들이었어요.

유명한 연사인 모스 교수와 함께 일본 물건을 진열해 놓은 곳에도 갔어요. 그들의 재미있는 진열품을 보기 전까지는 일본 사람들이 얼마나 훌륭한 민족인지 전혀 알지 못했어요. 그처럼 많은 완구를 만드는 것으로 보아 일본이야말로 어린이들의 낙원인 것 같아요. 그들의 아름다운 예술 작품이나 이상하게 생긴 악기 등은 모두 재미있어 보였어요. 일본 책은 아주 묘하더군요. 그들이 사용하는 기본 문자는 모두 마흔일곱 개였어요. 다음 기회에 내가 보스턴에 가게 되면 살렘에 있는 그의 박물관에 찾아오라고 초대해 주었어요.

박람회에서 본 어느 것보다도 고요한 호수에서 배를 타며, 친구들이 나에게 묘사하는 아름다운 경치를 마음껏 즐길 수 있었던 시간을 잊을 수 없어요. 한번은 태양이 지평선 너머로 가라앉고 장밋빛 부드러운 노을이 화이트 시티(White City)를 꿈나라 이상으로 황홀하게 장식한 일이 있어요. 말할 것도 없이 우리는 미드웨이 플라상(Midway Plaisance)은 찾아갔어요. 그곳은 현기증을 느낄 정도로 매혹적인 곳이었어요. 카이로 거리에 들러서는 낙타도 타 보았어요. 또 강을 건너는 배도 타보고, 얼음 위에 놓인 철도에도 올라가 보았으며 증기선으로 항해도 했어요.

1893년 봄, 터스컴비아에서 공립 도서관을 설립하기 위한 모임이 열렸다. 켈러 부인이 클럽의 의장이었다. 이 모임에 대해 헬렌은 이렇게 말했다.
"나는 그 일에 대하여 친구들에게 편지를 쓰고 그들의 동정을 받았다. 격려의 인사와 함께 수백 권의 책을 보내왔는데 그중에는 좋은 책도 상당히 많았다. 숙녀들은 이와 같은 원조를 받자, 용기를 내어 책을 수집하고 구매하기 시작했으며 드디어 오늘날과 같이 매우 훌륭한 도서관이 된 것이다."

찰스 E. 인치스(Charlse E. Inches) 여사에게

1893년 10월 21일, 펜실베이니아 힐튼

…우리는 터스컴비아에 있는 고향집에서 9월을 보냈어요. 매우 행복했어요…. 박람회를 구경했기 때문에 피곤하고 흥분한 까닭인지 조용한 별장이 마음에 들었고 나를 편안하게 해주었어요. 그리하여 산의 아름다움과 고요를 어느 때보다 즐길 수 있었어요.

나는 지금은 펜실베이니아의 헐튼에 와 있어요. 이번 겨울은 이곳에서 내가 사랑하는 선생님을 도와주시는 가정교사와 함께 공부해 볼 생각이에요. 수학과 라틴어 그리고 문학을 공부하고 있어요.

나는 공부하는 것을 가장 큰 즐거움으로 삼고 있어요. 새로운 학문을 배운다는 것은 분명히 즐거운 일이에요. 나의 지식이 얼마나 미약하고 희박한지 날마다 절실히 느끼고 있어요. 그렇지만 하나님은 한없이 공부할 수 있도록 나에게 무한한 시간을 주셨기 때문에 실망은 하지 않아요.

문학에서는 롱펠로우의 시를 공부하고 있어요. 지금은 그의 시 대부분을 외우게 되었답니다. 직유법에서 은유법을 배우기 훨씬 전부터 그의 시를 몹시 좋아했거든요. 언젠가 나는 수학이 하기 싫다고 말했지만 지금은 전혀 생각이 달라졌어요. 수학 공부를 하다가 가끔 정신이 산란해지는 것은 숨길 수 없는 사실이지만,

수학이 우리에게 얼마나 도움이 되고 유용한 학문인가를 잘 알고 있어요. 그러나 수학이 아름다운 시나 재미있는 이야기만큼 흥미를 끌지는 못해요. 어쩌면 그렇게도 시간이 빨리 가는지요. 헬렌 켈러 공립 도서관에 관하여 물어보신 질문에 대답할 시간이 얼마 남지 않았네요.

1. 앨라배마의 터스컴비아에는 약 3,000명의 인구가 살고 있는데 거의 절반은 흑인이에요.

2. 현재, 이 동네에는 도서관이 하나도 없어요. 그러므로 내가 도서관을 하나 세워 볼까 하고 시작했어요. 어머니와 많은 친구들이 나를 도와주겠다고 했어요. 그리하여 그들은 클럽을 조직하고 터스컴비아에서 무료로 봉사하는 도서관 시설을 갖추려고 힘쓰고 있어요. 도서관의 돈으로 약 100권의 책이 마련되었어요. 어느 친절한 신사 한 분이 도서관 건물을 지으라고 우리에게 땅을 기부했어요. 그동안 클럽에서는 마을 중심지에 조그마한 방을 빌렸어요. 이미 우리가 확보한 책은 모든 사람이 무료로 볼 수 있어요.

3. 보스턴에 있는 친절한 친구 몇 사람만이 도서관에 대한 소식을 알고 있을 뿐이에요. 가엾은 토미를 위해 내가 돈을 모으려고 애쓸 때도 나는 그 사람들에게 폐를 끼치기 싫었어요. 우리 친구들이 책을 읽어야 한다는 것보다 토미가 교육을 받는 것이 물론 더 문제지요.

4. 어떤 책인지는 잘 모르겠으나 여러 가지 종류의 책을 수집해 놓은 것 같아요….

추신 - 나의 선생님께서 신축 기금을 거부한 사람들의 명부를 작성하여 아버지가 발행하시는 신문에 발표하게 된다는 것을 말씀드려요. 이것이 더욱 사무적일 거라고 하시는군요.　　　　　　　　　　　　　　　　　H·K

에드워드 E. 헤일 박사에게

1894년 1월 24일, 펜실베이니아 헐튼

친애하는 사촌에게!

나를 매우 기쁘게 한 당신의 편지에 오래전부터 답장을 쓰려고 했지만, 신년 초부터 지금까지 바쁜 나날을 보내고 있어요. 보내준 아름다운 책은 감사하게 받았어요. '유스 컴패니언(Youth Companion)'에서 이야기책을 출판했는데 그것을 본 사람들이 많은 편지를 보내왔어요. 지난 주일에는 61통이나 받았지요. 이들 편지에 대한 답장은 고사하고, 배워야 할 것이 너무 많아요. 그들 중에서도 수학이나 라틴어가 특히 필요하죠. 당신도 알다시피 시저(Caesar)는 여전히 시저예요. 만일 어린 소녀가 위대한 사람이나 전쟁 또는 아름다운 라틴어로 말하는 정복 같은 것을 이해하려면, 그 소녀는 많이 배우고 생각해야 하며, 또 그렇게 되려면 시간이 필요해요. 이 조그마한 책을 나는 언제까지나 귀중하게 보관해 두려고 해요. 그것은 그 책 자체의 가치 때문만이 아니라, 당신의 우정을 위해서이기도 해요. 당신의 책을 받는 사람으로서 당신을 생각한다는 것은 즐거운 일이 아닐 수 없어요. 그 책은 당신의 매력 있는 생각과 감정으로 가득 채워져 있었어요. 그처럼 나를 생각해 주어서 감사해요.

헬렌과 설리번 선생은 2월에 터스컴비아로 돌아왔고, 남은 봄을 독서와 공부로 보냈다. 여름에는 농인에게 말을 가르치는 것을 장려하는 미국 연합 문화 강습회에 참석했다. 그곳에서 설리번 선생은 헬렌의 교육에 대하여 기재한 신문을 읽어갔다.

둘은 가을이 되자 뉴욕에 있는 라이트 휴메이 학교(Wright-Humason School)에 입학하여 독순술(讀脣術)과 소리의 훈련을 했다.

퍼킨스 맹아학교에서 피아노의 지도도 약간 받았다. 시도는 재미있었지만, 별로 성과를 거두지는 못했다.

헬렌 켈러 자서전 〈서간집〉

캐롤라인 더비 양에게

1894년 10월 23일, 뉴욕 웨스트 스트리트 76가 42번지 라이트 휴메이슨 학교

…학교 생활은 매우 즐거워요. 학과는 작년 겨울과 마찬가지로 미국 역사와 영문학과 수학을 공부하지요. 그리고 계속해서 일기도 쓰고 있어요. 또 휴메이슨 박사와 함께 매우 재미있게 노래 공부를 하고 있어요. 앞으로 피아노 연습도 해보려고 해요.

우리의 친절한 선생님은 지난 토요일에 베드로(Bedloe) 섬으로 세계를 밝혀준 '바르톨디(Bartholdi)'의 커다란 자유의 초상을 보러 가자는 즐거운 계획을 세우셨어요. 옛날의 오래된 대포가 바다를 향하고 있었는데 무척 위협하는 듯한 태세를 갖추고 있더군요. 그렇지만 오래되고 녹슬어 버린 그 무기 자체에 잘못이 있을 리는 없지 않겠어요?

자유의 초상이란, 희랍 벽화에 있는 여자가 오른손에 횃불을 들고 있는 모습을 하고 있어요. 나선형으로 된 계단은 발 딛는 밑바닥에서부터 횃불 있는 곳까지 올라갈 수 있도록 되어 있어요. 우리 일행 40명은 꼭대기까지 기어 올라갔어요. 그곳에서 자유의 초상이 밤낮으로 아래를 내려다보고 있는 광경을 구경했어요. 오! 얼마나 훌륭한 경치였는지 몰라요.

위대한 프랑스 예술가는 그 장소가 자기의 커다란 이상의 집이 될 만한 곳이라고 생각했는데 이에 대하여 우리는 조금도 놀라지 않아요.

바다는 10월 햇살이 내리쪼여 아름답게 빛나고 있었어요. 그리고 배들은 꿈결처럼 한가하게 드나들었어요. 황금빛으로부터 잿빛으로 변하는 구름처럼, 배는 천천히 바다 쪽으로 사라지곤 했어요. 새들이 어미 둥지를 찾듯이 집으로 돌아오는 배는 점점 빨리 달렸어요….

캐롤라인 더비 양에게

1895년 3월 15일, 뉴욕 라이트 휴메이슨 학교

…아직도 빨리 말하거나 읽기는 어렵지만, 독순술이 좀 나아진 것 같아요. 그러나 내가 좀 더 참고 노력하면 나중에 반드시 성공하게 될 거예요. 휴메이슨 박사는 내가 말을 잘할 수 있도록 애를 쓰고 계셔요.

오, 캐리! 내가 다른 사람들처럼 말할 수 있다면 얼마나 좋을까요? 그렇게 되면 밤낮으로 기꺼이 공부할 텐데. 내가 자연스럽게 말하는 것을 친구들이 들으면 얼마나 기뻐할까요. 남들은 말하는 것이 그처럼 쉬워 보이는데 어찌하여 말 못하는 어린이들은 말하는 것을 배우기조차 그렇게 어렵고 골치 아픈 일인지 모르겠어요. 그렇지만 좀 더 참고 힘쓰면 나중에는 말을 제대로 할 수 있게 되리라는 자신이 있어요.

나는 바쁜 일과 속에 분주한 생활을 하고 있지만, 독서할 시간을 많이 마련하고 있어요. 요새 실러(Schiller)의 『빌헬름 텔』을 다 읽었어요. 그리고 『로스트 베스탈(The Lost Vestal)』도 다 읽었어요. 지금은 레싱의 『현자 나탄』과 미스 뮤록의 『킹 아서』를 읽고 있어요.

당신도 아시다시피 친절한 우리 선생님은 우리에게 흥미를 줄 만한 것이 있으면 모조리 보여주세요. 나는 이처럼 즐거운 방법으로 다양한 지식을 배웠어요. 조지 워싱턴의 탄생일에 우리는 모두 '독 쇼(Dog Show)'를 구경하러 갔어요. 매디슨 스퀘어 가든에는 사람들이 우글거리고 '독 오케스트라(Dog-orchestra)'에서 연주하는 여러 가지 음악 소리 때문에 정신이 얼떨떨하여 무슨 소린지 알아들을 수 없었지만, 그날 오후는 매우 유쾌했어요. 인기 있는 개들 중에는 불도그가 있었어요.

어떤 사람이 이 불도그를 예쁘다고 만져 주면 놀랄 만큼 얌전히 몸을 맡겨요. 그들은 자기네 행동이 무례한 줄도 모르고 각각 한 사람의 팔에 안기려고 들며, 예의도 잊어버리고 키스를 하려고 야단법석이에요. 개란 참으로 아름답지 못한 짐승이더군요. 그러나 성질이 온순하고 다정한 편이라 누구든지 그들을 좋아하지 않을 수 없어요.

휴메이슨 박사와 선생님과 나는 쇼를 구경하고 메트로폴리탄 클럽에서 열린 환영회에 참석했어요. 이는 종종 백만장자 클럽이라고 불리기도 하죠. 그것은 흰 대리석으로 된 장엄한 건물이에요.

방은 모두 크고 가구들이 조화 있게 잘 놓여 있었어요. 그러나 솔직히 말하면 너무 어마어마해서 오히려 일종의 압도감을 느꼈어요. 그리고 나는 모든 행복을 다 손에 넣고 있는 그들의 환경을 생각하더라도 백만장자가 조금도 부럽지 않아요….

케이트 A. 켈러 부인에게

1895년 3월 31일, 뉴욕

… 선생님과 나는 허튼(Hutton) 씨 댁에서 오후를 즐겁게 지냈어요. 그곳에서 클레멘스(Clemens) 씨와 하우얼즈(Howells) 씨를 만났어요. 나는 오래전부터 그들에 대하여 잘 알고 있었어요. 그러나 그들을 만나서 이야기를 할 수 있는 기회가 오리라고는 꿈에도 생각하지 못했어요.

이 커다란 기쁨이 과연 내 것인지 의심스러울 정도예요. 14세밖에 되지 않는 소녀가 그처럼 유명한 분들과 만나도 괜찮을까 하는 생각을 해보기도 했어요. 그러고 보니 나는 분명히 행운아예요. 내가 마음껏 즐길 수 있는 이 많은 훌륭한 특권에 대하여 감사하지 않을 수 없어요. 나는 유명한 작가 두 분을 알고 있어요. 두 분 다 매우 친절하고 점잖은 분이라 어느 분을 더 좋아한다고 말할 수 없어요. 클레멘스 씨는 우리에게 재미있는 이야기를 어찌나 많이 해 주시는지, 나중에는 너무 웃다가 울기까지 했어요. 어머니께서도 그의 이야기를 들었다면 얼마나 좋아하셨을까요!

그분의 말에 의하면 부인과 딸 잔(Jeanne)을 데리러 2, 3일 내로 유럽에 가겠대요.

잔은 파리에서 3학년 과정을 공부하고 있는데 앞으로 좀 더 공부하면 아버지보다 더 똑똑해질 것이라고 해요.

클레멘스 씨에게는 '마크 트웨인'이라는 펜네임이 알맞은 것 같아요. 그것은 이상하고 재미있는 음을 갖고 있을뿐더러 그가 쓴 훌륭한 이야기책처럼 그 이름이 해양을 연상케 하여 그가 지금까지 쓴 재미있는 이야기를 암시하거든요.

설리번 선생님의 말씀에 의하면 나는 파라데우스키(Paradeuski)처럼 보인다고 해요.

하우얼즈 씨가 그러는데 자기는 베네치아를 어느 도시보다도 좋아한다고 해요. 그리고 지금은 하나님과 함께 있을 그의 딸 위니프레드(Winnifred)에 대하여 아주 사랑스럽게 이야기하세요. 그는 딸이 하나 더 있는데, 이름은 밀드레드이며 그 애는 캐리를 안다고 하네요.

나는 또 위긴(Wiggin) 부인을 만나 뵈었으면 해요. 그녀는 『새의 크리스마스 노래(Birds' Christmas Carol)』의 저자로 지금 기침이 심해서 올 수가 없대요. 그녀를 만나지 못해서 실망이 크지만 곧 만나게 될 테지요.

허튼 씨는 나에게 가시처럼 생긴 유리구슬을 주었어요. 그것은 그의 어머니의 소유물이에요. 그리고 우리가 찾아간 기념품이래요. 우리는 로저스 씨도 만났어요. 그가 고맙게도 마차를 두고 가서 우리가 집으로 타고 올 수 있었어요.

라이트 휴메이슨 학교가 여름방학에 들어갔을 때 설리번 선생과 헬렌은 남부 지방으로 여행을 떠났다.

로렌스 허튼 여사에게

1895년 7월 29일, 앨라배마 터스컴비아

…나는 이 방학 동안 부모님과 사랑하는 어린 동생 그리고 남동생 필립스와 함께 나의 여름 집에서 조용히 즐겁게 보내고 있어요. 나의 소중한 선생님도 함께 계셔요. 나는 물론 행복해요. 책도 읽고 산책도 하며 또 어린이들과 어울려 즐겁게 놀기도 해요. 아무튼 시간을 유쾌하게 보내고 있어요.

친구들은 내가 1년 동안에 말과 독순술이 크게 진보되었다고 하는군요. 그리고 1년을 더 뉴욕에서 보내는 것이 좋겠다고 해요. 나는 뉴욕에서 편안히 지내지는 못했다는 생각이 들었으나, 그처럼 많은 사람들과 사귀게 되어 참으로 흐뭇해요. 지난 겨울 동안의 즐거웠던 일들을 돌이켜보면서 보다 더 재미있고 유익한 나날을 보낼 수 있으리라고 기대해요.

허튼 씨와 릭스(Riggs) 부인은 내가 직접 만나보지 못했지만 워너 씨에게 안부를 전해 주세요. '베니스워드(Venicewards)'를 들으면 허튼 씨의 펜이 그의 새로운 책 위에서 춤을 추는 것을 느낄 수가 있어요. 그것을 읽으면 얼마나 유쾌할까요.

타이프로 찍은 편지를 바다 건너로 띄워 보내는 것을 용서하세요. 집에 돌아온 후 여러 번 나의 글자판에 연필로 쓰려고 했지만, 날씨가 너무 더워 쓰기가 무척 어려웠어요. 손에 땀이 나서 글자들을 잘 분간할 수 없어 타이프를 치기로 했죠. 이것은 나의 '레밍턴(Remington)'이 아니고 조그마한 헌 타이프인데, 걸핏하면 고장이 나서 마침표를 찍을 수가 없어요.

윌리엄 쏘우(William Thaw) 부인에게

1895년 10월 16일, 뉴욕

우리는 또다시 이 대도시에 왔어요. 우리는 금요일 밤에 헐튼을 떠나 토요일 아침 이곳에 도착했어요. 친구들은 우리를 이달 말이나 만나게 될 것으로 생각하고 있던 참이라 크게 놀랐어요.

토요일 오후에는 피곤하여 쉬기로 하고, 나중에 학교 동창들을 방문했어요. 지금은 피곤이 풀려서 당신에게 이처럼 편지를 쓰고 있어요. 당신은 우리가 안전하게 뉴욕에 도착한 소식을 알려고 하실 테지요.

우리는 필라델피아에서 기차를 갈아탈 때도 개의치 않았어요. 우리가 아침을 먹고 나서 선생님이 차장에게 뉴욕에 가는 차가 준비되었느냐고 물었더니 5분쯤 기다려야 한다고 했어요. 우리가 조용히 기다리고 있는데 차장이 돌아와서 곧 차를 타겠느냐고 묻기에 선생님이 그렇다고 대답했고, 그는 우리를 인도하여 기차에 태워 주었어요.

그리하여 우리는 조용히 여행할 수 있었어요. 차장의 친절이 무척 고마웠어요. 아무튼 우리가 어디를 가나 친절히 대해 주려는 사람들이 그치지 않았어요. 우리가 즐거운 여행을 하게 되는 것은 이 때문이에요.

우리는 헐튼에서 한적한 대로 즐거운 시간을 보낼 수 있었어요. 웨이드 씨는 언제나 친절하고 상냥했어요. 요새 그는 나를 위해 여러 가지 책을 영국에서 인쇄하여 주었어요. 『묘지기 노인(Old Mortality)』, 『오트란토 성(The Castle of Otranto)』, 『노랜드의 왕(King of No-land)』 등등.

캐롤라인 더비 양에게

1895년 12월 29일, 뉴욕

　…설리번 선생님과 나는 요새 매우 즐겁게 지내고 있어요. 닷지(Dodge) 부인, 허튼 부부, 릭스 부인과 그의 남편 등 우리의 친절한 친구들과 여러 유명한 사람 중에는 엘렌 테리 양, 헨리 어빙 경, 스톡턴(Stockton) 씨 등이 있었어요. 우리는 참 운이 좋았어요.

테리 양은 무척 아름다웠어요. 그녀는 선생님께 키스하고 이렇게 말했어요. "저는 당신을 만나서 기쁜지 그렇지 않은지 분간할 수 없어요. 왜냐하면, 당신이 이 어린 여자를 위해 그처럼 많은 일을 하신 것을 생각하면 부끄럽기만 하니까요." 우리는 또한 테리 부부, 즉 테리 양의 오빠와 그의 부인도 만났어요. 나는 그가 천사처럼 예쁜 줄 알고 있으며, 목소리 또한 구슬같이 아름답고 맑아요. 우리는 지난 금요일에 <찰스 왕 1세>를 보러 가서 테리 양과 헨리 경을 만났으며, 극이 끝난 다음에 내가 그 배우들이 어떻게 보이는가를 알아보도록 손으로 만져볼 수 있게 해주었어요.

그 임금이 몹시 불행할 때 얼마나 당당하고 고상한 풍채를 하고 계셨는지 그리고 그 왕후는 얼마나 예쁘고 충실했는지 몰라요. 그 극은 정말 사실 같아서 그러한 장면이 오래전에 실제로 있던 상황 같았어요.

최후의 막은 가장 큰 감동을 주었어요. 우리는 그 사형 집행자가 그의 사랑하는 부인의 품에서 어찌나 그를 무자비하게 떼어버리는지, 그 장면을 보고 모두 울었어요.

나는 마침 『아이반호』를 읽었어요. 이 책은 나를 무척 흥분하게 했지만, 사실은 별로 좋아하지 않았어요. 예쁜 리베카(Rebecca)는 그의 강하고 용감한 정신과 순결하고 관대한 성품을 지녔으므로 나는 오직 그에게만 존경심을 갖게 되었어요. 나는 지금 『스코틀랜드 역사 이야기』를 읽고 있는데 이 책도 매우 재미있고 흥미로워요.

다음의 두 편지는 존 P. 스폴딩이 세상을 떠난 직후에 쓴 것이다.

조지 H. 브래드포드 부인에게

1896년 2월 4일, 뉴욕

우리가 처음으로 정답고 친절한 친구로 만났던 방에 놓을 기념품을 보내주신 당신의 사려 깊은 친절에 선생님과 내가 얼마나 감사하는지 당신이 알게 하려면 어떤 말을 해야 할까요? 우리는 그 기념품을 날마다 볼 수 있는 우리 방 벽난로 위에 놓았어요. 그리고 나는 때때로 손으로 그 기념품을 만져보아요. 나는 그 정다운 친구가 우리와 가까이 있다는 것을 느낄 수 있어요. 우리는 학업을 무사히 넘기는 것으로 만족할 수는 없어요. 우리는 반드시 학업을 성취해야 할 의무를 갖게 된 것을 기쁘게 생각해요. 그것은 우리 마음을 잠시나마 슬픔에서 떠나게 해주니까요….

캐롤라인 더비 양에게

1896년 3월 2일, 뉴욕

…우리는 킹 존이 무척 보고 싶어요. 그를 잃는다는 것은 정말 서글픈 일이었어요. 그는 우리의 제일 훌륭하고 친절한 친구였어요. 그가 없는 생활을 어떻게 할 수 있을지 모르겠군요.

우리는 가금(家禽) 전시회에 갔었어요. 그곳에 있는 사람들은 친절하게도 그 새들을 만져보게 해주었어요. 그 새들은 매우 길이 잘 들어서 내가 만져도 가만히 있었어요. 나는 칠면조, 기러기, 오리 그 밖의 여러 새를 보았어요.

우리는 두 주일 전에 허튼 씨 댁에 가서 잘 놀았어요. 우리는 언제나 그렇게 놀지요. 그리고 작가와 워너 씨와 '아웃룩(Outlook)'지의 편집자 메이비(Mabie) 씨, 그리고 그 밖의 명랑한 사람들을 여럿 만났어요. 당신은 분명히 허튼 씨 부부를 만나보고 싶어 할 거예요. 그들은 선량하고 재미있는 분들이에요. 그들은 우리를 무척 유쾌하게 해주셨어요.

그 후 며칠이 지나서 워너 씨와 버로스(Burroughs) 씨가 우리를 찾아 주셔서 재미있는 이야기들을 들려주었어요. 그분들은 정말 다정했어요. 버로스 씨는 허드슨 강 근처에 있는 그분의 아름다운 집 이야기를 하셨는데, 정말 그분 말처럼 아름다울 것 같아요. 언젠가 한 번 방문하려고 해요.

선생님이 그의 어린 시절의 이야기를 들려주셨는데 정말 실감 나고 재미있었어요. 그의 아름다운 시 <기다림(Waiting)>을 읽으신 일이 있으세요? 그 시는 나를 행복하게 해주었어요. 그것은 아름다운 생각으로 가득 차 있어요.

워너 씨는 나에게 스카프 핀을 보여 주셨어요. 그 핀에는 갖가지 벌레가 있었어요. 그분의 말에 의하면, 그것은 기원전 1천5백 년에 이집트에서 만든 것으로 이집트 사람들의 불사(不死)를 뜻했다는군요. 그리고 껍질에 들어가서 자고 나면 새로운 모양이 되어 나온다고 해요. 이는 재생을 의미하는 것이겠지요.

캐롤라인 더비 양에게

1896년 4월 25일, 뉴욕

…나의 학교 수업은 내가 당신을 뵈었을 때와 마찬가지예요. 일주일에 세 번 프랑스 사람이 와서 불어를 가르쳐 주는 것이 다를 뿐이지요.

나는 오직 입술로 읽을 따름이에요. 왜냐하면 그분은 수화법을 모르거든요. 그래도 우리는 곧잘 공부가 되어요. 나는 『Le Médecin Malgré Lui(자기도 모르게 의사가 된 사람)』를 무척 재미있게 읽었어요.

그것은 몰리에르(Moliere)의 희극이지요. 사람들은 나더러 지금 불어를 꽤 잘한다고 해요. 그리고 독일어도 마찬가지예요. 어쨌든 프랑스와 독일 사람들이 내가 하는 말을 알아들으니까요. 조금은 용기가 나는군요.

나의 음성 훈련은 예전에 받은 그대로 어려워요. 내 욕심이 이뤄질 날이 얼마나 아득한지 모르겠어요. 때로는 나의 목표가 붙잡힐 것 같기도 해요. 그러나 때로는 내가 앞으로 나가는 도중에 길이 구부러져 목표가 보이지 않을 때도 있어요. 그렇게 되면 나는 또다시 어두운 곳에서 방황하게 되겠죠. 그래도 용기를 잃지 않으려고 노력해요. 언젠가 분명히 우리가 뜻하는 이상을 이루게 되겠지요….

존 히츠 씨에게

1896년 7월 15일, 매사추세츠 브루스터(Brewster)

…책에 대해서 말씀드리겠어요. 설리번 선생님의 사랑스러운 손가락 마술로 말미암아 『불사의 샘』에 들어간 두 언니와 사귈 수 있다면, 내가 그 책을 더 좋아하게 될 것은 정한 이치가 아니겠어요?

내가 창 옆에 앉아서 당신에게 편지를 쓰고 있는 이 순간에도 부드럽고 시원한 산들바람이 나의 뺨을 부채질하고, 또 한편으로 지난해의 어려운 학업을 다 마쳤다고 생각하면 실로 마음이 홀가분해요. 설리번 선생님도 이와 같이 환경이 변해서 덕을 보는 것을 좋아할 테지요.

나는 벌써 짐을 벗은 몸으로 돌아간 것 같아요. 우리의 행복을 완성하자면 당신이 꼭 필요해요. 설리번 선생님과 홉킨스 부인은 당신이 되도록 빨리 오시길 바라고 있어요. 우리는 당신을 편안하게 해드리기 위해 모든 노력을 다하겠어요. 설리번 선생님과 나는 9일 동안 필라델피아에서 지냈어요.

당신은 크라우터(Crouter) 박사의 학원에 가본 일이 있나요? 우리가 한 일을 하우즈(Howes) 씨께서 충분히 설명하셨을 테지요. 우리는 언제나 시간에 쫓겨 왔어요. 자주 모임에 참석하고 또 수백 명의 사람들을 상대로 이야기를 나누었어요. 그중에는 우리가 존경하고 사랑하는 벨 박사와 콜카타의 바너지(Banerji) 씨 그리고 내가 불어로만 이야기한 파리의 마그나(Magnat) 씨 그밖에 유명한 사람들이 있었지요.

우리는 그곳에서 당신을 만나 뵐 줄 알았어요. 그러나 당신이 그곳에 오시지 않아 크게 실망했어요. 우리는 가끔 당신을 생각해요. 그리고 진심으로 당신을 아껴요. 우리는 당신과 함께 있는 것이 이 변변치 못한 편지로 말하는 것보다 얼마나 더 행복한지 당신은 알고 계시겠지요.

그 연합회 회원들의 말은 나에게 형언할 수 없는 행복감을 북돋아 주었어요. 나는 7~8일에 모든 귀먹은 어린이들에게 말을 배울 기회를 주어야 한다는 연설을 했어요.

사람들은 내가 이지적인 연설을 잘했다고 하더군요. 우리는 연설이 끝난 다음 환영회에 참석했는데 그곳에는 600여 명의 사람들이 있었어요. 나는 그러한 환영회를 좋아하지 않는다고 솔직히 고백할게요. 왜냐하면 사람들이 너무 많다 보니 이야기를 많이 해야 했으니까요. 그러나 우리가 나중에 사랑하는 친구들을 많이 만나게 된 것은 필라델피아에서 있었던 환영회 덕분이에요.

우리는 목요일 밤에 그 도시를 떠나서 금요일 오후에 브루스터에 도착했어요. 금요일 아침에 케이프 코드(Cape Cod)에 가는 차를 놓쳤기 때문에 기선 롱펠로(Longfellow)로 프로빈스타운(Provincetown)에 갔어요. 그렇게 된 것은 차라리 잘된 일이라고 생각했어요. 바다 위는 아름답고 시원하니까요. 언제나 보스턴 항구는 흥미 있더군요.

우리는 뉴욕을 떠난 후에 보스턴에서 약 3주일을 지냈어요. 그곳에서 얼마나 유쾌했는지 말로 다할 수 없어요. 우리는 시골 벤담에 사는 친구와 챔블린(Chamberlin) 부부를 방문했어요. 그의 집은 보트와 카누를 나는 아름다운 호수 가까이 있었어요.

우리는 매우 즐거웠어요. 챔블린 부부는 그의 문학가 친구들과 함께 6월 17일에 소풍을 가서 하루를 즐겼어요. 약 40명이 참석했는데 그들은 모두 작가 아니면 출판에 종사하는 분들이었어요. 하퍼스의 편집자인 우리의 친구, 알든(Alden) 씨도 거기 있었어요. 우리는 그와 즐거운 시간을 보냈어요.

찰스 D. 워너(Charles D. Warner) 씨에게

1896년 9월 3일, 매사추세츠 브루스터

…여름 동안에 일어난 일들을 당신에게 써 보내려고 해요. 당신에게 전할 말이 산더미같이 많지요. 그리고 우리가 해변가에서 방학을 어떻게 보냈는지 들으시면 당신도 기뻐하실 거예요. 그리고 내년의 계획을 들으셔도 마찬가지로 기뻐하시겠지요.

그러나 행복하고 즐거운 시간은 언제나 빨리 가는 법이에요. 항상 즐거운 일거리가 많아서 내 생각을 말로 엮어 당신에게 보낼 수 없군요. 그런데 우리가 잊게 되는 동기는 어디서 오는 것일까요.

아마도 우리를 수호하는 천사들이 우리에게 멀어지는 기회를 주었다가 보다 슬기로워졌을 때 다시 가까이하게 하는 것이 아닐까요? 그렇다고 지금 당신에게 오랫동안 간직하고 있던 생각을 이 편지에 쓸 수는 없어요.

여름이 가져다준 행복을 이야기하기에는 너무 큰 슬픔으로 가슴이 채워져 있어요. 아버지가 돌아가셨어요. 지난 토요일 터스컴비아에 있는 우리 집에서 돌아가셨죠. 나는 그곳에 있었어요. 사랑하는 아버지시여! 오, 정다운 친구여, 어찌해야 좋을까요!

10월 1일, 헬렌은 케임브리지 여학교에 입학했다. 교장은 아서 길만(Arthur Gilman)이었다. 다음 편지에서 말하는 시험이란 이 학교에서 치른 것을 말한다. 그러나 그 시험이 옛날 하버드의 시험지였다는 것으로 보아, 헬렌은 이미 래드클리프 대학에 들어갈 준비가 되어 있던 것이 분명하다.

로렌스 허튼 부인에게

1896년 10월 8일, 매사추세츠 케임브리지 콩코드 37

…나는 오늘 일찍 일어나서 몇 줄이라도 쓰려고 해요. 당신은 내가 새 학교를 얼마나 좋아하는가를 알고 싶겠지만, 당신께서 직접 오셔서 우리 학교가 얼마나 좋은가를 보셨으면 해요.

학생들은 약 100명쯤 되는데 그들은 모두 명랑하고 행복해요. 그러므로 그들과 함께 있는 것은 즐거운 일이 아닐 수 없어요.

내가 시험을 잘 치렀다는 소식을 들으시면 기뻐하실 거예요. 나는 영어, 독일어, 불어, 희랍과 로마의 역사 시험을 치렀어요.

그것은 하버드 대학의 입학시험 문제였어요. 내가 그 학교의 시험에 합격할 수 있을 거라고 생각하니 기분이 좋아요. 올해는 나와 선생님이 무척 바쁜 해가 될 거예요.

나는 지금 수학, 영문학, 영국 역사, 독일어, 라틴어, 고급 기하학을 공부하고 있어요. 예습을 많이 해야 하는데 점자로 인쇄된 책들이 없어 선생님이 모두 나에게 철자를 써주어야 하니 많이 힘들어요.

하우엘 씨를 만나시거든 우리는 그분 댁에 살고 있다고 전해주세요….

윌리엄 쏘우 부인에게

1896년 12월 2일, 매사추세츠 케임브리지 콩코드 37

…예습 시간이 오래 걸려요. 왜냐하면 선생님께서 모든 글자를 내 손에 철자로 써야 하기 때문이에요. 내가 써야 할 교과서는 점자로 인쇄된 것이 없어요. 그래서 내가 혼자서 읽고 예습하는 것보다 훨씬 공부하기 힘들어요. 그러나 나보다도 선생님이 더 힘드셔서 걱정이에요. 그것은 선생님의 시력을 몹시 소모하는 일이므로 나는 자연히 선생님의 눈을 걱정하게 되어요.

때로는 우리가 시작한 일은 달성하기 어려운 것이라는 생각이 들어요. 그러나 나는 가끔 이런 공부를 말로 표현하는 것 이상으로 즐겨하지요.

다른 여자들과 함께 있는 것은 매우 즐거워요. 그들이 하는 일을 나도 하게 되니 기뻐요. 나는 라틴어, 독일어, 수학, 영국 역사 등을 공부하는데 수학 이외의 것은 모두 재미있어요. 나는 수학에 재주가 없는 모양이에요. 나의 손가락은 언제나 틀린 곳으로 움직이거든요.

로렌스 허튼 부인에게

1897년 5월 3일, 매사추세츠 케임브리지

…아시다시피 6월에 치를 시험 때문에 철저히 복습해야 해요. 그러므로 정규의 학교 공부와 함께 나를 무척 바쁘게 하는군요. 존슨과 성가신 사람들은 오늘 오후까지 좀 기다려야 해요. 경애하는 허튼 부인이여….

우리는 연출자 클럽에서 즐겁게 놀았어요. 나는 클럽은 담배 연기가 가득차고 무미건조하며, 정치 이야기나 끝없는 잡담 또는 자기 공로만 내세우는 곳인 줄 알았어요. 그러나 지금은 내가 잘못 생각했다는 것을 깨달았어요.

존 히츠(John Hitz) 씨에게

1897년 7월 9일, 매사추세츠 렌담

…설리번 선생님과 나는 올 여름을 우리 친구인 챔블린(Chamberlin) 가족들과 함께 매사추세츠 렌담에서 보내려고 해요. 아마 당신께서도 「보스턴 트랜스크립트(Boston Transcript)」지의 '리스너(Listener)'라는 펜네임을 가진 챔블린 씨를 기억하고 계실 거예요. 그들은 존경할 만한 친절한 분들이에요.

나의 시험에 대하여 궁금하시겠지요. 내가 그 시험을 모두 무사히 치렀다는 이야기를 들으시면 상당히 기쁘실 거예요. 내가 택한 과목은 초급과 고급 독일어, 불어, 라틴어, 영어, 희랍어 및 로마 역사였어요.

너무도 기뻐서 혹시 꿈이 아닐까 생각되었어요. 나는 이 큰 시련을 위해 준비를 하면서 늘 속으로는 떨어지면 어떻게 하나 염려했어요. 그런데 잘 치르고 나니 지금은 커다란 위로가 되어요.

그러나 나의 성공은 그대로 설리번 선생님의 행복과 즐거움이에요. 나의 성공은 내 것이라기보다는 선생님의 것이라는 생각이 들어요. 왜냐하면 그분은 끊임없는 나의 영감(靈感)이었으니까요….

헬렌 켈러 자서전 〈서간집〉

설리번 선생과 헬렌은 9월 말에 케임브리지 학교에 들어가서 1월 초순까지 그곳에 머물렀다. 그런데 길만(Gilman) 씨의 간섭으로 켈러 여사는 헬렌과 그의 동생 밀드레드를 그 학교에서 자퇴시켰다. 그리하여 설리번 선생과 헬렌은 렌담으로 갔고, 그곳에서 유능한 교사 머튼 S. 키스(Merton S. Keith) 씨에게 가르침을 받았다.

로렌스 허튼 부인에게

1898년 2월 20일, 렌담

…당신이 떠나신 후에 저는 곧 공부를 시작했어요. 1개월 전의 무서운 경험은 꿈처럼 사라지고 다시 즐겁게 공부하고 있어요. 시골이 얼마나 좋은지는 말할 필요도 없어요. 시골은 언제나 신선하고 평화롭고 자유로워요.

나를 그대로 내버려 둔다면 종일 피곤한 줄도 모르고 공부할 수 있을 거예요. 언제나 즐거운 일이 많이 따르고 있어요. 대수나 기하는 어렵지만 나는 그것들을 다 좋아하지요. 희랍어는 특히 더 좋아해요.

머지않아 나는 문법을 마스터할 거예요. 다음에는 『일리아드』를 공부하게 될 테지요. 오랜 나의 친구들과 함께 원문으로 아킬레스, 율리시즈, 안드로마케, 아테네에 대해 읽는다면 얼마나 좋을까요.

내가 아는 언어 중에는 희랍어가 제일 아름다운 것 같아요. 악기 중에 바이올린이 제일 좋은 것이 사실이라면, 희랍어는 언어의 바이올린이라고 할 수 있지요.

우리는 이달에 근사한 토보건(썰매의 일종 - 편집자 주)을 타고 놀았어요. 날마다 아침 식사 시간 전에 모두 집 근처의 호수 북쪽 호반에 있는 가파른 동산으로 올라가 거기서 한 시간쯤 놀았어요. 산꼭대기에서 누가 토보건을 붙들면 우리는 올라타서 준비를 마친 후에 산 밑을 향해 돌진하지요. 토보건은 굉장한 속도로 눈더미로 뛰어들기도 하고 높은 곳을 뛰어넘기도 하며, 엄청난 속도로 못 건너편에 이르기도 해요!

로렌스 허튼 부인에게

1898년 4월 12일, 렌담

…키스 씨께서 나의 발전된 모습을 보시고 기뻐하시니 마음이 흐뭇해요. 대수와 기하가 점점 쉬워지는군요. 특히 대수가 더 그래요. 마침내 공부를 쉽게 할 수 있는 점자책들을 받았어요.

나는 급속도로 전진하여 키스 씨와 공부하는 것이 케임브리지 여학교에서 하는 것보다 얼마나 수월한지 모르겠어요. 그리고 전에 그런 공부를 그만둔 것이 다행스럽게 생각되어요. 어쨌든 학교를 그만둔 후 나는 공부를 게을리하지 않았어요. 나는 그곳에서 보다 더 많은 성과를 거두었으며 더 행복해요.

로렌스 허튼 부인에게

1898년 5월 29일, 렌담

…학업은 대담하게 전진하고 있어요. 날마다 어려운 학과와 씨름하고 있지요. 여름방학 동안 책을 놓기 전에 될 수 있는 대로 많은 성과를 거두려고 애쓰기 때문이겠지요. 내가 어제 혼자서 기하 문제를 세 개나 풀었다는 이야기를 들으시면 아마도 기뻐하시겠지요. 키스 씨와 선생님은 나의 향상에 대하여 매우 만족하게 여기세요. 솔직히 말씀드려 나도 의기양양해졌어요.

이등변삼각형의 저변에서 중심점으로 그은 두 선은 같다는 것을 아는 게 왜 그처럼 중대한지 알 수 없지만, 이제는 나도 수학을 잘할 수 있다는 확신을 갖게 되었어요. 그 지식이 우리를 얼마나 행복하고 선량하게 만드는지 모르겠어요. 그러나 우리가 새로운 말을 배우게 되면, 그것은 훌륭한 보고의 열쇠를 얻는 것이라고 생각해요.

로렌스 허튼 부인에게

1898년 10월 23일, 보스턴 뉴베리 12

우리가 지난 일요일에 이리로 온 후 처음으로 당신에게 편지를 쓸 기회를 얻었어요. 우리가 보스턴으로 오기로 결정한 후로는 눈코 뜰 새 없이 바빴어요. 결코 정착할 수 없을 것 같다고 생각되었죠.

선생님께서는 이삿짐을 나르는 사람들과 급행차에서 일하는 사람들에게 가서 부탁도 해야 하므로 도무지 틈이 없었어요. 이사가 그처럼 번거롭지 않았으면 얼마나 좋을까요.

…키스 씨는 일요일 외에는 언제나 오후 세 시 삼십 분에 오세요. 그분은 요즈음 이곳에 오시는 것이 오히려 더 낫다고 해요. 기하와 대수를 공부하고 그 밖의 시간은 『일리아드』, 『아이네이스』, 키케로를 읽고 있어요.

『일리아드』는 우아하고 어린이 같은 단순성이 있으면서도 아름다웠어요. 그러나 『아이네이스』는 장엄하고 감동을 주는군요. 아이네이스는 언제나 웅장한 궁전 속에서 사는 아름다운 처녀와도 같아요. 그러나 일리아드는 지구를 그의 놀이터로 삼는 훌륭한 청년과 같군요.

지난 한 주일 동안은 날씨가 매우 음산했어요. 그러나 오늘은 하늘이 개서 햇볕이 우리 방마루를 가득 채웠어요. 우리는 국립공원을 산책했어요. 렌담 삼림이 근처에 있으면 좋으련만, 그렇지 못하니 공원에서 산책하는 것으로 만족할 수밖에 없지요.

넓은 평야와 초원 그리고 높은 소나무 숲을 지나고 보니 공원은 마치 앞이 막힌 것 같고 또 인위적인 것처럼 느껴졌어요. 나무들까지도 도시를 닮은 것 같이 생각되었어요.

그들은 자기네 생활이 주위 환경 때문에 얼마나 제약을 받고 있는지 전혀 모르고 있어요. 그들은 이 넓은 세상을 보지 못한 시골 사람들을 불쌍하다고 생각하며 내려다보고 있어요. 그러나 그들도 자기들의 제약을 깨닫게 되면 아마도 산림 속이나 들로 도망을 칠 거예요.

내가 지금 쓸데없는 글을 쓰고 있는 건 아닌지 모르겠네요. 나는 렌담이 보고 싶어 죽을 지경이에요. 그런데 그것은 어느 의미에서는 사실이고, 다른 의미에서는 그렇지도 않아요. 나는 물론 레드 농장(Red Farm)과 그곳에 있는 친절한 사람들이 몹시 보고 싶어요.

그렇지만 나는 불행하지 않아요. 나로서는 선생님이 이곳에 계시고 또 책도 있어요. 그러므로 분명히 이 큰 도시에는 반드시 어떤 아름답고 바람직한 일이 나를 기다리고 있을 것이라 믿어요. 이 도시는 사람들이 참혹한 환경 속에서도 행복을 찾으려고 용감하게 분투를 계속해요. 아무튼 명랑하건 우울하건 간에 이 인생에 내가 참여하고 있다는 것은 즐거운 일이 아닐 수 없어요.

윌리엄 쏘우 부인에게

1898년 12월 19일, 보스턴 뉴베리

…남의 컵이 비어 있다는 것도 잊어버리고 자기 컵만 가득 채워야겠다고 생각하던 내가 얼마나 이기적이고 욕심이 많은 여자였던가를 지금에 와서야 비로소 알게 되었어요. 이런 것도 미처 생각지 못한 나 자신이 부끄럽기 짝이 없어요.

내가 어린애처럼 버리지 못하는 환상의 하나는 내가 원하는 것을 다른 사람에게 알려주기만 하면 손에 넣을 수 있다는 것이에요.

그러나 나는 모든 사람이 저마다 원하는 것을 손에 넣을 수 없다는 사실을 알게 되었어요. 잠시 동안이나마 나는 이미 행복의 몫을 차지하고 있었던 거예요. 가엾은 올리버 트위스트처럼 더욱 많이 요구한다는 것은 생각만 해도 가슴 아픈 일이라고 하겠어요.

로렌스 허튼 부인에게

1899년 1월 17일, 보스턴 뉴베리 12

…당신은 키플링(Kipling)의 <참된 꿈(Dreaming True)>이나 <키츠너의 학교(Kitchener's School)>를 읽어본 일이 있으신지요? 이것은 인상 깊은 시로써 나를 꿈에 부풀게 하는군요. 당신은 물론 영국 사람들이 하르툼(Khartoum)에 세우려는 '고든 메모리얼 대학(Gordon Memorial College)'에 대하여 읽으셨을 거예요.

이 학교를 통하여 이집트 사람들뿐만 아니라 영국 자신에게 돌아올 축복에 대해 생각하고 있는 것과 마찬가지로 우리나라도 '메인(Maine)' 호에 있는 용감한 아들들을 잃어버린 것 대신에 쿠바 사람들에게 같은 축복이 되게 했으면 하는 강렬한 열망이 나의 가슴 속에 일어나는군요.

하바나 대학을 세운다면 거기 관련된 모든 사람에게 무한한 복의 근원이 될 뿐 아니라, 메인의 용감한 사람들에게 가장 고상하고도 영원한 기념탑이 되지 않을까요. 메인 호가 하바나 항구에 들어서서 부두에 닻을 내리고 정박한 그 무서운 밤에 기이하게 파괴된 그 장소를 내려다보는 훌륭한 건물이 쿠바 사람들과 스페인 사람들을 교육하기 위해 미국 사람들이 세운 '메인 메모리얼 대학(Maine Memorial College)'이라고 상상해 보세요! 그러한 기념탑은 기독교 국가의 가장 고귀하고 선량한 사상을 드러내는 영광스러운 승리가 되겠지요.

거기에는 증오와 복수의 암시도 없고, 또한 힘을 정의로 아는 낡은 신념의 자취도 없을 거예요. 그와 반대로 전쟁 때의 선언을 지키고 또한 다스려 온 국민이 의무와 책임을 진다면 곧 쿠바를 쿠바 사람에게 돌려주겠다는 것을 세계에 서약하는 것이 될 거예요.

헬렌 켈러 자서전 〈서간집〉

존 히츠 씨에게

1899년 2월 3일, 보스턴 뉴베리 12

…나는 지난 월요일에 재미있는 경험을 했어요. 한 친절한 친구가 아침에 나를 보스턴 예술박물관에 데리고 갔어요. 그 여자는 미리 박물관의 감독인 로링(Loring) 장군에게 내가 조각상들을, 특히 『일리아드』와 『아이네이스』에 나오는 나의 고대 친구들을 그린 조각상을 손으로 만져볼 수 있도록 허락받았어요. 얼마나 고마운 일이겠어요.

우리가 그곳에 있을 때 로링 장군이 들어오셔서 가장 아름다운 초상 몇 가지를 만지게 했어요. 그중에는 메디치(Medici)의 비너스, 파르테논(Parthenon)의 미네르바(Minerva), 사냥복을 입고 한 손을 화살통에 이고 수사슴 곁에 서 있는 디아나(Diana), 커다란 두 마리의 구렁이가 징그럽게 온몸을 칭칭 감아서 하늘을 향해 두 팔을 벌리고 가슴이 터지라고 외치고 선 라오콘(Laocoön)과 그의 어린 두 아들을 만져보았어요.

그리고 나는 아폴로 벨베데레(Apollo Belvedere)를 보았어요. 그는 마침 파이썬(Python)을 죽이고, 구렁이를 죽이고 승리하여 두 팔을 펼치고 큰 바위기둥 옆에 서 있어요. 정말 아름다웠어요. 비너스는 나를 황홀하게 했어요. 그는 마치 바닷속에서 나온 것 같았으며, 그의 아름다움은 천국에서 연주되는 음악의 곡조 같았어요. 그리고 잔인한 여신에게 그의 사랑스러운 어린이를 죽이지 말아 달라고 애원하는 어머니의 가슴으로 기어오르는 니오베(Niobe)도 볼 수 있었어요.

그 광경은 너무나 비극적이어서 나는 눈물을 흘렸어요. 로링 장군은 친절하게도 플로렌스 사원의 훌륭한 청동으로 만든 화려한 문을 보여 주었어요. 그리고 사나운 사자 등에 얹혀 있는 우아한 기둥을 만져보았어요. 나는 장차 플로렌스를 방문할 예정이지만, 그 훌륭한 일부분을 미리 감상한 셈이지요.

나의 친구는 엘긴(Elgin) 경이 파르테논(Parthenon)에서 가져온 대리석 구슬의 모조품을 보여 주겠다고 했어요. 무슨 까닭인지는 알 수 없으나 하나님께 보내는 찬사뿐만 아니라 영광스러운 그리스의 기념으로 게니우스(Genius)가 있기를 바라마지 않던 곳에서 원작품을 보고 싶었어요.
그와 같은 것들이 소속된 과거의 성스러운 장소에서 성결한 것들을 꺼내오는 것이 사실상 옳지 못한 것 같은 생각이 드는군요.

윌리엄 웨이드 씨에게

1899년 2월 19일, 보스턴

『에클로그(Eclogues)』가 도착한 다음 날, 그것을 받아서 얼마나 기쁜지 말하려고 당신에게 편지를 보냈어요. 아마도 아직 편지를 받아보지 못하셨겠지요. 어쨌든 나를 위해 그처럼 수고를 하시니 감사할 따름이에요.

영국의 책들이 지금 바다를 건너오는 중이라는 이야기를 들으시면 기뻐하시겠지요. 나는 이미 『아이네이스』의 7권과 8권, 『일리아드』 한 권을 갖고 있어요. 너무 다행한 일이에요. 왜냐하면 점자로 쓴 교과서의 과정을 거의 끝내는 중이니까요.

눈먼 노인들을 위해 많은 사업이 추진된다는 말을 들으니 무척 기쁘네요. 나는 그들에 대하여 알면 알수록 친절한 마음이 솟아오르게 되어요. 얼마 전까지만 해도 눈먼 노인들에게 무엇을 가르친다는 것은 불가능한 일로 생각했으니까요. 그러나 그것이 가능하다는 증거가 나오자 동정심이 많은 무수한 사람들이 이 일을 도우려고 나서게 되었어요. 그리하여 지금은 불쌍하고 불행한 많은 노인들이 인생의 아름다움을 느낄 수 있도록 교육을 받고 있는 중이에요. 사랑은 언제나 갇힌 영혼을 자유와 이지의 세계로 인도하지요.

알파벳을 두 손으로 쓰는 것은 시력을 가진 사람들의 수화법보다는 훨씬 쉬워요. 왜냐하면 그 글자들의 대부분은 책에 있는 점자처럼 보이기 때문이지요. 눈먼 노인들에게 가르치는 스펠은 수화법이 훨씬 편리하고 또 확실해요.

로렌스 허튼 부인에게

1899년 3월 5일, 보스턴 뉴베리 12

…6월에 있을 시험 준비를 잘할 자신은 있지만, 지금 내 마음의 하늘에는 한 조각의 흰 구름이 떠 있어요. 그것은 나의 생애에 던지는 그림자로서 가끔 괴롭혀요.

설리번 선생님의 눈병은 이렇다 할 효과가 없어요. 선생님은 용감하시고 인내심이 강하여 실망은 하지 않고 계시지만, 사실은 더 나빠져 가고 있어요.

선생님이 나를 위해 그 시력을 희생한다는 것은 무엇보다도 가슴 아픈 일이에요. 나는 대학을 포기하는 것이 옳지 않을까 생각하고 있어요. 왜냐하면 선생님의 그러한 희생의 대가로 얻을 수 있는 세상의 어떠한 지식도 나를 행복하게 만들지 못할 테니까요. 허튼 부인! 부디 당신께서 선생님에게 쉬면서 눈을 치료하도록 권고해 주세요.

나는 사진을 찍었어요. 잘되면 로저스 씨에게 한 장 보내드리겠어요. 그분이 나를 위해 하시는 일에 대하여 감사의 뜻을 표시하고 싶은데, 그보다 달리 좋은 방법이 떠오르지 않았어요. 이곳에 있는 사람들은 사전트(Sargent) 그림 이야기를 하고 있어요. 그들의 말에 의하면 훌륭한 초상화 전람회라고 해요. 내가 눈이 있어 볼 수 있다면 얼마나 좋을까요.

그러나 그러한 그림을 보는 황홀경에서 완전히 끊어져 있지 않은 것을 감사하게 생각해요. 나는 적어도 친구들의 눈을 통해 그림을 볼 수 있으니까요. 그것은 일종의 진실한 쾌락이에요. 나의 친구들이 내 손에 쥐여주는 미를 감상할 수 있다는 것을 진심으로 고맙게 생각해요.

키플링(Kipling) 씨가 돌아가시지 않은 것을 우리는 모두 기뻐하며, 또 감사하고 있어요. 나는 점자로 쓴 그의 『정글북(Jungle-Book)』을 가지고 있어요. 얼마나 훌륭하고 정신을 상쾌하게 하는 책인지 몰라요. 나는 그 하나님의 은총을 받은 저자를 아는 것 같은 기분이에요. 그의 성격은 얼마나 진실하고 남성적이며 인자스러운지요.

데이비드 H. 그리어(David H. Greer) 박사에게

1899년 5월 8일, 보스턴 뉴베리 12

…낮에는 내가 해야 할 일감을 가져다주고 밤에는 안식과 아울러 종전의 어느 때보다도 내가 목적에 가까이 다가왔다는 기쁜 소망을 가져다주었어요. 나의 희랍어 공부는 순조롭게 진행되고 있어요. 『일리아드』의 제9권을 마치고 『오디세이』를 시작하는 중이에요. 그리고는 『아이네이스』와 『에클로그(Eclogues)』도 읽고 있어요. 친구 중에 어떤 사람들은 내가 라틴어와 희랍어에 그처럼 시간을 버리는 것은 어리석은 짓이라고 생각하고 있어요. 그러나 호머와 버질(Virgil)이 나에게 어떠한 세계를 알려 주었는가를 그들은 미처 상상도 못 할 거예요. 나는 『오디세이』를 무엇보다도 좋아해요.

『일리아드』는 오직 전쟁에 관해서만 언급하고 있어요. 그러므로 우리는 가끔 창이 서로 부딪치는 소리에 싫증을 느낄 때가 있어요. 그러나 『오디세이』는 보다 고상한 용기 즉, 비록 힘들고 지치더라도 목적을 향해서 쉬지 않는 영혼의 용기를 불어넣어 주어요.

나는 이처럼 훌륭한 시들을 읽을 때, 호머의 전쟁 시가 희랍인들의 용기를 북돋아주었다는 것을 알게 되었어요. 그런데 그 남성적인 노래가 어찌하여 그 국민들의 정신생활에 큰 영향을 끼치지 않았는지 의심스러워요.

진실로 위대한 사상이란 인간의 마음에 뿌린 씨와 같아서 때로는 사람 모르게 자리 잡거나, 장난감과 마찬가지로 던지고 가지고 놀다가 역경과 경험을 통하여 슬기롭게 자란 그것을 사람들이 발견하여 배양하는 것 같아요. 그러면 세상 사람들은 좀 더 높이 위로 전진하게 되는 것이죠.

지금 나는 열심히 공부하고 있어요. 6월에 시험을 치를 생각이에요. 시험을 치르기 위한 준비를 갖추려면 할 일이 태산이에요.

어머니와 동생들이 이번 여름방학을 나와 함께 지내기 위해 북부 지방으로 온다고 해요. 너무나 반가운 일이에요. 우리는 모두 렌담의 호숫가에 있는 조그마한 집에서 살게 되겠죠. 그러면 사랑하는 우리 선생님은 요긴한 휴식을 취하게 될 거예요. 선생님은 12년 동안이나 쉬지 못하셨어요. 그것은 무엇을 뜻하는 것일까요? 선생님은 그동안 늘 내 생명의 태양과 같았어요.

그분의 눈은 몹시 피로를 느끼고 있어요. 그러므로 우리는 당분간 그분에게 모든 책임이나 염려에서 벗어나게 해드려야겠다고 생각해요. 그렇다고 완전히 떨어지지는 않을 거예요.

우리는 날마다 서로 만나겠죠. 그리고 7월이 오면 당신께서 주신 조그마한 배로 사랑하는 어린 동생들을 태우고 정든 호수를 돌아다닐 것을 상상해 보세요. 나는 세상에서 가장 행복한 여자가 될 거예요!

로렌스 허튼 부인에게

1899년 5월 28일, 보스턴

…우리는 무척 괴로운 날을 보내고 있어요. 키스 씨는 오늘 오후 3시간 동안이나 이곳에 머물면서 빈약한 내 머리에다 라틴어와 희랍어를 마구 쑤셔 넣으셨어요. 그분은 라틴어와 희랍어 문법 실력이 대단해요. 옛날의 키케로나 호머보다도 더 잘 알고 있다고 믿고 있어요.

키케로는 굉장한 분이지요. 그러나 그의 저술은 번역하기가 매우 어려워요. 나는 이 키케로의 웅변을 우습고도 서투른 말로 고친 것을 가끔 부끄럽게 생각해요. 그러나 한 여학생이 그와 같은 천재의 글을 어찌 제대로 옮길 수 있겠어요. 정말로 키케로와 같이 멋지게 말할 수 있는 사람이 되고 싶어요….

리니 헤이그우드(Linnie Haguewood)는 윌리엄 웨이드가 돌봐주는 많은 귀 멀고 눈먼 소녀들 중 하나다. 그는 도라 도널드 양의 교육을 받았다.
도라 양은 그녀가 아이들을 가르치는 일을 시작할 때 볼타 뷰로(Volta Bureau)의 관리자인 히츠 씨로부터 설리번 선생의 교육에 대한 모든 서류의 사본을 받았다.

윌리엄 웨이드 씨에게

1899년 6월 5일, 매사추세츠 렌담

…당신께서 몇 주일 전에 보내주신 리니 헤이그우드의 편지는 매우 재미있게 읽었어요. 거기에는 그의 천성과 친절이 그대로 나타나 있는 것 같았어요. 그가 역사에 대하여 말한 것을 보고 흥미를 느꼈어요. 그가 역사를 좋아하지 않는 것은 몹시 섭섭한 일이군요. 그리고 가끔 옛날 사람들의 종교와 정치의 역사가 얼마나 어둡고 신비스러우며 무섭기까지 했는지를 생각해야 하죠.
그런데 나는 몸짓으로 의사를 표시하는 것을 좋아하지 않아요. 못 듣고 못 보는 사람에게는 별로 가치가 있다고 생각하지 않아요.
나는 청각장애인이나 농인들의 몸짓으로 의사를 알아내기가 매우 어렵다는 것을 발견했어요. 그 밖에도 몸짓은 이와 같은 사람들에게 자유롭게 말을 사용하는 힘을 기르는 데 큰 장애가 되는 것으로 생각되어요.
나는 정말로 그들이 손장단으로 의사를 표시하면 종종 그들의 말을 이해하기가 어려운 때가 있어요. 만일 그들에게 확실한 표현을 가르쳐 줄 수 없다면 손으로 쓰는 문자가 의사를 전달하는데 가장 편리한 방법이 아닐까 해요. 어쨌든 청각장애인과 시각장애인은 몸짓을 사용하는 방법을 좀처럼 터득할 수 없다고 확신해요.
나는 전에 귀가 먹은 노르웨이 신사를 만난 일이 있어요. 그는 라그닐 카아타

(Ragnhild Kaata)와 그의 선생님을 잘 알고 있었어요. 우리 두 사람은 레인힐드에 대해 재미있는 이야기를 했지요.

그는 그녀가 부지런하고 행복하다고 말했어요. 사실 그녀는 옷감도 짜며 독서를 하면서 즐거운 생활을 보내고 있어요. 그러나 그는 손으로 쓰는 문자를 사용하지 못하더군요.

나는 독순술에 능해요. 그리고 만일 그녀가 어떤 구절을 이해할 수 없으면 친구들이 그의 손바닥에 글자를 써주어요. 이런 방법으로 그녀는 처음 만나는 사람들과 이야기를 해요.

당신도 아는 바와 같이 내가 내 손에 쓴 것을 이해하지 못하는 때가 많지만, 레인힐드는 그렇지 않아요. 나는 언젠가 그녀를 만나보았으면 해요.

로렌스 허튼 부인에게

1899년 7월 29일, 렌담

…나는 모든 과목에 무난히 합격했어요. 그리고 상급 라틴어 수료증도 받았어요…. 그러나 2차 시험이 매우 어려웠다는 것을 솔직히 말씀드리지 않을 수 없군요.

설리번 선생님이 나에게 시험 문제를 읽어주는 것이 허락되지 않았으므로 선생님은 나를 위해 시험 문제를 점자로 옮겨 썼어요.

이것은 어학에 있어서는 매우 효과가 있었지만, 수학에서는 별로 효과가 없었어요. 따라서 나는 우리 선생님이 대수나 기하 문제를 나에게 읽어주는 것이 허락되었을 때 올릴 수 있는 성적을 내지 못했어요. 그렇지만 나는 그것이 결코 남의 탓이라고 생각하지는 않아요.

물론 그들은 나에게 얼마나 어렵고 괴로운 시험을 치르게 했는지 깨닫지 못할 거예요. 그들은 볼 수 있고 들을 수 있으므로 나의 입장에 서서 이해할 수는 없다고 생각해요.

올여름은 어느 해보다도 훨씬 더 즐겁군요. 어머니와 동생들이 5주일 동안이나 이곳에 와 있었으므로 우리의 행복은 절정에 이르렀어요. 우리는 함께 있어서 즐거울 뿐만 아니라 조그마한 가족 자체가 행복하다는 것을 잘 알고 있어요. 나는 당신이 우리 정원에서 그 아름다운 호수를 내려다보실 수 있다면 얼마나 좋을까 하고 생각했어요.

섬들은 금빛 햇살을 받아 작은 초록색 산봉우리처럼 보이고, 카누는 산들바람에 흩날리는 낙엽처럼 여기저기 떠다니고 있었으며, 미지의 나라로부터 들려오는 속삭임과 같은 숲의 독특한 향기를 맡고 있어요.

이것은 옛날 노르웨이 사람들이 우리나라 해안에 찾아왔을 때 맡았던 것과 같은 향, 즉 여러 세기 동안 꽃과 나무에서 조용히 풍기다가 사라진 향기의 반향이라고나 할까요….

헬렌 켈러 자서전 〈서간집〉

새뮤얼 R. 풀러 부인에게

1899년 10월 20일, 렌담

…당신에게 겨울 동안 할 우리의 계획에 대해 말씀드리려고 해요. 당신이 아시는 바와 같이, 다른 많은 소녀들과 마찬가지로 나도 래드클리프 대학에서 학위를 받는 것이 소원이었어요. 그러나 래드클리프 대학장 어빈(Irwin) 씨는 나에게 당분간 특수과정을 공부하라고 권고하고 계세요.

그분은 내가 많은 장애가 있음에도 불구하고 모든 시험에 무난히 합격하여 대학 공부를 할 수 있는 능력을 이미 보여주었다고 말씀하셨어요. 그는 내 필기능력으로 보아 훌륭한 교육을 받을 수 있지만, 다른 소녀들처럼 래드클리프 대학의 4년의 과정을 공부하는 것은 매우 어리석은 일이라고 하셨어요. 그분의 생각은 학위가 그처럼 가치 있는 것이 아니며, 학위를 위해 정력을 낭비하느니 독창적인 일을 하는 것이 훨씬 더 좋으리라는 것이었어요.

나는 그분의 의견이 현명하고 실질적이었으므로 동의할 수밖에 없었어요. 그러나 나는 대학에 간다는 생각을 버리기가 무척 어렵다는 것을 깨달았어요. 어릴 때부터 이 생각을 마음속에 깊이 간직해 왔으니까요. 그러나 오랫동안 마음속에 간직해왔다는 이유만으로 어리석은 일을 할 필요는 없겠지요.

그런데 우리가 겨울 동안의 계획을 의논하고 있을 때, 오래전에 헤일 박사가 래드클리프 대학의 과정과 비슷한 코스를 교수들의 지도하에 공부하는 것이 좋겠다고 권고한 말을 설리번 선생님이 기억해내셨어요.

어빈 씨는 이 제의에 반대하지 않는 것으로 보였어요. 그녀는 친절히 교수들을 만나게 해주었으며, 그들이 나를 지도해 줄 수 있는가도 알아봐 주셨어요. 교수들이 만일 나를 가르칠 만큼 유능하고, 계획을 수행할 만한 돈이 생긴다면 올해에 영어, 엘리자베스 시대의 영문학과 라틴어 그리고 독일어를 공부하려고 해요.

존 히츠 씨에게

1899년 11월 11일, 케임브리지 브래틀(Brattle)가 138

…내가 점자법으로 된 시험 문제에 대해 한 말이 의심을 받았다는 소리를 듣고 얼마나 고민했는지 몰라요. 이와 같은 반박은 무지 중에서도 가장 밑바닥에 속하는 것처럼 보이는군요.

그것은 당신 자신이 미국 점자법을 한 자도 모르면서 내가 당신에게 점자법을 가르쳐 드렸다고 생각하시는 것과 다름 없지요. 당신이 나에게 미국 점자법으로 편지를 쓴다고 말하고, 그곳에서는 영국 점자법으로 편지를 쓰고 있다고 말했을 때 웃음을 참을 수 없었어요.

점자로 된 시험 문제에 대한 것은 다음과 같아요. 1899년 6월 29일과 30일에 나는 래드클리프 대학 입학시험에 응시했어요. 첫날에는 초급 희랍어와 고급 라틴어 시험이 있었고, 이튿날에는 대수와 기하 그리고 상급 라틴어 시험이 있었으며, 셋째 날에는 대수와 기하 그리고 상급 희랍어 시험이 있었어요.

그 대학 당국자는 설리번 선생님이 나에게 시험 문제를 읽어주는 것을 허락하지 않았어요. 그러므로 점자로 시험 문제를 옮겨 쓰기 위해 퍼킨스 맹아학교 선생님인 유진 C. 바이닝(Eugene C. Vining) 씨가 오셨어요. 바이닝 씨는 잘 모르는 분이라 점자를 사용하지 않고는 의사소통할 수 없었어요.

학생감도 역시 처음 보는 사람이었어요. 그러므로 그는 나와 별로 소통하려고 하지 않았어요. 그리고 그들은 모두 내 말에 익숙하지 못하여 내가 하는 말을 쉽게 이해하지 못했어요.

그런데 점자가 어학에 있어서는 충분한 효과를 나타내었지만, 대수와 기하에서는 그렇지 못했어요. 나는 몹시 애먹고 크게 실망했어요. 특히 대수에 있어서는 귀중한 시간을 많이 허비했어요.

나는 모든 문자, 즉 영국식이나 미국식 또는 뉴욕식 점자에 익숙한 것이 사실이에요. 그러나 이 세 가지 점자법에서 대수와 기하에 사용하는 여러 가지 부호는 전혀 달랐어요. 그리고 나는 시험 이틀 전에 단지 영국식 방법만 알고 있었어요.

나는 모든 학교 공부를 통하여 이 방법 외에는 사용해 본 적이 없어요. 기하에 있어서 가장 난처한 것은 언제나 문제를 점선 인쇄나 나의 손바닥에 문제를 써서 읽는 습관을 붙여왔다는 것이에요.

어쨌든 내 앞에 놓인 문제는 옳았지만, 그 점자가 나를 혼동시켜 읽고 있는 문제에 대하여 분명한 개념을 파악할 수 없었어요.

대수 문제를 풀 때는 더욱 어려웠어요. 나는 기호에 대한 지식이 정확하지 못했기 때문에 무척 손해를 봤어요. 그리고 그 전날에 배워 완전히 알았다고 생각했던 기호들조차 혼란스러웠어요.

따라서 나는 답안 작성을 하기 어렵고 더디었으며, 해답을 요구하는 문제에 대해 분명한 개념을 파악할 때까지 몇 번씩 거듭 읽지 않으면 안 되었어요. 그러니 많은 괴로움을 겪게 되었고, 실력을 발휘하기가 어렵다는 것을 알아차렸어요. 모든 기호를 올바로 읽었는지조차 도무지 분명하지 않았어요.

그런데 길만 씨가 당신에게 편지로 쓴 사실에 대하여 내가 분명히 말하고 싶은 게 있어요. 나는 길만 학교에서 직접 수업을 받은 적이 없어요. 설리번 선생님이 언제나 내 곁에 앉아서 교수가 말씀하시는 것을 들려주었어요.

나는 물리학 홀(Hall) 교수에게 미국식 점자법을 쓰는 방법을 가르쳐 주었어요. 그러나 그는 연습하기 위해 쓴 몇 개의 문제를 제외하면 그 점자법으로 나에게 강의한 일은 한 번도 없어요.

그리고 이 문제들은 결코 강의라고 할 수 없는 것이며, 문제를 풀기 위해 나는 귀중한 시간을 많이 허비했어요. 다만 그로테(Frau Grote) 부인은 수화 문자를 배웠어요. 그리고 나를 가르칠 때 그것을 사용했어요.

설리번 선생님은 독일어 시간에 교수님이 말씀하는 것을 나에게 설명해 주었어요. 만일 당신이 이 편지의 사본을 케임브리지 학교 교장에게 보내신다면, 그에게 많은 참고가 될 거예요.

밀드레드 켈러 양에게

1899년 11월 26일, 케임브리지 브래틀 가 138

…우리는 겨울 동안의 계획을 세우고 순조롭게 공부를 하고 있어. 키스 씨는 날마다 오후 4시에 오셔서 학생들이 가지 않으면 안 되는 험한 길을 위해 친절하게 나를 인도해 주고 계시지.

지금 나는 영국 역사와 영문학, 불어 그리고 라틴어를 공부하고 있어. 조금만 지나면 독일어와 영어 문법도 시작하게 될 거야.

함께 열심히 공부하자. 나도 너만큼 문법을 싫어하지만 우리가 수영을 잘하게 될 때까지 수없이 물 속에 들어가지 않으면 안 되었던 것처럼 글을 쓰게 되려면 문법을 잘 공부해서 능통해야겠지?

선생님은 나에게 불어로 『콜롬바(Colomba)』를 읽어 주셔. 그것은 재미있는 표현과 무시무시한 모험으로 가득 찬 흥미 있는 소설이야. 내가 너와 같은 것을 배운다고 나를 비난하지는 마. 그리고 만일 네가 그 소설을 읽었다면 매우 좋아했을 거야. 영국 역사도 공부하는 중이지? 역사는 무척 재미있는 과목이야.

나는 지금 엘리자베스 시대의 종교 개혁과 국교의 법도, 해상의 모든 발견과 악마가 너와 같은 순진한 아이들을 괴롭히기 위해 발명한 것처럼 보이는 무시무시한 것들에 대해 공부하고 있어. 우리는 근사한 겨울옷 - 웃옷과 모자, 가운, 플란넬 등 - 을 방금 프랑스인 양장점에서 네 벌 맞췄어. 나는 두 벌을 맞췄는데, 하나는 레이스가 달린 검은 비단 스카트로, 흰 포플린(Poplin)에 청록색 벨벳과 시폰을 댄 허리와 수공 요오크 위에 크림색 레이스가 장식되어 있어.

다른 한 벌은 고운 초록색 모직이야. 허리는 분홍색, 초록색으로 수놓은 벨벳과 흰색 레이스로 장식된 것으로 알고 있어. 벨벳으로 주름잡고 장식한 두 줄의 주름이 앞자락에 달려 있으며, 조그마한 흰 단추가 한 줄 있지.

선생님도 비단 정장을 한 벌 맞추셨어. 스커트는 검정색이고 허리는 섬세한 연보라색 장식을 하고 까만 벨벳 나비 넥타이와 레이스가 있는 노란색이야. 다른 하나는 자색 벨벳으로 장식된 보라빛으로 허리에는 보라빛 칼라(Collar)가 달려 있어. 마치 꼬리가 없는 공작과 같은 모습을 하고 있으리라는 것을 상상할 수 있겠지?

일주일 전에 하버드 대학과 예일 대학 사이에 축구 시합이 있었는데 관중들은 매우 열광적이었어. 우리는 방안에서 마치 운동장에 있는 것과 다름없을 정도로 남학생들이 외치는 소리와 관중들의 갈채를 똑똑히 들을 수 있었지.

루스벨트 대령은 하버드를 응원하고 있었어. 그러나 그는 우리가 알고 있는 빨간 스웨터를 입지 않고 흰 스웨터를 입고 있었지. 경기장에는 약 2만 5천 명의 관중이 모여 있었어.

우리가 밖에 나갔을 때 응원 소리가 하도 요란하여 축구 시합이 아니라 요란한 전쟁터처럼 생각되어 넋을 잃었지 뭐야.

그러나 이처럼 힘찬 응원이 있었는데도 양쪽 모두 득점이 없었어. 우리는 서로 마주 웃으면서 "오, 솥이 냄비 보고 검다고 말할 수 없지!" 하고 중얼거렸단다.

존 히츠 씨에게

1900년 2월 3일, 케임브리지 브래틀 가 138

…공부는 전보다 훨씬 재미있어요. 라틴어로 호레이스(Horace)의 시를 읽고 있고 있지요. 나는 그 시를 해석하기 어렵다는 것을 알고 있지만, 그것은 내가 전에 읽고 또 나중에 읽을 라틴어 시 중에서 가장 아름다운 것이라고 생각해요. 우리는 불어로 『콜롬바(Colomba)』를 끝마쳤어요. 그리고 지금은 점자로 코르네유(Corneille)의 『호레이스(Horace)』와 『라퐁텐의 우화(La Fontaine's fable)』를 읽고 있어요. 나는 둘 다 아직 많이 읽지 못했지만, 이 우화는 재미있으리라 생각해요. 그것은 매우 재미있게 쓰였으므로 간결하지만 매력 있는 좋은 공부가 되어줄 거예요.

설리번 선생님은 『페어리 퀸(The Faery Queen)』을 나에게 읽어주세요. 사실 우화에 많은 관심이 있지는 않아 싫증이 날 때도 있어요.

그러나 나는 스펜서의 기사, 이교도, 요정 그리고 용의 세계를 생각지 않을 수 없어요. 그리고 여러 종류의 이상한 생물들의 세계는 괴상하고도 재미있어요. 흐르는 시냇물처럼 아름답고 음악적이에요.

지금 나는 루이스빌(Louisville)에서 주문해 온 약 15권의 책을 자랑스럽게 생각하고 있어요. 그것 중에는 『헨리 에스몬드(Henry Esmond)』, 『베이컨의 수필집(Bacon's Essays)』과 『영문학(English Literature)』 등이 있어요.

아마도 다음주에는 『템페스트(The Tempest)』, 『여름밤의 꿈(A Midsummer Night's Dream)』 그리고 그린(Green)의 영국 역사 발췌를 몇 권 더 갖게 될 거예요. 생각만으로도 너무 행복해요.

제가 너무 책에 대해서만 쓴 것 같네요. 그러나 실제로도 책이 요즘 나의 전부를 차지하고 있어요. 책 이외의 다른 것에 대해서는 보고 듣는 일이 거의 없어요. 당신은 학창 생활이 반드시 어떤 한계가 정해져 있고, 범위가 비좁으며, 책에 없는 거의 모든 것을 배척한다는 사실을 아시겠죠?

래드클리프 대학 교무위원회 의장에게

1900년 5월 5일, 케임브리지 브래틀 가 138

친애하는 의장님!

제가 내년 학습 계획을 결정하는 데 도움이 되도록 제 상황이 래드클리프 대학의 정규 과정 수업을 할 수 있는지 가르쳐 주시기 바랍니다.

저는 작년 10월에 래드클리프 대학의 입학허가서를 받은 후로 가정교사와 함께 호레이스(Horace), 아이스킬로스(Aeschylus), 불어, 독일어, 수사학, 영국 역사, 영문학, 비평, 영작문을 공부하고 있어요. 이 과목 전부는 아니라 할지라도 대학에서 그 대부분을 계속해서 공부하기를 바라고 있습니다. 다만 제가 공부하려면 설리번 선생님과 함께 있어야 한다는 조건이 따라야 합니다.

그분은 강의를 설명해 주고 시험 문제를 읽어주며 13년 동안 나의 선생님이자 동반자로 계십니다. 대학의 어떤 과목에서는 반드시 강의실에 또 다른 사람이 저와 함께 있어야 하고, 학과의 복습에도 저와 함께 있어야 해요.

저는 필기를 모두 타이프로 하게 될 거예요. 하지만 만일 교수님이 제 말을 이해하지 못한다면 저는 그 질문에 대한 답변을 쓸 수 없을 것이며, 복습을 한 후에도 숙제를 하지 못할 것이 분명합니다.

래드클리프 대학에서는 제가 공부를 끝마칠 수 있도록 이런 전례 없는 조건에 응해 주실 수 있으신지요? 저는 대학교육을 받는 데 장해가 많다는 것을 알고 있습니다. 그러나 친애하는 의장님! 진정한 군인은 싸워보기 전에는 패배를 알 수 없는 것 아니겠어요?

로렌스 허튼 부인에게

1900년 6월 9일, 케임브리지 브래틀 가 138

…나는 아직 교무위원회로부터 회답을 받지 못하고 있어요. 그러나 진심으로 호의적인 회답이 올 것을 바라고 있어요. 친구들은 나의 학습 과정을 최소한도로 줄여 주기를 요구한 것이 아니라 현존하는 여러 가지 환경에 적응하기 위해 오직 나의 공부 방법을 수정해 달라고 요구했을 뿐인데, 학교 당국에서 그처럼 오랫동안 회답하기를 주저하는 것은 이상한 일이라고 생각해요.

코넬 대학에서는 내가 날마다 등교만 한다면 공부할 수 있는 적절한 조치를 취해주겠다고 말하고, 시카고 대학에서도 같은 제안을 하고 있지만, 만일 내가 다른 대학으로 간다면 래드클리프 대학 입학시험에 떨어졌다고 생각할까 봐 염려가 돼요.

그해 가을, 헬렌은 래드클리프 대학에 입학했다.

헬렌 켈러 자서전 〈서간집〉

존 D. 라이트 씨에게

1900년 12월 9일, 케임브리지

당신은 나를 나쁜 사람이라고 생각하시나요? 나는 사실 거짓말쟁이가 자기의 목적을 달성하기 위해서라면 모를까, 그렇지 않고서는 나를 나쁘다고 말할 사람이 있으리라고 생각할 수 없어요.

나를 정말 그처럼 나쁘게 생각하시는지 분명히 말씀해 주세요. 진심으로 그렇지 않을 것이라고 생각하고 있어요. 나는 종이에 옮기지는 못했지만, 당신에게 많은 편지를 쓰려고 수없이 많이 생각하고 있었어요.

나는 당신의 친절한 편지를 받는 것을 기쁘게 생각해요. 정말이에요. 그리고 곧 답장을 드리려고 했어요. 그러나 시간은 사람이 분주할 때 더 빨리 지나가는 법이에요. 나는 올가을에 너무나 분주해요. 믿어주셔야 돼요. 래드클리프 대학의 소녀들은 언제나 분주해요. 내 말이 의심스러우면 직접 한번 와보시는 게 좋을 거예요.

나는 지금 학위를 받기 위해 정규대학 과정을 밟고 있어요. 내가 학사가 되면 당신은 감히 나를 나쁜 여자라고는 부르지 못할 거예요. 나는 지금 영어 중급을 공부하고 있어요. 놀라지 마세요. - 이것이 일반 영어와 어떻게 다른지 모르지만 - 독일어, 불어 및 역사도 공부하고 있어요. 나는 예상했던 것보다 훨씬 더 공부에 즐거움을 느끼고 있어요. 대학에 들어와 기쁜 또 하나의 이유예요.

나는 때때로 어려움을 당하기도 해요. 그러나 아직 공부에 물린 적은 없어요. 나는 수학과 희랍어, 라틴어 등은 공부하지 않고 있어요. 래드클리프 대학의 과정은 임의로 선택할 수 있고, 다만 영어의 어떤 과목만 필수로 되어 있어요. 나는 대학에 들어가기 전에 영어와 고급 불어 시험에 합격했어요. 그래서 내가 제일 좋아하는 과목을 선택했어요. 그러나 라틴어와 희랍어를 아주 포기할 생각은 없어요. 반드시 나중에 이 과목들을 공부할 생각이에요. 다만 수학과는 영원히 작별했어요.

나는 이 무서운 마귀들의 최후를 보고 기뻐했어요. 나는 4년 안에 학위를 얻으려고 생각하지만 이 일에 대해 확신을 갖고 있지는 않아요.

조급히 서두를 필요는 없고, 되도록 많은 학과를 공부하려고 해요. 친구들은 내가 1년 동안에 한두 과목만 공부하기를 바라고 있어요. 그러나 나는 여생을 대학에서 보내고 싶지는 않아요.

윌리엄 웨이드 씨에게

1900년 12월 9일, 케임브리지 쿨리지 가 14

…당신이 귀가 먹고 눈이 먼 아이들에 대하여 많은 관심을 갖고 계시므로 요새 내가 발견한 몇몇 아이들에 대하여 말씀드리는 것으로 이 편지의 서두를 삼으려고 해요.

나는 지난 10월에 텍사스 주에 사는 매우 똑똑한 소녀에 대한 이야기를 들은 적이 있어요. 그녀의 이름은 루비 라이스(Ruby Rice)이며, 나이는 열세 살쯤 되어 보여요. 그녀는 한 번도 교육을 받지 못했어요. 그러나 바느질을 할 줄 알며, 이런 일로 남을 돕기를 좋아한대요. 그녀의 후각은 놀랄만해요. 상점에 들어가면 바로 진열장으로 가서 자기가 필요로 하는 물건을 구별해낼 줄 안다고 해요.

부모들은 그 애에게 글을 가르칠 선생님을 구하고 있대요. 그들은 히츠(Hitz) 씨에게도 이 문제로 편지를 보냈다고 해요. 그리고 나는 미시시피의 청각장애인 학교에 있는 한 꼬마를 알고 있어요. 이름은 모드 스콧(Maud Scott)이며, 여섯 살이에요. 그 애를 간호하는 왓킨스(Watkins) 양이 나에게 재미있는 편지를 보내왔어요. 모드는 날 때부터 청각장애인이고, 눈이 먼 것은 생후 석 달 만의 일이었다고 해요.

그래서 그 애가 몇 주일 전에 이 학교에 들어왔을 때는 정말 가엾은 처지였다고 해요. 걷지도 못했으며, 손도 별로 놀리지 못했다는 거예요. 그들이 그 애에게 구슬을 꿰는 것을 가르쳐 주려고 했을 때, 그 조그마한 손은 힘없이 늘어졌다고 해요. 그러니까 그의 촉각은 발달하지 못했으며, 따라서 남의 손을 붙잡아야 비로소 걸을 수가 있다는 거예요.

그러나 그 애는 머리가 매우 좋은 소녀로 생각되었어요. 왓킨스 양은 그가 무척 예쁘다고 덧붙여 말하고 있어요. 나는 편지에 모드가 글을 읽게 되면 책을 많이 보내주겠다고 했어요. 나는 그 사랑스럽고 귀여운 소녀가 세상의 좋은 물건들을 전혀 갖고 있지 못한 것을 생각하면 가슴이 아려와요.

얼마 전에 뉴욕에 있을 때 로즈(Rhoades) 양을 만났어요. 그분은 케이티 맥기어(Katie Mcgirr)에 대한 이야기를 나에게 들려주었어요. 그분은 불쌍한 어린 소녀가 마치 조그마한 아이들처럼 말하고 행동하더라고 했어요. 케이티는 로즈 양의 반지를 가지고 놀았고, 그것을 가지고 가면서 웃는 얼굴로 말했다고 해요.

"이건 돌려드리지 않겠어요."

케이티는 로즈 양이 단순한 이야기를 할 때에만 이해했어요. 로즈 양은 케이티에게 책을 붙여주려고 했어요. 그러나 로즈 양은 알기 쉬운 책은 구할 수가 없었어요. 로즈 양은 케이티가 매우 온순하지만 알맞은 교육을 받을 필요가 있다고 했어요. 나는 이런 이야기를 듣고 매우 놀랐어요. 당신의 편지를 읽고 나는 케이티가 매우 조숙한 여자라고 생각되었거든요.

나는 며칠 전 렌담 정거장에서 토미 스트링거(Tommy Stringer)도 만났어요. 그는 크고 힘이 센 아이예요. 부인이 다룰 수 없으므로 남자 어른이 한 사람 있어야 한다고 생각해요. 그는 지금 공립학교에 다니고 있어요. 사람들은 그가 많이 발전했지만, 회화에는 별로 진전을 보이지 않는다고 했어요. 그의 말은 '네'나 '아니요' 만으로 극히 제한되어 있어요….

로렌스 허튼 부인에게

1900년 12월 27일, 케임브리지 쿨리지 가 14

…신문에서 우리 학급 연회에 대한 기사를 읽어보셨나요? 대체 신문 기자들은 어쩌면 그렇게 잘 알까요? 참 재미있었어요. 축배, 연설 다 좋았어요. 나더러 이야기하라는 것을 얼마 전까지도 전혀 모르고 있었으므로 간단히 몇 마디 했어요.

내가 래드클리프 학급부의장으로 선출되었다는 소식을 전에 당신에게 알린 것으로 알고 있어요.

나의 새로운 연회복은 목이 얕고, 소매가 짧고, 수가 많이 달려 있다는 것을 편지로 전해드렸던가요? 그 옷은 엷은 푸른색이고 또 같은 색의 수가 달린 거예요. 나는 그것을 한 번밖에 입지 않았어요. 그러나 그것을 입고 보니 영광을 한 몸에 독점한 솔로몬도 내게 비할 수 없을 것 같은 기분이었어요. 어쨌든 솔로몬도 나 같은 옷은 없었을 거예요.

필라델피아에 있는 어떤 신사가 설리번 선생님에게 파리에 있는 귀 먹고 앞 못 보는 어린이의 이야기를 적은 편지를 보내왔어요. 그의 부모는 프랑스 사람이에요. 어머니는 의사로 훌륭한 분이세요. 그 어린이가 병으로 청력을 잃기 전에는 2~3개의 어학을 공부했대요. 그는 겨우 다섯 살이에요. 그래서 나는 그 애에게 무엇을 도와줄 수 있는지 생각하고 있어요.

그런데 설리번 선생님이 말씀하시기를 어머니와 그 아이를 떨어지게 하는 것은 가엾은 일이라고 해요. 나는 또 쏘우 부인으로부터 이 어린이를 위해 무엇을 할 수 있지 않을까 하는 편지를 받았어요.

벨 박사의 생각에는 현재 인구 조사를 해보면 미국에만 그런 어린이가 1천 명도 더 될 거라고 해요. 쏘우 부인의 생각으로는 우리가 합심하여 노력만 하면 이런 불행한 사람들이 구원을 받게 될지도 모르겠다는 거예요.

헬렌 켈러 자서전 〈서간집〉

이 편지는 시각장애인을 위한 점자 잡지를 출판한다는 '더 그레이트 라운드 월드(The Great round World)'의 편집자가 제안한 계획에 대한 답장이다.

더 그레이트 라운드 월드(The Great Round World) 귀중

1901년 2월 16일, 케임브리지

나는 오늘에야 비로소 당신의 재미있는 편지에 답장을 쓸 시간을 가지게 되었어요. 작은 새는 언제나 내 귓속에 좋은 소식을 노래해 줘요. 그리고 이것이 당신한테서 곧장 나에게 왔을 때 나의 기쁨은 몇 배 더 했어요. '더 그레이트 라운드 월드(The Great Round World)'지가 '느낄 수 있는 언어'로 인쇄되어 있다는 것은 훌륭한 일이에요. 나는 눈을 뜨고 볼 수 있는 특권을 가진 사람들이 당신께서 애써 출판한 이 선물을 눈먼 사람들처럼 고맙게 생각할는지 의심스럽게 여기고 있어요.

이 세상에는 기쁨과 슬픔, 성공과 실패가 있지만 혼자서 애써 만든 그런 잡지를 읽을 수 있다는 것은 매우 기쁜 일이며, 말로 다 표현할 수 없는 행복이에요. 암흑에 갇혀 있는 사람에게 빛을 보내 준 '더 그레이트 라운드 월드'의 노력은 엄청난 것이며, 지지와 격려를 받을만한 가치가 있다고 생각해요.

그런데 '더 그레이트 라운드 월드'에서 출판한 잡지를 실제로 몇 사람이나 읽을 수 있을지 의심스러워요. 시각장애인의 생활은 너무나 가난하니까요. 그러나 필요하다면 그들의 친구들은 당신들을 도와줄 거예요. 고상한 일을 실천에 옮기게 하는 마음과 손이 있을 거예요.

당신의 소중한 일이 성공을 거두기를 빌면서

니나 로즈(Nina Rhoades) 양에게

1901년 9월 25일, 케임브리지

…우리는 8월 중순까지 할리팩스(Halifax)에 머물러 있었어요…. 우리는 날마다 항구와 군함과 그리고 공원에 대하여 생각하고 느끼고 즐거워하면서 바쁜 나날을 보냈어요.

인디애나(Indiana) 호가 할리팩스로 들어왔을 때, 우리는 배에 올라와서 견학하라는 초대를 받았어요. 우리를 위해 인디애나 호에서 보트를 보내줬죠. 나는 큼직한 대포를 손으로 만져보고 산티아고에서 잡아 왔다는 스페인의 배 이름을 손가락으로 읽었어요. 그리고 탄알에 맞아 뚫린 곳도 만져 보았어요. 인디애나 호는 이 항구에서 가장 크고 좋은 배라고 해요. 우리는 이 배에 대해 매우 칭찬했어요. 할리팩스를 떠나 브레튼(Cape Breton) 곶에서 벨 박사를 방문했어요. 그는 브라 도르(Bras d'Or) 호가 바라다보이는 베인 브레아(Beinn Bhreagh)라는 산에 아름답고 낭만적인 집을 갖고 있었어요.

박사는 나에게 자기 일에 관하여 여러 가지 재미있는 이야기도 들려주었어요. 그는 얼마 전 보트 하나를 만들었다고 해요. 그 보트는 연을 달고 있으며, 바람을 움직일 수 있게 되어 있어요. 어느 날 그는 그 연이 바람에 거슬러 날 수 있을지 알아보기 위해 실험을 했어요. 그때 마침 나는 옆에서 그 연이 날 수 있도록 도와주었어요.

나는 그중 하나가 쇠줄로 된 것을 알았어요. 나는 구슬을 꿰는 일에서 얻은 경험에 비추어 보아 그 줄이 끊어질 것이라고 말했지만, 박사는 아니라고 자신 있게 대답했어요. 그는 연을 날리며 쇠줄을 잡아당기기 시작했어요. 아니나 다를까, 쇠줄은 끊어져 버렸어요. 그래서 커다란 용을 그린 붉은 연은 멀리 날아가 버렸어요. 박사는 가엾게도 실망하여 우두커니 서서 달아나는 연을 바라보고만 있었어요.

헬렌 켈러 자서전   〈서간집〉

에드워드 E. 헤일(Edward Everett Hale) 박사에게

1901년 11월 10일, 케임브리지

설리번 선생님과 나는 내일 하우(Howe) 박사의 탄생 100주년 기념식에 참석할 예정이에요. 그러나 우리가 당신과 이야기할 기회가 있을지 나는 은근히 염려하고 있어요.

그래서 나는 지금 당신의 그 모임에서 이야기하는 것이 얼마나 기쁜 일인지 모르겠어요. 내가 알기로 당신은 그에게 - 누구보다도 시각장애인의 눈을 뜨게 하고 농인의 입술에 말할 수 있게 행복한 교육을 받을 기회를 제공한 - 진심으로 감사를 표시할 수 있다고 생각하니까요.

나는 내 공부방에 앉아서 그의 책들에 둘러싸여 친한 친구들과 즐겁게 보내지만, 만일 하우 박사가 하나님이 그에게 주신 그 위대한 일을 완성하지 못했던들 내 일생에 그 일을 실현하려고 노력했을 거예요.

그리고 만일 하우 박사가 로라 브리즈먼(Laura Bridgman)의 교육을 자진해서 맡지 않고 그 캄캄한 지옥에서 인류 문화를 향유할 수 있도록 이끌어주지 않았던들 나는 과연 오늘날 래드클리프 대학 2학년이 될 수 있었을지 의문이에요. 하우 박사의 위대한 업적에 대해서는 의심할 여지가 없어요.

다만 죽음과 같은 생애에서 도피한 사람들만이 - 마치 로라 브리즈먼이 구원을 받았듯이 이러한 사람들만이 - 사색도 믿음도 희망도 없는 영혼이 얼마나 답답하고 외로우며 어둠 속에 수의로 덮여 있는가를 알 수 있을 거예요.

감옥이 얼마나 쓸쓸한가를 여실히 표현할 수 있는 말은 세상에 없어요. 그리고 갇혀 있던 영혼이 구원을 받았을 때의 기쁨을 그려낼 만한 말도 세상에 없죠.

하우 박사가 일을 시작하기 전에 시각장애인들이 느낀 절망과 간절한 요구를 오늘의 시각장애인들이 지닐 수 있는 희망 및 자주정신과 비교할 때, 우리는 주위에서 위대한 일이 이루어지고 있다는 것을 새삼스럽게 느껴요.

만일 신체적인 조건이 우리 주위에 높은 담을 쌓고 있다면 어떻게 될까요. 우리 친구들을 도와준 사람들에게 감사를 드려야겠어요. 우리 세계는 향상하고 있어요. 천국의 깊이와 넓이는 우리의 것이에요.

하우 박사의 거룩한 일이 그들의 사랑과 감사를 받는 것은 당연해요. 이것을 생각하면 마음이 흐뭇해요. 특히 도시에서 - 인간을 위한 훌륭한 승리와 그의 위대한 노동자들의 작품인 모습에서 그래요.

  당신의 가장 친한 친구인 내가 설리번 선생님과 함께 인사를 올리면서

                     헬렌 켈러

조지 F. 호어(George Frisbie Hoar) 의원님에게

1901년 11월 25일, 매사추세츠 케임브리지

친애하는 호어 의원님에게,

당신이 하우 박사에 대한 나의 편지를 좋아하신다니 참 기뻐요. 그것은 내 마음속에 쓰인 편지예요. 아마도 그 때문에 그 편지가 다른 사람의 가슴에 동정적인 반응을 일으키나 봐요. 나는 헤일 박사에게 그 편지를 빌려달라고 부탁하려고 해요. 그래서 당신을 위해 이 편지를 한 장 베껴드리겠어요.

당신도 아시다시피 나는 타이프를 사용해요. 이를테면 타이프는 내 오른손의 하인이에요. 이것 없이는 내가 대학에 갈 수 없어요.

나는 희랍어까지도 이 기계를 사용하여 시험을 치고 논문도 써요. 그런데 여기에는 한 가지 유감스러운 점이 있어요. 교수에게는 편리할지 모르겠다는 거예요. 내 잘못을 대뜸 찾아낼 수 있거든요. 기계는 정직하여 문맥이 원치 않는 글을 제어하지 못하니까요.

나는 정치에 대해 큰 관심을 갖고 있어요. 당신이 이 소식을 들으면 아마도 기뻐하시겠지요. 나는 신문 읽기를 좋아해요. 그리하여 그날그날의 중대한 문제에 대해 이해하려고 노력해요.

그러나 나의 지식이 불안정하여 걱정이에요. 나의 견해는 책을 읽을 적마다 달라지거든요. 내가 시민정부(Civil Government)와 경제학을 공부하게 되자 내가 문제시한 것과 의심이 말끔히 사라져 아름다운 꽃을 피웠다고 생각해요. 그리고 나는 이 풍부한 지식의 광야에는 밀보다 잡초가 더 많다는 사실을 알게 되었어요.

헬렌 켈러 연보

1880년　　　6월 27일, 미국 앨라배마주 터스컴비아에서 출생. 생후 19개월에 중병으로 실명하고 농아가 되다.
　　　　　　14세의 설리번 선생은 보스턴 시 퍼킨스 맹아학교에 입학하여 교육을 받다.

1886년(6세)　볼티모어에 가서 눈을 치료하다.
　　　　　　벨 박사의 소개로 퍼킨스 학교에 가정교사를 의뢰하다.
　　　　　　설리번 선생 20세에 퍼킨스 학원을 졸업하다.

1887년(7세)　3월 3일, 설리번 선생이 헬렌의 가정교사로 터스컴비아에 오다.

1888년(8세)　아나그노스 교장의 초청으로 설리번 선생과 함께 터스컴비아 학원에 가다.

1890년(10세)　3월부터 보스턴에서 풀러 여사에게 발성법을 배우다.
　　　　　　처음으로 '나는 벙어리가 아니다'라고 발성하다.

1891년(12세)　〈서리왕(Frost King)〉 사건이 일어나다.

1894년(14세)　10월에 케임브리지 대학 부속 여학교에 입학하다.

1896년(16세)　부친상을 당하다.

1897년(17세)	하버드 대학 여자부 래드클리프 대학 예비고시에 합격하다. 케임브리지 대학 부속 여학교를 중퇴하고 대학 입시 준비를 하다.
1899년(19세)	래드클리프 대학 입학시험에 합격하다.
1900년(20세)	하버드 대학 여자부 래드클리프 대학(본과)에 입학하다.
1903년(23세)	여성 잡지에 〈나의 생애〉를 연재하다.
1904년(24세)	래드클리프 대학을 졸업하고 A·B 학위를 수여하다. 설리번 선생과 렌담으로 이주하다. 10월에 시카고 미국박람회에서 '헬렌 켈러의 날'에 처음으로 연설을 하다.
1905년(25세)	설리번 선생이 메이시 교수와 결혼하다.
1906년(26세)	매사추세츠 맹인협회 위원으로 추천되다.
1907년(27세)	『교육백과사전』에 맹인에 관한 논문을 기고하다.
1910년(30세)	화이트 교수에게 발성법을 배우다.
1913년(33세)	2월에 몬트크레아에서 공개 연설을 하다. 4월에 카네기 연금을 받다. 메이시 선생 별세하다.

1914년(34세)	그의 어머니와 함께 대륙 횡단 연설 여행을 떠나다.
1916년(36세)	반전운동을 주장하다.
1917년(37세)	설리번 선생 치료를 위해 포드리지에 가다. 렌담의 산장을 팔고 뉴욕 교외 포레스트 힐로 이주하다.
1918년(38세)	영화 '구제'를 촬영하다.
1920~1921 (40~41세)	전미 순회 강연을 하다.
1922년(42세)	로스앤젤레스에서 어머니의 부고를 받다.
1924년(44세)	미국 맹인사업협회의 자금 모금에 노력하다.
1928년(48세)	저서 『나의 종교』, 『중류(中流)』를 완성하다.
1930년(50세)	설리번 선생의 치료를 위해 영국 콘월에 가다.
1931년(51세)	2월에 필라델피아 테플 대학에서 명예박사 학위를 수여받고 유럽 대륙을 순회하다.
1932년(52세)	글래스고 대학에서 명예박사 학위를 수여하다.
1936년(56세)	10월 20일, 스코틀랜드에서 설리번 선생 별세하다.

1937년(57세) 4월에 극동 방면을 여행하다.
              일본에서 4개월 동안 체재하다.

1942년(62세) 상이군인의 구호화 애맹운동(愛盲運動)을 하다.

1948년(68세) 일본과 유럽을 여행하다.

1951년(71세) 남아공의 위트워터스란트 대학에서 명예박사 학위를 수여하다. 캐나다, 영국, 스코틀랜드, 유고슬라비아, 일본, 한국, 남아공 등 전 세계를 순회 강연하다.

1968년(87세) 6월 1일, 웨스트포트 자택에서 생을 마감하다.

역자 후기

　이 책은 세기의 위대한 기인 헬렌 켈러 여사의 『The story of my life』와 그녀의 〈서간집〉을 우리말로 옮긴 것이다.
　여사는 눈으로 볼 수 없고, 귀로 들을 수 없으며, 입으로 말할 수 없는 처참한 환경을 극복하고 성한 사람들과 어깨를 겨루어 대학을 마치고, 박사 학위까지 받으며 전세계의 수많은 장애인을 위한 복지사업을 위해 평생을 바쳤다.
　이 책에는 어린 시절의 헬렌 켈러가 온갖 시련을 견디고 넘어선 피나는 기록이 담겨 있다. 그것은 하나의 위관(偉觀)이요, 그야말로 기적이 아닐 수 없다. 그런 의미에서 이 책은 입지전의 한 모델이라 하겠다.
　여사가 아직 어렸을 때 메텔링크 부인이 물었다.
　"당신은 참으로 행복해요?"
　그녀는 정색하고 대답했다.
　"네, 참으로 행복해요. 만일 내가 행복하지 않다면 지금까지의 내 인생은 완전히 실패한 것이나 마찬가지예요. 나는 지금이라도 독을 마시거나 칼로 가슴이라도 찔러서 죽어 버릴 거예요."
　부인은 크게 감동하여 헬렌을 껴안고 중얼거렸다.
　"내가 잘못했어. 나는 진짜 '파랑새'를 발견했어."

부인은 프랑스에 돌아와 곧 『파랑새를 발견한 처녀』라는 책을 썼다.

작가 마크 트웨인이 여사를 가리켜 '나폴레옹과 더불어 근세의 2대 거인'이라고 평한 것도 과찬이 아니라고 하겠다.

이와 같이 위대한 여사의 글이 우리 나라에 별로 소개되어 있지 않은 것을 못내 아쉽게 생각하던 차에 예문당의 요청으로 비재(非才)를 무릅쓰고 기꺼이 역필을 들었다. 번역은 되도록 여사의 순박하고 간명한 아름다운 문장을 살리려고 노력했으나, 내 무딘 붓이 본의 아닌 실수라도 하지 않았나 모르겠다. 독자 여러분의 편달을 바라고자 한다.

윤문자

헬렌 켈러 자서전 [개정판]

개정판 1쇄 발행 2025년 11월 11일

지은이 헬렌 켈러
옮긴이 윤문자
펴낸이 임용훈

편집 전민호
용지 (주)정림지류
인쇄 올인피앤비

펴낸곳 예문당
출판등록 1978년 1월 3일 제305-1978-000001호
주소 서울시 영등포구 문래동 6가 19 문래SK V1 CENTER 603호
전화 02-2243-4333~4 | **팩스** 02-2243-4335
이메일 master@yemundang.com | **블로그** www.yemundang.com
페이스북 www.facebook.com/yemundang | **인스타그램** @yemundang

ISBN 978-89-7001-679-5 03840

· 본사는 출판물 윤리강령을 준수합니다.
· 이 책은 저작권법에 의하여 보호를 받는 저작물이므로 무단전재와 무단복제를 금합니다.
· 파본은 구입하신 서점에서 교환해 드립니다.